क़ैदी नं. 307

(सुधीर शर्मा के पत्र)

क़ैदी नं. 307

(सुधीर शर्मा के पत्र)

सुशीला टाकभौरे

वाणी प्रकाशन

वाणी प्रकाशन

4695, 21-ए, दरियागंज, नयी दिल्ली 110 002

शाखा

अशोक राजपथ, पटना 800 004

फ़ोन: +91 11 23273167 फ़ैक्स: +91 11 23275710

www.vaniprakashan.in
vaniprakashan@gmail.com
sales@vaniprakashan.in

QAIDI NO. 307
(SUDHIR SHARMA KE PATRA)
by Sushila Takbhore

ISBN : 978-93-5229-620-0
Letters

प्रथम संस्करण

मूल्य : ₹ 495

सिटी प्रेस, दिल्ली-110 095 में मुद्रित

वाणी प्रकाशन का लोगो मक़बूल फ़िदा हुसेन की कूची से

सुधीर शर्मा और उनके जैसे सभी को,
जो अपनी ही समस्याओं से त्रस्त होकर
ऐसा जीवन जीने के लिए
मजबूर हुए!

बिना किसी भूमिका के...

सुधीर के कई पत्र मिले हैं। कुछ और भी होंगे, जो मुझ तक नहीं पहुँच पाये, इसका मुझे दुख है। सुधीर शर्मा को भेजे गये मेरे पत्र कुछ इस रूप में लिखे थे। भेजे गये कुछ पत्र ज़ेरॉक्स कॉपी के रूप में होने से पूर्ण रूप में आये हैं। कुछ पत्रों का सारांश रूप ही अपने पास रख पायी थी। भेजे गये पत्र के प्रतिरूप मेरे पास नहीं होने से उस रूप में प्रस्तुत नहीं कर सकी, इसके लिए अफ़सोस है।

सुधीर शर्मा c/o फ्रान्सिस दास,	10–7–1999
हाउस नं. 223, Do-JoA	सुधीर शर्मा, कैदी नं. 307
VADDO Merres,	केन्द्रीय कारागार, आग्वाद
जैसवाडी, गोवा	कांदोलिम बार्देश, गोवा–19

आदरणीय सुशीला टाकभौरे जी,
हार्दिक अभिवादन,

एक अनजान कैदी के पत्र को पाकर आपको कितनी हैरानी होगी? कह नहीं सकता। लेकिन मेरे दूसरे लिखे पते को देखकर जरूर हैरानी होगी। यह सवाल आपके दिमाग में स्वाभाविक तौर पर पैदा होगा कि जेल का पता होते हुए, मुझे यह दूसरा पता देने की क्या जरूरत पड़ गयी? इस बात का कारण मैं आपको बाद में स्पष्ट कर दूँगा।

'हंस' मार्च अंक में आपकी रचना 'वह नजर' से मिलना हुआ। उसी का आपको आभार व्यक्त कर रहा हूँ। आपकी रचना से मिलना किस प्रकार सम्भव हुआ? कृपया पहले यह जान लें। तीन बरस पहले 'इंडिया टुडे' में 'पहल' की समीक्षा पढ़कर मैंने एक साथी बन्दी से अनुरोध किया कि वह 'पहल' का सदस्य बने, उसने मेरे अनुरोध को मान लिया, उसके सदस्य बनने के बाद, मैंने भी 'पहल' के सम्पादक ज्ञानरंजन को और खत लिखा, ज्ञानदा ने मुझे कबूल कर, बहुत सी जीवनोपयोगी पुस्तकें भेजीं। ज्ञानदा के

जरिये मेरा संवाद बहुत से साहित्यकारों व सम्पादकों से बना। मैंने 'हंस' की ख्याति सुनी थी, सोचा उसके सम्पादक से इसका एक अंक दान में माँगा जाये, और सम्पादक राजेन्द्र यादव को एक खत लिखकर ज्ञानदा के जरिये भेजा। राजेन्द्र जी ने मेरा पत्र पाकर मुझे 'हंस' के वरदान से तो नवाजा ही, अपने सम्पादकीय चरित्र की विशेषता के चलते, मेरा वह पत्र भी 'हंस' में छाप दिया। तब से 'हंस' मुझे नियमित रूप से मिल रहा है, इस तरह आपको पत्र लिखना सम्भव हुआ। इस बात के लिए माफी चाहता हूँ कि पाठकीय आभार व्यक्त करने में देरी हुई।

'वह नजर' से जब साक्षात्कार हुआ था, तभी से पत्र लिखने की इच्छा थी। लाख चाहते हुए भी पत्र न लिख सका। 'वह नजर' दिमाग़ में अपनी छाप छोड़ गयी थी और जेहन में जिन्दा रहती थी। अब डाक टिकट कागज जुटा, तो इच्छा को मूर्त रूप दिया। 'वह नजर' दिमाग में रहकर हलचल मचाती रही।

मैं आपकी रचना के बारे में किस तरह अभिव्यक्त होऊँ? समझ नहीं पा रहा, न तो मुझे शब्द ज्ञान है और न ही व्यक्त करने की कला। सुशीला जी, मैं कम शिक्षित कैदी हूँ और मेरा कोई साहित्यिक परिवेश भी नहीं रहा है। मेरा पाठकीय जन्म अभी ही साहित्यकारों के साहित्यदान से हुआ है। चूँकि मेरी पाठकीय आयु अल्प और कच्ची है, इसलिए उसी के हिसाब से मेरी पाठकीय क्षमता है। मैं कई बार गहरी रचनाओं के मूल को नहीं समझ पाता हूँ। मेरे लिए यह ही बहुत है कि रचना चेतना में हलचल मचाती है। आप इसी से सन्तोष कर सकती हैं कि आपकी रचना को एक कैदी पाठक ने जानने समझने की कोशिश की।

'वह नजर' जैसी रचनाओं से मेरा मिलना बहुत कम हुआ है। यह एक उम्दा मनोवैज्ञानिक रचना है। बहुत कम रचनाएँ ही इस स्तर की हैं। ऐसी अद्‌भुत रचनाएँ पाठक का सिर्फ पाठकीय विकास ही नहीं, बल्कि उसका आत्मिक विकास भी करती हैं। इस बात को मैंने तब महसूस किया, जब 'वह नजर' को पढ़कर तीन–चार साथियों ने उस पर चर्चा की थी। मैं खुद ऐसी रचना को पढ़कर हतप्रभ था। मानवीय संवेदना की इस तरह की जीवन्त रचना कोई महिला लेखक ही लिख सकती थी। प्रथम पंक्तियों को पढ़ते ही आभास मिल गया, एक सशक्त से साक्षात्कार होने जा रहा है, आधी रचना को पढ़ने के बाद, यह मुझमें कब उतरी, पता ही न चला। पढ़कर बड़ी देर तक विचार मन्थन करता रहा। फिर से दिल हुआ, इसे

एक बार और पढ़ा जाये। दूसरी बार पढ़ने पर इसके तलों का अन्दाजा हुआ। 'वह नजर' ने इस तरह मुझे जकड़ लिया कि कुछ घंटे रचना के चिन्तन मनन में गये और उसके बाद जब तब 'वह नजर' मेरे दिमाग में हलचल मचाती रहती।

सुशीला जी, आपने शिक्षिकाओं व छात्रों की सोच, मनोभावों, अन्तर्द्वन्द्व पर यह बड़ी ही मूल्यवान रचना लिखी है। इस विषय पर इतनी संजीदगी से शायद ही कोई रचनाकार लिखे। मेरे ख़याल से, आप खुद अध्यापन से जुड़ी हैं और उसके अनुभव आपके साथ हैं, इसीलिए यह रचना इतनी जीवन्त बन पड़ी है। फिर आपकी भाषा सीधी सरल व शैली दिल में उतर जाने वाली है। आपकी रचना की प्राध्यापिका नायिका की अपनी स्पष्ट सोच, विचार व तर्क है, जो हकीकत की कसौटी पर खरे उतरते हैं। मैंने उसकी अनुभूतियों और मानवीय स्वभाव पर गहरे से चिन्तन–मनन किया। मुझे कहीं से भी नहीं लगा, यह प्राध्यापिका मर्यादा की सीमा लांघ रही है।

यह जाहिर बात है, स्कूली–कॉलेजी छात्र अपने से दस बीस बरस बड़ी लेक्चरर पर मोहित हो जाते हैं, एकतरफा कल्पना करने लगते हैं, यह मानव की स्वाभाविक फितरत है। इसी तरह कोई प्राध्यापिका, अध्यापिका अपने से दस–बीस बरस छोटे छात्र की तरफ खिंच सकती है या उसका ध्यान उस तरफ जा सकता है। वह अपनी नजर को किस हद तक स्वच्छ रख सकती है, यह उसके विवेक व समझ पर निर्भर करता है। यह कोई निश्चित सिद्धान्त पर नहीं है। भई, सुन्दरता तो सुन्दर ही लगेगी न, इसी तरह बॉडी लैंग्वेज की बात है। प्रत्येक अंग का अपना महत्त्व व अपनी भाषा है, कमनीयता, मादकपन, अल्हड़ता, सुगठित शरीर, चंचलपन सभी पर असर छोड़ते हैं। यह किसी नियम से नहीं बँधे हैं। क्या हमारी खुद घर की स्त्रियाँ अपनी–अपनी बातों से ध्यान नहीं खींचतीं?

बात है स्वस्थ दृष्टि से देखने की। यह बात मैं स्वीकार करता हूँ कि कुछ अनुभूतियाँ ऐसी भी होती हैं, जिन्हें किसी मापदण्ड से नहीं बाँधा जा सकता। उन्हें सिर्फ इंसानी कहा जाता है। सुशीला जी, आपकी प्राध्यापिका जब अपने कॉलेजी दिनों में जीती है, तब का सामाजिक सच उसके साथ है। नारी मन के सूक्ष्म मनोभावों को आपने बड़ी सूक्ष्मता के साथ चित्रित किया है। उस आयु के ज्वार में अच्छे–अच्छे युवक–युवतियों का विवेक खो जाता है, पर आपकी नायिका इंसानी जज़्बातों में बहते हुए भी, अपने विवेक का साथ नहीं छोड़ती। बाद में जब वह अध्यापन से जुड़ जाती है,

तो उसका विवेक अनुभव की आँच में तपकर और ज्यादा निखर जाता है।

आपने रचना की शुरुआत में लिखा है–"कॉलेज के अध्ययन काल के अनुभवों और कॉलेज में अध्यापनकाल के अनुभवों में बहुत अन्तर होता है। जो बातें अपनी नजर से देखना चाहिए, उन्हें दुनिया की नजर से देखा जाने लगता है।" आपकी यह बात ही अपने आप में एक दर्शनशास्त्र है। सुशीला जी, आपकी नायिका का मानसिक व आन्तरिक द्वन्द्व तब प्रखर तौर पर उभरता है, जब वह अपनी कक्षा के एक छात्र लड़के की तरफ एक खास दृष्टि से देखने लगती है। नायिका के दिलो दिमाग में जो विचार व प्रश्न उठते हैं, उनसे यह प्राध्यापिका गुत्थमगुत्था होती है। यह एक अच्छी इंसान प्राध्यापिका है, जो अपनी कमियों की भी जाँच–पड़ताल करती है। जैसे उस छात्र के प्रति विशेष भाव क्यों? व वह भाव पैदा होने की वजह?'

यह नायिका अपनी इस इंसानी कमी को भी स्वीकारती है, जब वह अपने सफेद बालों को काली मेहँदी से रँगने के बाद, उस छात्र से मिलती है–अपनी नायिका के आन्तरिक व मानसिक द्वन्द्वों को आपने बड़ी बारीकी से उकेरा है। मैं आपकी नायिका के जज़्बातों से सहमत हूँ। मानवीय कमजोरी सभी में होती है, उसे खुले आम स्वीकारने की हिम्मत आपकी नायिका की तरह हर स्त्री में नहीं होती। यहीं पर आकर आपकी यह नायिका सच्ची व ईमानदार चरित्र बन जाती है। क्योंकि अपने सच को स्वीकारने का साहस उसके अन्दर है। वह किसी बेटा, भतीजा, भांजा, देवर के रिश्ते की आड़ नहीं लेती, एक इंसानी भावना को अपने विवेक का स्पर्श देती है। ये पंक्तियाँ उसे हमेशा के लिए दिमाग में सहेज लेती हैं–"दूर देखती गहरी नजर से गुँथा बँधा वर्तमान और उससे जुड़ा भविष्य देख रही है। जीवन के प्रथम प्रहर की अनुभूति और जीवन के दोपहर की अनुभूतियों के बीच के अन्तराल को वह बार–बार भूल जाती है। फिर प्रयत्न करके उसे याद रखने की बार–बार कोशिश करती है। इसके सिवाय भूलने और याद करने को बचा भी क्या है? जीवन की इस दोपहर और उग आयी इन कँटीली झाड़ियों से बचकर वह कहाँ जा सकती है? क्या कर सकती है? लेकिन हरियाली के मोह में वह नहीं चाहती कि विचारों के कैक्टस आँगन के गमलों में भरने लगें।" अन्त में नायिका सभी द्वन्द्वों से निकलकर, उसकी ठहरी हुई नजर, अपनी भाषा में कुछ कहती हुई नजर को, अपने वात्सल्य से समेट लेती है।

सुशीला जी, आपकी इस रचना ने प्राध्यापिका व छात्र के साथ मुझे भी

अपने उनके विचारों, द्वन्द्वों में घसीट लिया। उनकी भावनाओं ने मुझे मथ कर रख दिया। उस मन्थन से जो मैंने ग्रहण किया, उसने मेरा मानसिक व आत्मिक विकास किया। इसके लिए मैं आपका हृदय से आभारी व कृतज्ञ हूँ।

अपने बारे में क्या लिखूँ? समझ नहीं आता। मैं अपने नशे की लत की, 28 ग्राम ब्राउन शुगर रखने की सजा काट रहा हूँ। मेरी सजा के सात साल पूरे हो गये हैं व अभी तीन बरस बाकी हैं। इस जेल में पुस्तकालय नहीं है, न ही कैदी के लिए कोई काम। मैं यहाँ असहाय निस्सहाय की हालत में हूँ। किसी भी पत्रिका को खरीद कर नहीं पढ़ सकता, बन्द वेरैक में 24 घंटे बन्द रहकर सजा काटना बहुत यातनादायक है। साहित्यकारों ने मेरी यह पीड़ा दूर कर दी। अगर साहित्यकारों का यह मजबूत भावनात्मक व मानसिक सहारा न मिलता, तो जरूर मेरी दिमागी सेहत गड़बड़ा जाती। मैं जीवन भर के लिए उनका ऋणी हूँ। सुशीला जी, महिला लेखकों से मुझे विशेष स्नेह व अपनत्व मिला है। कुसुम अंसल व मधु कांकरिया जी ने मुझे आर्थिक मदद भी दी है, जिससे मैंने बहुत से रचनाकारों को पत्र लिखे। उनके व्यावहारिक आचरण ने मुझे नारी का आदर व सम्मान करना बेहतर ढंग से सिखा दिया है।

ऊपर दूसरा पता लिखने की वजह यह है कि अपने अधिकारों को लेकर जेल प्रशासन से मेरी लड़ाई जारी है। यह बहुत लम्बी व रोचक कहानी है। पहले जेल प्रशासन ने मेरी वह रजिस्टर्ड डाक लौटा दी थी, जो निर्मल वर्मा, से. रा. यात्री, विभूति नारायण राय ने भेजी थी। उसके बाद विभूति नारायण राय जी ने हस्तक्षेप किया, तो मुझे रजिस्टर्ड डाक मिलने लगी। लेकिन मेरे साधारण डाक के पत्रों को गायब कर दिया जाता है। मैं साथी बन्दी के घर अपने पत्र मँगाता हूँ और फिर उन्हें प्राप्त करता हूँ, इस तरह 37 वर्षीय जीवन की जेल यात्रा जारी है। सुशीला जी, क्या आप मुझे कुछ पुस्तकें दान करेंगी? मेरा इस तरह आपसे पुस्तकें दान में माँगना उचित नहीं है, फिर भी माँग रहा हूँ, नाराज न होना। आपने मेरे पत्र को समय दिया, इसका भी आभारी हूँ।

आपकी खुशी व सेहत की दुआ के साथ ।

आपका सुधीर

(टीप—इस पत्र में तारीख 10—10—99 लिखी थी। लेकिन यह सही नहीं है, क्योंकि इसके उत्तर में मेरा पत्र 25—7—99 को लिखा गया है जो कि सही है। इसलिए इस पत्र की तारीख 10—7—99 लिखी है।)

25–7–99
नागपुर

आदरणीय सुधीर शर्मा जी,
सादर नमस्कार,

आपका पत्र मिला। अत्याधिक खुशी और विस्मय का एहसास हुआ। कैदी नम्बर और जेल की बात से तो आश्चर्य हुआ ही, फिर भी यदि आप यह न लिखते, तब भी इतनी ही खुशी और विस्मय होता। आपने मेरी कहानी पढ़ी, खूब ध्यान से पढ़ी, कई बार पढ़ी। अपने साथियों के बीच चर्चा की और उसके विश्लेषण स्वरूप जो निष्कर्ष निकाले, उन्हें पत्र के माध्यम से मुझ तक पहुँचाए, इसके लिए मैं आपकी आभारी हूँ, वे सचमुच अभूतपूर्व हैं। आप कम शिक्षित हैं या साहित्य की परख अधिक नहीं रखते हैं, आपकी ये बातें मैं नहीं मान सकती। आपके पत्र से यह जाहिर है। मेरे परिचितों में जिसने भी आपका पत्र पढ़ा, उन्हें बड़ी हैरत हुई कि जेल से कोई कैदी ऐसा पत्र भी लिख सकता है। ऐसी साहित्यिक परख की नजर रखने वाले सम्मान के योग्य हैं।

आपने अपना संक्षिप्त परिचय दिया है। आपके विषय में बहुत कुछ जानने की उत्कण्ठा जागी है। यदि उचित समझें, तो अपने विषय में अधिक बताने की कृपा करें। आपके माता, पिता, बहन, भाई, परिवार? जिस कारण आपको जेल हुई, इसके पीछे जरूर कोई मजबूरी रही होगी या फिर आपकी नासमझी। या फिर तब से अब के सुधीर शर्मा में सचमुच बहुत परिवर्तन हुआ है। अपने विषय में जरूर लिखिएगा।

'वह नजर' कहानी की आपने जो समीक्षा की है, इसकी मुझे बहुत खुशी है। यह इसलिए नहीं कि आपने प्रशंसा की है, बल्कि इसलिए कि आप पहले पाठक हैं, जिसने कहानी के मर्म को सही रूप में जाना है। मैं आपकी बहुत एहसानमन्द हूँ कि आपने मुझे मेरी रचना की सच्चाई से पुनः मिलवाया है। अन्य कई लोगों की प्रतिक्रिया सुनते देखते मैं सोचती थी कि कहानी में कुछ गलत नहीं है। जिस कहानी को पढ़कर उच्च शिक्षित प्राध्यापक और लेखक भी सही टिप्पणी नहीं दे सके, वह आपने इतने सुन्दर ढंग से संवेदना के आधार पर दी है। सचमुच आपने कहानी को पूरी तरह मथा है। कहानी आपको प्रभावित कर सकी, यह मेरी कलम का सौभाग्य है।

आपके पत्र की ज़ेरॉक्स कॉपी मैंने 'हंस' के सम्पादक राजेन्द्र यादव जी

को भेजी है। उनका कहना था कि कहानी के सम्बन्ध में जो भी टिप्पणी मिले, उन्हें भेज दी जाये। 'हंस' के अगले किसी अंक में मेरी एक कहानी 'साक्षात्कार' छपने वाली है। शायद वह भी आप तक पहुँचे। मैं अपना कहानी संग्रह 'अनुभूति के घेरे' आपको भेज रही हूँ।

मैं आपकी क्या मदद कर सकती हूँ, कृपया आप मुझे लिखें। आपके पत्र ने मुझे बहुत प्रभावित किया है। कहानी की समीक्षा छोड़ दी जाये, तब भी आपका पत्र स्वयं अपने आप में अद्‌भुत है। आपके पत्र का आरम्भ और अन्त, सच का स्वीकार्य भाव, विश्वास की फैलती जड़ों को दूर–दूर तक पहुँचाता है। आप अपराधी हो, जबकि साहित्य में आपकी इतनी रुचि है, इतने अभावों और कठिन स्थिति में रहकर भी, आपने इतने साहित्यिक लोगों से सम्पर्क साधा है। साहित्य का चिन्तन मनन और पत्राचार आपकी साहित्यिक रुचि का परिचय देते हैं। परिष्कृत रुचि वाला व्यक्ति छोटे दिल दिमाग का नहीं हो सकता, न ही वह समाज को गलत दिशा दे सकता है।

क्या जेल का एकान्तवास व्यक्ति को चिन्तनशील बना देता है? तीन वर्ष के बाद जब आप जेल से बाहर होंगे, तब आप क्या करेंगे? साहित्य से जुड़ेंगे? समाज की भलाई के लिए उसे दिशा देने का प्रयत्न करेंगे?

आप साहित्य से जुड़िए, साहित्य को अपना माध्यम बनायें और साहित्य को ही अपना साध्य बनाइए। जेल के पूर्व का जीवन, जेल जीवन और भविष्य के इरादों के ताना–बाना को जोड़कर, एक सुन्दर सार्थक और युवा वर्ग के लिए पथप्रदर्शक रचना लिखिए। समाज आपके स्वागत में पलकें बिछा देगा।

शेष कुशल। पत्र लिखते रहें।

स्नेह के साथ

सुशीला टाकभौरे

24–9–99

केन्द्रीय कारागार, गोवा

आदरणीय सुशीला जी,

हार्दिक अभिवादन,

मैं जिस साथी के घर पर अपनी किताबें, पत्र मँगवाया करता था, अपने अधिकारों के साथ आवाज उठाने के कारण, उसका ट्रांसफर 19/9

को सब जेल में कर दिया गया। डेढ़ महीने पहले उसने बताया था कि मेरे कुछ पत्र व एक किताब उसके पते पर आयी हैं, और वह उन्हें कोर्ट की तारीख पर ले आयेगा। बदकिस्मती से तब उसके घर वाले कोर्ट में लाना भूल गये। फिर चुनाव के चलते कोर्ट नहीं ले जाया गया। अब उसकी कोर्ट की तारीख 29/9 को है। जब 'उसका ट्रांसफर हुआ' की खबर को जाना, तो दिल धक से हो गया। मैं फ्रांसिस के पास गया और भीगे शब्दों में बोला–'यार तुम कोर्ट की तारीख पर मेरे खत व किताब को, अपने साथी के पास जरूर दे देना। उसने मेरे भावों व इसकी गम्भीरता को महसूस किया और बोला–'शर्मा, तुम्हारी चीज हर हाल में तुम तक पहुँच जायेगी। इसका विश्वास रखो।' फ्रांसिस के जाने के बाद मैं बहुत बेचैनी के साथ 29 तारीख के इन्तजार में दिन काट रहा था। मैं हर पल इस उत्कंठा में जीता–'किताब व पत्र किस–किस रचनाकार के होंगे?'

आज सायं मुझे जेल ऑफिस में बुलाया गया। यह वक्त पोस्टमैन के आने का न था। मुझे क्यों बुलाया गया होगा, सोचते हुए मैं बड़े ऑफिस गया। जेलर साहब को अभिवादन किया। जेलर जोकि बहुत काँइयाँ अफसर है, पर मेरे प्रति सम्मान व नरमी से पेश आता है, (मजेदार बात यह है कि वह मुझे गम्भीर और तेज दिमाग वाला अपराधी समझता है) ने बड़ी मिठास से कहा–'शर्मा तुम्हारा यह पार्सल कूरियर सेवा से आया है। इस आदमी को दस्तखत देकर, अपना पार्सल ले लो।' कूरियर सेवा का नाम सुनकर मैं चौंका, हैरत से भरकर मैंने दस्तखत किये, पार्सल को लिया। देखा, पते की लिखाई भी अपरिचित थी। बड़ी जिज्ञासा से भरकर मैंने भेजने वाले के पते पर नजर घुमाई। फ्रांसिस का पता देखते ही मैं जान गया, अन्दर किताब व पत्र हैं। मेरे कुछ कहने से पहले ही जेलर साहब ने अपनत्व से कहा–'शर्मा, पार्सल खोलकर देख लो, क्या–क्या चीजें हैं?' मैंने नरमी से उनका आभार जताया और कहा, 'सर मैं जानता हूँ, इस पार्सल में क्या है। दरअसल यह पार्सल फ्रांसिस के घरवालों ने मुझे भेजा है, जिसका आपने 19 तारीख को ट्रांसफर कर दिया। आपके कमीने घटिया सब–जेलर व अधीक्षक के व्यवहार के चलते, मैं अपनी साधारण डाक फ्रांसिस के घर मँगवाता था। दो बार पहले भी उसके घरवालों ने मेरे पत्रों को जमा करके रजिस्टर्ड डाक से भेजे थे।'

जेलर साहब व दूसरे सभी मेरी वाचालता से अवाक् थे। जेलर साहब ने मेरे शब्दों की आग व पीड़ा को समझ लिया था। झेंपते हुए बोले–

'शर्मा, उनके व्यवहार का गुस्सा उनके साथ चला गया। मैंने कभी तुम्हें परेशान किया है?' मैंने बड़ी संजीदगी से कहा–'सर, आप सच्चाई जानते ही हैं, मैं उन दोनों अफसरों को कभी नहीं भूल पाऊँगा। आपसे मुझे कोई शिकायत नहीं है।' मेरी बात सुनकर जेलर साहब धन्य हुए। मैं पार्सल को खोलने लगा, अन्दर 'अनुभूति के घेरे' (प्रथम संस्करण) खड़ी मुस्कुरा रही थी। जैसे ही मेरी नजर डॉ. सुशीला टाकभौरे पर पड़ी, दिमाग में विस्फोट सा हुआ, 'वह नजर' जेहन में कौंध गयी।

भौचक सा मैं पुस्तक को खोलकर देखने लगा। अन्दर आपके पत्र के साथ, दो और महत्त्वपूर्ण लेखिकाओं के पत्र थे। 'अनुभूति के घेरे' व पत्रों को देखकर मेरे चेहरे की रंगत बदल गयी। पूरे वजूद में सनसनाहट पैदा हो गयी, खुशी व उत्तेजना से मैं काँप उठा। मेरे चेहरे पर छाए भावों को देखकर, जेलर साहब ने बड़े खुशनुमा अन्दाज में कहा, 'शर्मा, लगता है, बड़ी मूल्यवान किताब व पत्र प्राप्त हुए हैं। यह किताब किस लेखक की है?' मैंने इस बीच अपने को संयत किया, और कहा–सर, इस पुस्तक की लेखिका ने ही मुझे यह उपहार में दी है और यह पत्र भी लेखिकाओं के ही हैं। सुनकर जेलर साहब के चेहरे पर आश्चर्य व अविश्वास के भाव आये।

मैंने आगे गुजारिश की–'कृपया इन्हें लगे हाथ सेंसर कर दें, ताकि मैं पत्रों को पढ़ सकूँ। जेलर साहब ने किताब को उलट–पुलट कर देखा, और कहा–'शर्मा, सेंसर की जरूरत नहीं है। तुम ऐसे ही सब लेकर जाओ।' इस पर मैंने विनम्र शब्दों में जेलर का आभार व्यक्त किया। किताब को पलटते हुए उन्होंने पीछे नजर डाली और आपका चित्र व परिचय पढ़ने लगे, जैसे–जैसे वह पढ़ते जाते, उनकी आँखें विस्मय से फैलती जातीं। चेहरे पर अनेकों भाव तैरने लगे। मैं उनके भावों को पढ़ते हुए, एक पाठक के गर्व की अनुभूति से भर उठा। जेलर साहब ने आपका परिचय पढ़ने के बाद, एक दीर्घ श्वास छोड़ी और अविश्वास से कहा–'शर्मा, इन लेखिका ने तुम्हें किस तरह यह किताब भेजी?'

तब मैंने अपनी शैली में उन्हें सरसरी तौर पर आपका व आपकी रचना के बारे में बताया। वह जानकर वे हक्के बक्के रह गये, आप मुझसे पूर्व परिचित भी नहीं हैं, बातचीत के बाद मैंने पूछा–'सर है न यह अविश्वसनीय चमत्कार।' उन्होंने पूरी तरह हामी भरी और कहा, शर्मा यह लेखिका, सचमुच एक अच्छी इंसान भी है। आज के वक्त में इतनी अच्छी इंसान का मिलना बहुत मुश्किल है। मैंने जेलर साहब की गम्भीरता को तोला,

वह गम्भीरता से ही कह रहे हैं, मैंने पुनः उनका आभार व्यक्त किया और अपने पत्र व किताब को लेकर लौट पड़ा।

खुशी, रोमांच, उत्तेजना से भरकर मैंने बैरेक में प्रवेश किया। पार्सल देखते ही साथियों की उत्सुक निगाहें मेरी तरफ उठ गयीं। मेरे चेहरे की रंगत को देखकर वे समझ गये, आज फिर शर्मा के साथ कोई बड़ी घटना घटी है। मैं अपने बिस्तर तक आया ही था कि दो साथियों ने एक साथ पूछा–'शर्मा भाई, किसका पार्सल है?' मैंने उन्हें काँपते हुए बताया, 'वह नजर' की लेखिका की किताब व पत्र है। सुनते ही दोनों उछल पड़े, क्योंकि वह दोनों साहित्य प्रेमी हैं व 'वह नजर' से परिचित हैं। दो और साथी आ जुटे आपका नाम सुनकर, मैंने किताब उन्हें थमाई और कहा, यह तीन पत्र भी हैं। सुशीला जी के पत्र को मैं पहले पढ़ना चाहूँगा। साथी आपके व 'वह नजर' के बारे में बातचीत करते हुए 'अनुभूति के घेरे' को देखने लगे।

मैंने आपके पत्र को खोला और बड़ी जिज्ञासा से भरकर साँस रोककर पत्र को पढ़ना शुरू किया। पहली पंक्ति से ही आभास मिल गया, यह पत्र जीवन की महत्त्वपूर्ण घटना बनने जा रहा है। जैसे–जैसे पत्र में उतरता गया, भीतर कुछ घटता सा महसूस हुआ। वह सब चेहरे पर आने लगा, साथी बन्दी चोर निगाहों से मेरे चेहरे के भावों में अपना–अपना अर्थ खोज रहे थे। पहला पैराग्राफ पढ़ते–पढ़ते मैं इतना उद्वेलित हो गया कि मुझे पत्र पढ़ना रोककर, अपनी भावनाओं को नियंत्रित करना पड़ा। फिर संयत होकर मैंने पत्र को आगे पढ़ना शुरू किया। हर पंक्ति के साथ, मैं भावनाओं के ज्वार भाटे में गुम हो जाता, रोमांच व अविश्वास के साथ पढ़ते–पढ़ते पत्र को बड़ी देर में खत्म किया। सबसे पहले मैंने फ्रांसिस के घर वालों के उपकार को कई बार नमन किया, जिन्होंने यह पार्सल मुझ तक पहुँचाया। फिर सोचा 'वह नजर' की लेखिका का पत्र ही, इतने नाटकीय तरह से मिल सकता है, मैं थोड़ी देर तक 'वह नजर' के सुशीला चक्रवात में डूबता–उतरता रहा। दिमाग में इतने विस्फोट हुए कि मुझे दुनिया घूमती महसूस हुई।

काफी देर तक इसी मनःस्थिति में रहने के बाद, मैंने पत्र आपके दूसरे प्रशंसकों की ओर बढ़ा दिया। वे बड़ी खुशी व उत्सुकता के साथ आपके पत्र को बारी–बारी से पढ़ते रहे और मैं उनके चेहरे को पढ़ता रहा। उनके पढ़ने के बाद मैंने सभी से पूछा, अपनी यह सुशीला जी कैसी लेखिका हैं?

उन्होंने दिल से कबूला, आज के वक्त में किस लेखिका को पड़ी है, जो एक अनजान कैदी को इतना महत्त्व दे और उसे अपनी पुस्तक भी भेंट में दे। शर्मा भाई, यह लेखिका के रूप में तो बड़ी थी ही, लेकिन इंसान के रूप में यह इतनी बड़ी होंगी, हमने सोचा भी नहीं था। सच में सुशीला जी एक बड़ी और अच्छी इंसान हैं। उनकी संजीदगी देखकर लगा, मेरा कैदी और पाठक दोनों ही होना सार्थक हुआ। आपके पत्र ने मेरा कद यकायक बढ़ा दिया।

सुशीला जी, आप सोचेंगी कैसे अजीब पाठक से पाला पड़ गया, जिसे यह भी तमीज, शऊर नहीं कि रचनाकार को आभार, धन्यवाद पत्र कैसे लिखा जाता है। सुशीला जी, आपके पत्र के स्पर्श ने मुझे इतना उत्तेजित किया व ऊर्जा से भर दिया कि मैं यह बे–सिर पैर की सब लिख पाया। मुझे महसूस हुआ, आप जैसी लेखिका व सच्ची इंसान को यह सब लिखना चाहिए। अगर आपको इससे खीज पैदा हुई हो, तो माफ कर दीजिएगा।

मैं यह पत्र लिखते हुए भी सहज यकीन नहीं कर पा रहा हूँ, एक विदुषी साहित्यकारा मुझ कैदी को इतना सम्मान दे सकती है। ऐसा नहीं है कि मुझे लेखिकाओं के पत्र न मिले हों, बहुत सी लेखिकाओं ने मुझे पत्र द्वारा स्नेह व अपनत्व दिया है, जिसमें कई नामी दामी, प्रसिद्ध लेखिका हैं। लेकिन आपके पत्रों का स्पर्श सर्वथा अलग व अनुपम है। मैंने जब आपको पाठकीय आभार पत्र लिखा था, तो बाद में सोचता रहता था, 'वह नजर' की लेखिका एक कैदी पाठक को किस तरह लेगी? अब आपका पत्र पाकर मुझे नया मानवीय बोध हुआ।

सुशीला जी, साहित्य की दुनिया में आपको कितनी बड़ी लेखिका माना जाता है? आप जानें। मेरे लिए यह ज्यादा महत्त्वपूर्ण है कि आप लेखिका के साथ–साथ अच्छी इंसान भी हैं। यह जरूरी नहीं कि नामी दामी, प्रसिद्ध लेखिका अच्छी इंसान भी हो। अच्छा इंसान होना बड़ा मुश्किल काम है। ईमानदारी से कहूँ, तो प्रथम पत्र में आप जैसा स्पर्श मुझे किसी भी लेखिका से नहीं मिला। आप जैसा मिलता–जुलता स्पर्श, सिर्फ मधु कांकरिया जी ने अपने प्रथम पत्र में दिया था। मैं खुश किस्मत हूँ, जो मुझे आप जैसी लेखिका व इंसान का स्पर्श मिला। क्या आप यकीन करेंगी, आपके पत्र को पढ़ते–पढ़ते, कई बार मेरी आँखें नम हुईं। जाने क्या था, आपके पत्र में, जो इसने इस तरह मथा कि इंसान के रूप में भी मुझे अपना विकास महसूस हुआ। आप इसे समझ सकती हैं कि पत्र की

शुरुआत ही मैंने बे–सिर पैर की बातों से की। अब भी मेरे दिलो–दिमाग में इतनी उथल पुथल मची हुई है कि मैं पत्र को सिलसिलेबार ढंग से नहीं लिख पा रहा हूँ। समझ ही नहीं आ रहा, इस अनुपम और मूल्यवान पत्र का जवाब किस तरह लिखूँ?

सुशीला जी, आपने मेरी प्रतिक्रिया की हद से ज्यादा तारीफ कर दी। मैं तो सही ढंग का आम पाठक भी नहीं हूँ। यह आपका बड़प्पन है कि आपने मेरी प्रतिक्रिया को तरजीह दी। आपने जिस संजीदगी से मेरे पाठकपने की तारीफ की है, उसने मुझे उत्साह व उमंग से भर दिया। आपके शब्दों ने मुझ पर जादू सा कर दिया। मेरे भीतर के पाठक को बड़ी शक्ति मिली। अब मैं और लगन व परिश्रम से गहरा पाठक बनने की कोशिश करूँगा। मुझे ही नहीं, मेरे साथियों को भी आपके पत्र ने अच्छा पाठक बनने के लिए प्रेरित कर दिया है। दरअसल 'वह नजर' की प्रतिक्रिया लिखते वक्त, मैं बड़े संशय में था कि कहीं इसे एक कैदी की मानसिक रंगरेली न मान लिया जाये। लेकिन हिम्मत करके मैंने वह लिखा, जिसकी गवाही मेरी आत्मा ने दी। 'वह नजर' एक गहरी व अलग तरह की रचना थी, जिसे लिखने के लिए साहस व हिम्मत चाहिए थी। सभी में यह हिम्मत नहीं होती। मैं आपके लेखकीय चरित्र की ईमानदारी व बेबाकी से बहुत प्रभावित हुआ था। 'वह नजर' मेरे दिमाग में हमेशा के लिए छाप छोड़ गयी है। मैं इस बात से हतप्रभ हूँ कि आपने मुझे प्रबुद्ध पाठक कैसे मान लिया। आपने जिस आत्मीयता के साथ मुझे पत्र लिखा है, उसने मुझे अपने प्रति ईमानदारी से सोचने के लिए मजबूर कर दिया।

सुशीला जी, आपका पत्र मेरे लिए एक अनमोल धरोहर है। बल्कि यह पत्र किसी भी उत्तम रचना ग्रन्थ से बड़ा है। क्योंकि इसने मुझे जीवन द्रव्य, ऊष्मा दी है। मेरे इस कठिन और अँधेरे वक्त में यह मेरे लिए प्रकाशपुंज है, जिसे मैं समय–समय पर पढ़कर, प्राणवायु लेता रहूँगा। आप शायद मेरी इन बातों को पढ़कर हँसें भी, लेकिन जेल जीवन की कठोरता व खुरदरी जीवनशैली जीवन में, आपका यह पत्र मेरी बातों पर खरा उतरता है।

आपने मेरे विषय में जानने की इच्छा जताई है, यह जानकर बड़ी हैरानी हुई। मेरे पास बताने लायक कुछ भी नहीं हैं। मैं अपने नशे की लत की सजा काट रहा हूँ। सजा का 8वाँ साल चल रहा है व अभी साढ़े तीन बरस बाकी हैं। मैं आपको अपने बारे में जरूर बताऊँगा, इसके लिए मैं आपको अलग से पत्र लिखूँगा। आप जैसी संवेदनशील व ऊर्जावान

लेखिका को बताकर, मुझे खुशी होगी। मैं हैरत में हूँ कि आप जैसी विदुषी लेखिका को एक आम कैदी के बारे में जानने की जरूरत क्यों महसूस हुई? शायद आप उस कूड़े–करकट में से भी जीवन का पक्ष खोज लें, इतना विश्वास है।

मेरा घर दिल्ली में है, घर में माँ–पिताजी व छोटी बहन है। मैं वह बदनसीब इंसान हूँ, जो आज तक अपने घर परिचितों को यह भी नहीं बता सका कि मैं जेल में हूँ। आखिर किस मुँह से घर में बताऊँ? कि मैं अपने नशे की लत की सजा काट रहा हूँ। अपनी आत्मग्लानि व आत्मधिक्कार के चलते नहीं बता पाया और न ही बताऊँगा। मैं साल में एक खत लिखकर यह जरूर बता देता हूँ कि मैं जिन्दा हूँ।

शिव की दया से एक चमत्कार हुआ और मुझे अब घर की खैरियत मालूम हो गयी है। यह कहानी इस तरह की है, एक पत्रिका के कलम से गाजियाबाद की एक हमउम्र महिला से मेरी पत्र–मित्रता हुई। उसने मुझसे घर के बारे में सरसरी तौर पर पूछा था, जिसे मैंने चलताऊ ढंग से टाल दिया। एक बरस की मित्रता के बाद, उसने फिर से गम्भीरता से मेरे घर के बारे में पूछा, तब मैंने उसे सारी बात बतायी। उसने मेरे घर का पता पूछकर, वहाँ जाने की इच्छा जताई। मैंने उस मित्र को बताया, मैं जीते जी घर नहीं बताऊँगा कि मैं जेल में हूँ। अगर इस राज को वह राज रखे, तो मैं अपने घर का पता दे सकता हूँ। फिर पत्रों के जरिये मेरी उससे लम्बी बहस हुई और विश्वास होने पर, मैंने उसे घर का पता दे दिया।

उस मित्र कुन्ता राजपूत ने अपना वायदा निभाया और मेरे जेल में होने के राज को राज ही रखकर, मुझे घर की खैरियत की खबर दे दी। मेरी छोटी बहन की शादी हो गयी व वह मातृत्व भी पा गयी है। यह छः महीने पहले की बात है। सुशीला जी, मैं सात बरस से अपने घर की खैरियत जानने के लिए तड़पता रहता था। सात बरस की इस घुटन व तड़पन को आप समझ सकती हैं। कुन्ता राजपूत ने एक देवदूत मित्र की तरह अवतरित होकर, मुझे इस तड़पन से मुक्ति दिलाई। मैं इस मित्र का उम्रभर के लिए कर्जदार हो गया हूँ। मेरे घर वाले आज भी नहीं जानते, मैं जेल में हूँ।

आपने कहा है, मैं अपराधी नहीं हो सकता। सुशीला जी, मैं अपराधी रहा हूँ, पर मेरे अपराध इस तरह के हैं, कि मेरी आत्मा ने मुझसे कभी घृणा नहीं की। जेल से बाहर जाने के बाद, मैं क्या करूँगा? यह भविष्य

के गर्भ में है। जब मैं आजादी पाऊँगा, तो मुझे शून्य से शुरुआत करनी पड़ेगी। तब तक विचार क्या आकार लेंगे, कह नहीं सकता। विचारों में परिवर्तन होता रहता है। मुझे लगता है, आजाद होने के बाद मुझे ढंग का अपराध ही करना पड़ेगा। खैर, आप इतनी अच्छी इंसान हैं कि आपसे दुष्ट से दुष्ट आदमी भी झूठ न बोल पायेगा।

मैं आपको पत्र लिखता रहूँगा। आपकी किताब 'अनुभूतियों के घेरे' के बारे में दूसरे पत्र में लिखूँगा। अभी उसे साथी बन्दी पढ़ रहे हैं। सुशीला जी, आपने मेरी मदद करने की इच्छा प्रकट की है। आपकी इस करुणा, दयालुता के आगे मैं ह्रदय से नतमस्तक हूँ। एक अनजान कैदी के लिए, आपकी यह भावना आपको बड़ा विराट और विशाल बना देती है।

मैं आपसे मदद चाहता हूँ, लेकिन किस मुँह से माँगूँ। सुशीला जी, मैं अपने अकेलेपन को पढ़ने–लिखने में बिताता हूँ। क्या आप मुझे हर माह कुछ समय तक पचास रुपये मनीऑर्डर कर सकती हैं, जिससे मैं जेल कैंटीन से डाक सामग्री, कागज, पेन ले सकूँ। मुझे आपसे यह मदद माँगने का कोई हक नहीं, न ही मैं पात्रता रखता हूँ। फिर भी आपको लिख दिया। यह मेरी सबसे बड़ी मदद होगी, क्योंकि इसे पाने के लिए, कभी–कभी आत्मसम्मान का संकट खड़ा हो जाता है। मैं हर माह 15–20 पत्र लिखता हूँ। अब आप मुझे जेल पते पर ही पत्र लिखें, मुझे मिल जाया करेंगे। साथी बन्दी के सब–जेल जाने से मैं अपने जेल पते पर ही पत्र आदि मँगवा रहा हूँ व मुझे मिल भी रहे हैं।

अपने पतिदेव को भी मेरा चरण स्पर्श कहिएगा व घर के सभी सदस्यों को अभिवादन। आपने मेरे पत्र को समय दिया इसका भी आभारी हूँ। मैं आपको पत्र लिखता रहूँगा, आपको असुविधा तो नहीं होगी न? मेरे पत्र बड़े लम्बे होते हैं। आपकी खुशी की दुआ के साथ।

आपका सुधीर

7–10–99
केन्द्रीय कारागार, गोवा

आदरणीय सुशीला जी,
हार्दिक अभिवादन,

मेरा एक पत्र आपको मिला ही होगा कि अब यह दूसरा पत्र, आपका

वक्त लेने के लिए हाजिर है। उम्मीद है, आपको इससे असुविधा नहीं होगी। आपका वक्त लेने के लिए माफी चाहूँगा।

सुशीला जी, दरअसल आपको जवाब लिखने के बाद भी मुझे महसूस होता रहा कि मैंने अपने पत्र में बेकार का ऊटपटाँग लिखकर उसे भर दिया था। वह वैचारिक मन्थन मैं लिख ही नहीं पाया, जिसका धरातल आपके पत्र ने मुझे दिया। वैसे भी उस वैचारिक मन्थन को लिखना मेरे लिए मुमकिन नहीं है। वह सतत चलने वाली प्रक्रिया है। उसे निरन्तर विस्तार मिलता रहता है।

इस पत्र में भी वह वैचारिक मन्थन न लिख पाऊँगा। दिमाग में विचारों का प्रस्फुटन बड़े प्रवाह से होता है। शब्द धरे रह जाते हैं। आपके अनुपम और मूल्यवान पत्र ने मेरे दिल को छूकर इस तरह मथा है, जिसे मैं बयाँ नहीं कर सकता। इसे आप एक कैदी की भावनाओं का अतिरेक भी कह सकती हैं। मैं अभी तक आपके पत्र के असर से मुक्त नहीं हुआ हूँ। यकीन ही नहीं होता, एक साहित्यकार विदुषी मुझ कैदी को इतना स्नेह व आत्मीयता दे सकती है। आपके भीतर का इंसान मेरे लिए ज्यादा महत्त्वपूर्ण है। आपकी इस इंसानियत की छुअन ने मुझे आन्तरिक रूप से भी शुद्ध किया है।

आपको पत्र लिखने के बाद, मैंने आपके पत्र को कई बार पढ़ा। हर बार मुझे वह नया बोध दे गया। मुझे रह–रहकर एक बात का अपराध बोध सताता रहता था कि मैंने आपसे मदद की गुहार की थी। अपने आभार के साथ–साथ मैंने अपना स्वार्थ भी साधा था। सुशीला जी, न जाने क्यों मुझे लगा, मैं आपको अपनी परेशानी बता सकता हूँ और मैंने सीधे मदद की गुहार कर दी। आप जैसी इंसान से मदद माँगने की गवाही मेरी आत्मा ने दे दी।

सुशीला जी, अच्छा पाठक बनने के लिए सतत लेखन का अभ्यास भी जरूरी है। सिर्फ पढ़ देने से ही अच्छा पाठक नहीं बना जा सकता। रचना की अनुभूति को लिखकर ही, या फिर गम्भीर चर्चा करके ही व्यक्त किया जा सकता है। मुझे लिखकर व्यक्त करना ज्यादा उपयोगी लगता है, इस तरह एक सचेत पाठक बना जा सकता है। मेरा ऐसा मानना है, इसके लिए मैं रचनाकारों को अपनी प्रतिक्रिया लिखता रहता हूँ। सुशीला जी, कितनी अजीब बात है, अपने साहित्य शौक के चलते मुझे बड़ी मानसिक प्रताड़ना, यातना झेलनी पड़ी है। जेल प्रशासन द्वारा कागज पैन देने की

बात तो दूर, उल्टे मुझे जेल कैंटीन से भी लिफाफे, डाक टिकट नहीं दिये गये व मेरी वह रजिस्टर्ड डाक भी लौटा दी गयी, जो मुझे निर्मल वर्मा, से. रा. यात्री, विभूति नारायण राय, गोपाल गोडसे, ज्ञानरंजन ने भेजी थी। यह बड़ी लम्बी व रोचक कहानी है। विभूति नारायण राय जो आई.पी. एस. अफसर हैं व 'जनसत्ता' दिल्ली के उप सम्पादक सुमन्त भट्टाचार्य ने मेरी इस परेशानी पर 18–1–98 को Indian Express, Jansatta में एक रिपोर्ट छापी थी, जिसे पढ़कर 'राष्ट्रीय मानवाधिकार आयोग' हरकत में आया और मुझे रजिस्टर्ड, साधारण डाक मिलने लगीं।

ऐसा नहीं कि मैंने अपने साथ हुए अन्याय की गुहार न की हो, मैंने जेल आई.जी. मुख्यमंत्री, कोर्ट सभी जगह लिखा, कोई सुनवाई नहीं हुई। अब मुझे रजिस्टर्ड व साधारण डाक मिल रही हैं। सुशीला जी, आप मुझे जेल पते पर ही साधारण डाक से पत्र लिखिएगा, लेकिन उसमें जेल की बुराई न लिखना। हाँ, आप साहित्यिक शब्दों में विरोध जता सकती हैं। बाकी आप उसमें कुछ भी लिखिए, जेल प्रशासन उस पर ध्यान नहीं देता। फिलहाल के जेल अफसरों से मेरी मिठास बनी हुई है।

मुझे एक सिरदर्दी यह भी है कि रचनाकारों को भेजने के लिफाफे कागज एक साथ नहीं मिल सकते। जेल नियम के हिसाब से मैं माह में चार ही पत्र लिख सकता हूँ, और गिनती के चार कागज ही ले सकता हूँ। फिर मेरे पत्रों का आकार–प्रकार देखकर, वैसे ही जेल अधिकारी सहम जाते हैं। जेल कैंटीन से मैं दूसरे उन बन्दियों के लिफाफे कागज ले लेता हूँ, जो कभी पत्र ही नहीं लिखते या एक–दो लिखते हैं। जेल कैंटीन कूपन देकर मैं उनसे यह मँगवा लेता हूँ। सभी जेलकर्मी इस बात से वाकिफ हैं, जेल नियम से कैदी लिखने को तो चार ही पत्र लिख सकता है, पर पा कितने भी सकता है। इसकी संख्या नहीं है।

लिफाफे कागज के लिए ही मैंने आपसे प्रति माह 50 रु. मदद की गुजारिश कुछ माह के लिए की थी। सुशीला जी, मेरी इस निर्लज्जता को क्षमा कर देना। मेरी महिला पत्र–मित्र कुन्ता राजपूत मेरी आर्थिक मदद कर सकती है और भविष्य में शायद करेगी भी, लेकिन उससे माँगने की हिम्मत ही नहीं जुटा पाता। उसने कुछ वक्त पहले मुझे मदद बिना माँगे दी, तो मैं तेल, साबुन, कच्छे, मंजन की परेशानी से मुक्त हो गया।

सुशीला जी, आपने हैरानी व्यक्त की है कि मैं अपराधी हो ही नहीं सकता। आप मेरे लिए एक देवदूत इंसान की तरह हैं, आपसे झूठ बोलना

मुझसे न होगा। न ही मैं आपके आगे कोई ढोंग करूँगा, यह अपने आप से छल करना होगा। मैं अभी भी उग्र स्वभाव का हूँ, जो हक के लिए हिंसा को भी जायज मानता है। आजादी के बाद मुझे आर्थिक रूप से खड़ा होने के लिए, अपराध का ही सहारा लेना पड़ेगा। पर इतना विश्वास जरूर दिलाना चाहूँगा कि मेरे अपराध घटिया नहीं होंगे। आपको अपना सच बताते हुए मेरी आत्मा मुझे धिक्कारेगी नहीं। हाँ, यह सही है कि जेल के एकान्तवास ने मुझमें बहुत परिवर्तन किया है। साहित्य की इसमें मुख्य व महत्त्वपूर्ण भूमिका रही। इसने मेरी बहुत सी सुप्त संवेदनाओं को जगा दिया। भावनात्मक टूटन, अभाव व परेशानियाँ इंसान को जीवन के बहुत से बहुमूल्य सबक सिखा देती हैं। मैंने अपनी सजा के आठ वर्षों में मानव शास्त्र को पढ़ना सीखा है। जीवन के लिए यह पढ़ाई बहुत जरूरी है।

सुशीला जी, आपके पत्र को पढ़कर मैंने अपना बारीकी से आत्मविश्लेषण किया, अपनी कमियों को जाँचा–परखा। मुझे अपने ऊपर बड़ी आत्मशर्मिंदगी महसूस हुई। मुझ अदने से कैदी को आपने अच्छा इंसान मान लिया। मैं ईमानदारी से कहता हूँ, मुझमें ढेर सारी कमियाँ व दोष हैं। एक आम कैदी की तरह मैं भी कुंठा, तनाव, मनोविकार, हीनता का शिकार हूँ। आप जैसी रचनाकारों के स्पर्श से इतना जरूर हुआ है कि मैंने अपनी कमियों, खराबियों का मूल्यांकन ईमानदारी से किया है और उन्हें दूर करने की कोशिश कर लेता हूँ। आप अच्छे दिल दिमाग की इंसान हैं, इसलिए मुझ जैसे खराब इंसान को भी अच्छा समझती हैं, यह आपकी करुणा व बड़प्पन है।

आपकी किताब 'अनुभूति के घेरे' (प्रथम संस्करण, शरद प्रकाशन–1997) को दो साथी एक साथ पढ़ रहे हैं। मैंने उत्सुकता व जिज्ञासावश बीच बीच में जाकर 'अनुभूति के घेरे' को आधा पढ़ लिया। सुशीला जी, पुस्तक के आखिर में आपका परिचय फोटो के साथ दिया गया है। मैंने उसे ध्यान से पढ़ा, आपने कम उम्र में ही इतनी उपलब्धियाँ हासिल कर ली हैं कि आपका जीवन सार्थक कहा जा सकता है। आपने घर, शिक्षिका की जिम्मेदारी को निभाते हुए, रचनाकर्म व जन जागरण का काम किया है। घर व नौकरी के साथ, एक साथ अलग–अलग इतने मोर्चों पर जीवन को जीना मामूली बात नहीं है। इसके लिए विशेष संवेदना, योग्यता, क्षमता व कूब्वत चाहिए। आप में यह सब है, तभी जाकर आप इतनी उपलब्धियाँ हासिल कर पायीं हैं। मैं हतप्रभ हूँ कि घर व शिक्षिका की जिम्मेदारियों को निभाते हुए, आपने इतना सब सार्थक कैसे कर लिया।

आपके व्यक्तित्व की सबसे बड़ी खूबी मुझे लगी, 'सामाजिक क्षेत्र में दलित समाज और नारी की स्थिति पर आपकी वैचारिक सक्रियता'। आपके इस 'कर्म' को देखकर, दिल में आपके लिए विशेष आदर भाव पैदा हो गया है। आज के वक्त में दलित समाज और नारी को ही सबसे ज्यादा वैचारिक क्रान्ति की जरूरत है। अगर यह दोनों जग जायें, तो समाज और देश का नक्शा ही बदल जायेगा। सुशीला जी, आप 'अखिल भारतीय वाल्मीकि नवयुवक संघ' की राष्ट्रीय सचिव हैं, यह जानना सुखद रहा। 'अखिल भारतीय वाल्मीकि संघ' की ख्याति मैंने सुनी हुई है। यह बड़ा जागरूक व जुझारू संगठन है। मैं हैरत में हूँ, घर, नौकरी, लेखन के बाद आप अपने संघ के कार्यों के लिए कैसे वक्त निकालती होंगी? आपका राष्ट्रीय सचिव होना दर्शाता है कि आपके अन्दर जुझारूपन व नेतृत्व करने की क्षमता है। आपको 'मध्यप्रदेश दलित साहित्य अकादमी' के अकादमी विशिष्ट सेवा सम्मान पुरस्कार से नवाजा गया, यह जानकर मैं गर्व के एहसास से भर उठा। मेरी हार्दिक बधाई कबूल करें। आप 'जाग बिरादर' की प्रबन्ध सम्पादिका हैं, अब इस पत्रिका के बारे में जानने की गहरी उत्सुकता हो गयी है।

सुशीला जी, आपकी उपलब्धियों व आपकी रचनाओं को पढ़कर मैंने आपके चित्र का ध्यान से निरीक्षण किया। चित्र सुन्दर, खूबसूरत था, तो वही महसूस हुआ। आपके चेहरे की गम्भीरता व शुद्ध भारतीयता ने अलग से ध्यान आकृष्ट किया। आँखें बड़ी भेदक व गहरी लगीं। चेहरे की सुन्दरता में अक्लमन्दी का समावेश था। आपका चित्र देखते हुए, मुझे उन मनोवैज्ञानिकों की बातें याद हो आयीं, जो चहरे के हर कोण से उसके व्यक्तित्व की व्याखाएँ कर देते हैं। आपके चित्र को देखते हुए बहुत सी उन रचनाकाराओं के चेहरे दिमाग में कौंध गये, जिनके चेहरे सुन्दर व खूबसूरत तो थे, पर उस सुन्दरता व खूबसूरती में अक्लमन्दी कहीं न थी, उल्टे उनके बनावटी हावभाव, उनकी सुन्दरता व खूबसूरती को हास्यास्पद बना देते थे। खैर...मेरी इन बातों को अन्यथा न लीजिएगा। आपके चेहरे पर अनुभव व संघर्ष के विवेक की स्पष्ट छाप थी।

आपने 'अनुभूति के घेरे' को अपने शिक्षाविद्, विचारक एवं समाजसेवी पति श्री सुन्दरलाल टाकभौरे जी को समर्पित की है–'जिनके साथ रहकर अपने जीवन के सफर में ऊँचाइयों की ओर बढ़ने का हौसला, स्वयं अपने में जगाया है।' सर्मपण पढ़ने के बाद, मैंने बड़ी सतर्कता के साथ आपकी

लिखी भूमिका को पढ़ा। भूमिका पढ़ते–पढ़ते महसूस हो गया, किसी गहरी स्पष्ट व संवेदनशील लेखिका से परिचय हो गया है। सुशीला जी, मैंने अपने अल्प और कच्चे पाठकीय जीवन में कम ही पुस्तकें पढ़ी हैं। इस कारण कम ही भूमिकाओं को पढ़ पाया हूँ। कह सकता हूँ, आपकी भूमिका को पढ़कर मैं आपके भीतर की लेखिका को और करीब से जान सका। बड़ी सरलता और सहजता के साथ आपने अपने लेखकीय मन की परतों को खोला है।

आपकी यह पंक्तियाँ आपके लेखकीय चरित्र का दर्पण दिखा देती हैं कि–'किसी समय विशेष में, किसी घटना या किसी बात से प्रभावित होने पर, मन को छूने वाली ये अनुभूतियाँ जब मेरे संवेदनशील मन मस्तिष्क को घेर लेती हैं, तब वे किसी भी हालत में मेरा पीछा नहीं छोड़ती हैं। सर्वप्रथम एक प्रकार का मन्थन होता है। तब उस दिशा में एक प्रकार का खनन कार्य शुरू हो जाता है। अपने भीतर, तन–मन से अलग, कहीं कोई जमीन होती है, जहाँ मैं लगातार खुदाई होने का अनुभव करती हूँ। उठते गिरते गैंती, फावड़ों की चोट का एहसास और खोदी गयी मिट्‍टी को हटाए जाने की अनुभूति मैं अपने भीतर महसूस करती हूँ। कुछ अन्तराल के बाद स्पष्ट रूप में कुछ पा लेने का बोध होने लगता है। इसके बाद उठते–बैठते, सोते–जागते, चिन्तन–मनन और वार्तालाप सा चलने लगता है, जिसके साथ स्पष्ट कथानक, निश्चित पात्र, समुचित उद्देश्य और सन्तुलित वार्तालाप बार–बार हृदयपट पर टकराने लगते हैं। फिर स्थिति यह होती है कि मैं इन सबका चित्रण किये बिना नहीं रह पाती हूँ।'

सुशीला जी, मैं साहित्य व रचनाकार की परिभाषा को कई कोणों से समझने के लिए सिर खपाता रहता था, तब भी सफलता नहीं मिलती। अब आपकी इन पंक्तियों को आत्मसात् करके, साहित्य व रचनाकार के बारे में मेरी धुन्ध कुछ हद तक साफ हो गयी है। आपने इस बात को भी बड़ी बारीकी से साफ किया है कि–'कहानी लेखन केवल अपने अनुभव, अनुभूतियाँ लिख देने की बात नहीं है, बल्कि उससे जुड़ा होता है पूरे समाज का भूत, भविष्य और वर्तमान। भूतकाल से चली आ रही सामाजिक विचारधाराएँ, रीतिरिवाज, परम्पराएँ वर्तमान में समाज को किस रूप में प्रभावित करती हैं और अनुकरण या तर्क–वितर्क के साथ, विरोध विद्रोह के रूप में नयी अवधारणाएँ भविष्य के लिए कौन सी मान्यताएँ निश्चित करती हैं–इसे साहित्य में देखा जा सकता है। कहानीकार स्वयं इसमें कुछ

अधिक न जानते हुए भी, सहज और स्वाभाविक रूप से अपने कथानक और पात्रों के माध्यम से कहानी के उद्देश्य और पात्रों के वार्तालाप के रूप में समाज के सामने इन बातों को चित्रित कर देता है। और इसी से उपस्थित होते हैं अनेक प्रश्न, जिन्हें आलोचनाएँ और समीक्षाएँ अपने अनेक दृष्टिकोण से पाठकों के सामने स्पष्ट करती हैं। जिन कथ्य और भाव अनुभूतियों को सीमित रूप में कहानीकार अपनी रचनाओं में जाने अनजाने व्यक्त करता है, पाठक वर्ग उन्हें पढ़कर, उससे कहीं अधिक समझ लेता है, मूल्यांकन के द्वारा वह सब अभिव्यक्ति पा जाता है, जिन्हें रचनाकार अपने समय की सीमा में नहीं बाँध पाया था या सीमित क्षेत्र की विचार अनुभूति, जिसे कहने में असमर्थ रह गयी थी।'

आपकी ये पक्तियाँ लेखन के प्रति आपके मिजाज़ व नजरिये को साफ कर देती हैं। मैंने आपकी इन पंक्तियों को कई बार पढ़ा। हर बार दिमाग में विचारों के नये पुंज प्राप्त हुए। आपकी लिखी भूमिका मेरे लिए ज्ञानवर्धक व विचारोत्तेजक निबन्ध की तरह है, जिसे मैं वक्त–वक्त पर पढ़कर, अपनी चेतना को गतिमान रखूँगा। आपकी ये पंक्तियाँ मेरे दिल को छू गयीं, जिनमें आपने पति महोदय का आभार व्यक्त किया है। सबको आभार व्यक्त करते हुए आपने लिखा है–'सर्वप्रथम मैं अपने पति महोदय की आभारी हूँ, जिनके साथ रहकर जीवन के खट्टे–मीठे अनुभवों के साथ, मैंने अपने से ऊपर देखना सीखा है और अब केवल स्वयं को नहीं, बल्कि दूसरों को देखने की आदी हो गयी हूँ।'

सुशीला जी, आपके पति शिक्षाविद् और समाजसेवी हैं, यह जानना सुखद रहा। उनके शिक्षाविद् और समाजसेवी होने से अन्दाजा लग जाता है, जीवन के प्रति उनका नजरिया बड़ा सुलझा हुआ होगा। अपने को तो सभी सजाते–सँवारते हैं। वही अच्छा और बड़ा इंसान है, जो दूसरों को सँवारने का सक्रिय प्रयास करता है। आपके पति विचारक भी हैं, यह क्षमता विरले में ही होती है। आपको पतिदेव से सहयोग मिला, जानकर उनके प्रति भी हृदय आदर व श्रद्धा से नत हो गया।

सुशीला जी, आपके सरनेम टाकभौरे से समझ नहीं पाया कि आप कौन भाषी होंगी। लेकिन सोचता हूँ, कहीं आप मारवाड़ी समाज से तो नहीं? मारवाड़ी समाज में स्त्री उच्च शिक्षित तो होती हैं, लेकिन सामाजिक क्षेत्र में सक्रियता से नहीं जुड़तीं। आपकी व्यावहारिक सक्रियता देखकर मैं हैरत में हूँ।

आपकी लिखी भूमिका पर लगता हैं, मैंने काफी बकबक कर दी है। मैं और भी करता, लेकिन पत्र की लम्बाई को देखकर रुक गया। पत्र पहले ही बहुत लम्बा हो गया है। सुशीला जी, क्या करूँ! मुझे अभी लिखने की वह तमीज नहीं आयी कि भावनाओं को कम और सार्थक शब्दों में लिख सकूँ। दूसरे, मैं लिखने की अलग सोचता हूँ और लिख कुछ और देता हूँ। मैंने पहले ही इस बात के लिए खेद जताया है। आप इसे एक कैदी पाठक की अतिरिक्त भावनात्मक अभिव्यक्ति समझ सकती हैं।

भूमिका में आपने अपने अनुभव की जिन रचनाओं 'घर भी तो जाना है', 'बँधी हुई राखी', 'कैसे कहूँ' का जिक्र किया है, उनके बारे में जानने की गहरी उत्कंठा जग गयी थी। क्योंकि आपकी लिखी भूमिका ने बहुत बड़ी उम्मीदें जगा दी थीं। इसलिए अतिरिक्त उत्तेजना व रोमांच पैदा हो गया था। लेकिन माफ कीजिएगा, रचनाओं को पढ़कर उम्मीदें पूरी नहीं हुईं। या फिर मैं रचनाओं के तल तक पहुँचने में कामयाब नहीं हुआ और मैंने हद से ज्यादा उम्मीदें पाल लीं। मुझे अद्‌भुत रचनाओं की उम्मीद थी, जिसे 'कैसे कहूँ' ने ही एक हद तक पूरा किया। वैसे 'बँधी हुई राखी', 'घर भी जाना है' ने अपनी बात पाठकों से कह दी।

'घर भी तो जाना है' की आशा उन माताओं पालकों की मानसिकता का खुलासा करती है, जो बच्चों को स्कूल से लाने जाती हैं। वहाँ पर उस समय उनकी जो बातें होती हैं, वह स्त्री समाज की रोजमर्रा की चुहल, पहनावे, कपड़े, गहने के प्रति उनके नजरिये को दिखाता है। उनकी यह सोच व दृष्टि सुलभ स्वाभाविकता है, जो समाज के हर वर्ग में है। यह पाठकों के मन को गुदगुदा देती है। 'बँधी हुई राखी' इससे मजबूत रचना है। हरीश त्रिवेदी का कथा नायिका को दीदी कहकर बुलाना विश्वास जगाता है। आपकी कथा नायिका की यह बात कि–'पुरानी कथाओं के अनुसार भाई बहन की रक्षा करता है, इसकी अपेक्षा अब यह सत्य और महत्त्वपूर्ण लगने लगा है कि नौकरी करना यानि अपने पैरों पर खड़े होना स्वावलम्बन, स्वाभिमान और सम्मानपूर्ण जिन्दगी के लिए बहुत जरूरी है।' आपकी कथा नायिका अपनी परम्परा, मूल्यों की समर्थक है, पर वह वैज्ञानिक दृष्टि भी रखती है। तभी तो वह स्त्री स्वतन्त्रता व आत्मनिर्भरता की सर्मथक है। वह स्त्री में चेतना का होना अनिवार्य मानती है। इसके न होने के कारण वे अपने जाहिल, दुष्ट, अत्याचारी पति के जुल्मों को नियति मानकर सहती हैं।

हरीश त्रिवेदी की भावनाओं का सम्मान आपकी कथा नायिका करती है। रक्षाबन्धन के अवसर पर आपने कथा नायिका व हरीश त्रिवेदी के जज़्बातों को बड़ी बारीकी से उकेरा है। 'रक्षाबन्धन के अगले दिन जब हरीश कथा नायिका के आगे अपनी कलाई फैलाकर शिष्टतापूर्वक निवेदन करता है कि उसकी खुली राखी को बाँध दें' तो पाठक भी उसकी व कथा नायिका की भावनाओं की अनुभूति को महसूस करता है। आपकी कथा नायिका विवेकशील व विशालहृदय वाली है, जो हरीश को भाई के रूप में स्वीकार लेती है। आपकी कथा नायिका आज के वक्त की सामाजिक संवेदनहीनता पर भी प्रहार करती है और साथ ही, समाज–परिवार के प्रति यथार्थवादी दृष्टिकोण रखती है। उसके ये शब्द–'शहर की मशीनी जिन्दगी में, जब अपने ही घर–परिवार की जिम्मेदारी निभाना कठिन हो रहा है, तब यूँही कोई और रिश्ता बना लेना और उसे निभाते रहने की बात सोचना सरल या आसान नहीं हो सकता। मुँहबोले रिश्तों को स्थिर सामाजिक रिश्तों जैसा स्थायित्व देना, याने जीवन भर के लिए कर्तव्य और जिम्मेदारी में बँधना है। इतना वक्त कहाँ है?'

आपकी कथा नायिका की टीस व व्यावहारिक दृष्टिकोण सही है। लेकिन यह इंसान की अपनी–अपनी संवेदना के स्तर पर है। आप किसी से कोई रिश्ता बनाते हैं, तो उसमें जीवन्तता रहनी चाहिए। संवेदनहीन मृत रिश्ते को न ढोया जाये तो ही बेहतर है। सुशीला जी, मैंने तो व्यावहारिक जीवन में ज्यादातर रिश्तों को ढोते ही देखा है। लेकिन जो अपवाद हैं, उन्होंने मेरे भीतर के इंसान को जिन्दा रखा है।

'कैसे कहूँ' आपकी मजबूत रचना है। यह आपका व्यक्तिगत अनुभव है, जिसे आपने हम पाठकों के साथ बाँटा है। जिस तटस्थता के साथ आपने अपने अनुभव का चित्रण किया है, वह पाठकों में विश्वास बनाता है। मैं तो आपके साथ–साथ, उन अनुभूतियों व मानसिक द्वन्द्व से गुजर गया, जो उस पाठक प्रेमी के प्रेम–पत्र को पाने के बाद, आपके अन्दर हुई। आप जैसी संवेदनशील इंसान को बड़े भीषण मानसिक द्वन्द्व का सामना करना पड़ा होगा। मैं उस पाठक प्रेमी की बेवकूफी व मूर्खता पर बहुत हँसा।

सुशीला जी, मैं भी एक पाठक हूँ। जानता हूँ, किसी विशेष रचनाकार की रचनाएँ पढ़ते–पढ़ते या पढ़कर उसके प्रति एक लगाव, एक प्यार हो जाता है। किन्तु उसका यह मतलब तो नहीं कि तुम मर्यादाएँ भूलकर, व्यक्तिगत रूप से उसे प्रेम–पत्र लिख डालो। यह भावुक मूर्खता व मानसिक

दिवालियापन है। मैं खुद शिवानी, मंटो, शरत, प्रेमचन्द, इस्मत, अमृता, प्रीतम को प्यार करता हूँ व नयी लेखिकाओं में लता शर्मा, लवलीन, मधु कांकरिया व अब आपको भी प्यार करता हूँ। इसका मतलब व्यक्तिगत रूप के प्यार से नहीं है।

यह भी मैं मानता हूँ कि कोई पाठक अपने विचारों व कल्पनाओं में किसी विशेष लेखिका को प्यार करने लगे, यही उसकी सोच व दृष्टि पर है, वह अपने 'प्यार' को कितना 'पाक' रख पाता है। दरअसल पाठक की उस भावना को मैं लिखकर व्यक्त नहीं कर सकता। इतना जरूर मैं मानता हूँ, एक जिम्मेदार पाठक को अपनी मर्यादा का ध्यान रखना चाहिए और ऐसी कोई हरकत नहीं करनी चाहिए कि उसके प्रिय रचनाकार को असुविधाजनक स्थिति का सामना करना पड़े या उसे कोई दुख या असहजता महसूस हो। तुम्हारी अगर ऐसी किसी हरकत से उसे परेशानी हो, तो फिर तुम्हारा प्यार खुद–ब–खुद गँदला हो जाता है।

उस प्रेमी पाठक के प्रेम–पत्र ने आपके मानसिक द्वन्द्व को इन शब्दों में दिखाया है–'साहित्यकारों को भावनाओं का सहचर माना जाता है। उनके सौ नहीं तो एक–दो खून माफ हो सकते हैं। नहीं, मैं ऐसा नहीं सोच सकती। साहित्यकार हूँ या नहीं, पर यह सच है कि मैं एक स्त्री हूँ, भारतीय परिवेश में रहने वाली एक सामान्य स्त्री, जो किसी की पत्नी है, माँ है–इसके बाद वह किसी की प्रेयसी नहीं बन सकती। 'एक स्त्री साहित्यकार अपनी साहित्यिक प्रेरणा के लिए एक प्रेमी रख सकती है'–यह बात कोई भी कहने का या लिखने का साहस नहीं कर सकता। क्योंकि हमारे यहाँ स्त्री के लिए एक पति का होना ही सम्मानसूचक माना जाता है। पति के अलावा प्रेमी भी हो, हमारा भारतीय पुरुष समाज इस बात को कभी भी स्वीकार नहीं कर सकता। ऐसी लेखिका को समाज में चरित्र की दृष्टि से बुरा समझा जायेगा। उसकी लेखन सम्बन्धी चार अच्छी बातों की चर्चा के बाद, उसके चरित्र सम्बन्धी हजार बुरी बातें कही जायेंगी। ऐसी स्थिति में लेखिका समाज को क्या सन्देश दे सकेगी?'

सुशीला जी, आपने जो सवाल समाज व पुरुष सत्ता से किया है, वह कभी भी उसका जवाब नहीं दे पायेगा। मैं जानता हूँ, पुरुष अहं बड़ा ही मक्कार व स्वार्थी है। वह खुद तो कई स्त्रियों से प्यार कर सकता है, पर स्त्री या पत्नी के मामले में उसके मापदंड अलग हैं। वह लाख नारी स्वतन्त्रता की हामी भरे, भीतर का उसका मर्द सामन्ती ही रहता है। यह

मर्द प्रवृत्ति मजदूर, राजा तक सभी में मौजूद है, क्योंकि स्त्री को उसने अपने बराबर का दर्जा कभी नहीं दिया। फिर हमारी सामाजिक मान्यताएँ, मापदंड भी पुरुष ने अपने अनुकूल बनाये हैं।

मैं सोचता हूँ उन स्त्रियों पर क्या बीतती होगी, जो खाना, छत व तमाम सुख–सुविधाओं के बाद भी, पति से वैचारिक मित्रता, सहारा नहीं पा पातीं। तब क्या वह किसी पुरुष मित्र से वैचारिक प्यार नहीं पा सकती? आपके विचारों ने इस बात पर मेरे दिमाग में कई सवाल खड़े कर दिये। आपने उस पाठक प्रेमी का पत्र पति के सामने रखकर, एक पत्नी के विश्वास को और मजबूत किया। आपके पति इस पर सिर्फ हँस ही सकते थे। आपने अपने अनुभव को नया विस्तार देते हुए अपनी बात खत्म की है–'वे हँस रहे हैं और मैं उनसे नजर नहीं मिला पा रही हूँ। मैं पुनः असमंजस में पड़ गयी हूँ...अपने मन की बात किससे कहूँ...कैसे कहूँ।' आपके इस अनुभव ने मुझे पति–पत्नी के साथ और भी कई बातों के अर्थ समझाए, इसके लिए हार्दिक आभार।

सुशीला जी, कितनी मजे की बात है, आपके व्यक्तिगत अनुभव की रचनाओं के अलावा, आपके इस कहानी संग्रह में कुछ रचनाएँ बड़ी मजबूत व जानदार हैं, 'भूख', 'हमारी सेल्मा' बड़ी मजबूत रचनाएँ हैं। 'भूख' में आपने रेलवे स्टेशन के भीख माँग कर गुजारा करने वालों की संवेदनाओं को उनके भीतर जाकर टटोला है। मुझे बड़ी अच्छी रचना लगी यह। आपकी दृष्टि गहरी और भेदक है। 'हमारी सेल्मा' भी बड़ी उत्कृष्ट रचना है। इसमें भी आपने समाज की गहरी संवेदना को छुआ है। 'हसारी सेल्मा' को पढ़ते हुए, मेरे जेहन में वे सभी सेल्माएँ जिन्दा हो गयीं, जिनसे मैं मिला हूँ।

इस रचना में आपकी यह पंक्तियाँ–'घटनाएँ प्रत्येक व्यक्ति के जीवन में कुछ न कुछ घटती रहती हैं, जिन्हें वह भूल भी जाता है। किन्तु कुछ जाना–अनजाना प्रभाव उसके व्यवहार में सदा के लिए स्थायी हो जाता है, जिसे सुविधा की दृष्टि से किसी व्यक्ति विशेष का स्वभाव कह दिया जाता है। कहीं कम कहीं ज्यादा हर इंसान में अहं, कुण्ठा, निराशा, पलायन, विरोध और मौन विद्रोह व्याप्त है। भले ही हम दावे के साथ अपने स्वभाव में इन सबको नकारते रहें, लेकिन आगे चलकर, स्वयं का निरीक्षण करने पर, हम जरूर पाते हैं कि कहीं हममें भी ये सब मौजूद हैं, जो हमें संचालित करते हैं। इनके फलस्वरूप हम कभी अपना अतीत, अपना व्यतीत जीवन देखते हुए, उसका पुनर्मूल्यांकन करने के लिए मजबूर

हो जाते हैं कि अपने स्वभावगत इन गुणों–दुर्गुणों के कारण, हमने क्या खोया क्या पाया।' मेरे दिमाग को हर वक्त चलायमान रखेगीं, आपकी ये पंक्तियाँ। ये इंसान को अपना आत्मविश्लेषण करने के लिए मजबूर कर देती हैं और हम अपने ही अन्दर की बहुत सी पशुता को जान जाते हैं।

'सारंग तेरी याद में' इस संग्रह की सबसे अलग व अनुपम रचना है। 'इस कहानी ने अपनी कहानी स्वयं अपने आप कही है। अभिव्यक्ति के माध्यमों को स्वयं इस कहानी ने ढूँढ़ा है, कभी सौदामिनी और कभी सौदामिनी की नानी की कहानी की राजकुमारी के माध्यम से, इस कहानी को दिशा मिली है।' आपकी इस रचना की भाषा शैली व कथानक, अभिव्यक्ति ने मुझे चमत्कृत कर दिया। आपका अन्दाजे बयाँ एकदम निराला है–'यह भारत की किसी भी लड़की या औरत की कहानी हो सकती है।' नारी चेतना को जगाने वाली यह सशक्त रचना है। मुझे विश्वास हो गया है, आप नारी चेतना की महत्त्वपूर्ण रचनाकार हैं। सारंगा के ऊपर मैं ज्यादा व्यक्त नहीं हो रहा हूँ, यह मेरे दिमाग में हमेशा मौजूद रहेगी।

पत्र को आपने समय दिया, इसके लिए आभारी हूँ। अपने परिवार में सभी को मेरा अभिवादन कहिएगा। आपकी खुशी व सेहत की दुआ के साथ।

आपका सुधीर

7–10–99
नागपुर

श्रीमान सुधीर,
सादर नमस्कार,

आपके पत्र मिले हैं। आपकी टिप्पणी 'हंस' और 'वागर्थ' में पढ़ी है। आप लगातार पत्रिकाओं के सम्पादकों को पत्र और समीक्षा लिखते हैं, यह आपकी साहित्यिक प्रवृत्ति का परिचय है। आपके लम्बे पत्र पढ़ने में मुझे कोई असुविधा नहीं है। पाठकों के पत्र पढ़ना लेखक के लिए बोझ नहीं होता। आपकी साहित्यिक प्रवृत्ति को देखकर लगता है कि आप भविष्य में भी साहित्य से जुड़े रहेंगे। इससे आपको यश मान मिलेगा। यह बात सच है कि आदर्श और नैतिकता की दुहाई आसानी से दी जा सकती है, लेकिन व्यावहारिक जीवन में उन्हें निभाना कठिन होता है। फिर भी हमें अच्छाई को नहीं छोड़ना चाहिए। अच्छा व्यक्ति वही कहलाता है, जो

अपने व्यावहारिक जीवन में नैतिकता और आदर्श को तिलांजलि न दे।

जेल से रिहाई के बाद आप क्या करेंगे? शायद इस विषय में आपने कुछ तय किया होगा। पहले पत्र के इस सन्दर्भ में आपने लिखा था कि–'आप आर्थिक तंगी के कारण, फिर से अपराध के काम करेंगे।' जिसके कारण आपको यह यातना का जीवन मिला, इससे मुक्ति के बाद यदि पुनः इसी मार्ग पर चलने के लिए सोचा जाये, तो मेरी नजर में यह गलत बात है। उम्र के साथ स्वभाव की उग्रता धीरे–धीरे कम होने लगती है। आगे आपको इतना गुस्सा नहीं आयेगा।

आप अपने भविष्य के विषय में सोचें। आपमें बुद्धि है, विवेक है। सोचिए, आप भविष्य में कैसा जीवन चाहोगे? सम्मानपूर्ण नागरिक का, या अपमान भरा अपराधी का? मेरे विचार से जेल से रिहाई के बाद, आप अपने परिवार के साथ अच्छे नागरिक का जीवन जिएँ। सही दिशा में सोचना ज्यादा ठीक होता है। शेष कुशल।

सुशीला टाकभौरे

(टीप–यह पत्र का संक्षिप्त रूप है, जबकि सुधीर शर्मा को भेजे गये पत्र में इन मुद्दों पर अनेक बातें विस्तार के साथ लिखी थीं। पत्र के साथ 'टूटता वहम' कहानी संग्रह और दो काव्य संग्रह भी भेजे थे।)

16–10–99
केन्द्रीय कारागार, गोवा

आदरणीय सुशीला जी,
हार्दिक अभिवादन,

आपकी कुशलता की कामना करता हूँ। आज, जब आपकी भेजी पुस्तकों का पार्सल मिला, तो मन खुशी व उत्साह से भर गया। बड़ी जिज्ञासा के साथ पुस्तकों को देखा। एक 'टूटता वहम' व दो काव्य संग्रह थे। साथ में आपका मूल्यवान पत्र भी था। एक साथ आपकी तीन किताबों के मिले उपहार को पाकर मेरे साथी बन्दी भी खुशी व उमंग से भर गये। मेरे देखने से पहले ही साथियों ने किताबों को लिया और उलट–पुलट कर देखने लगे। अब उनके पास सुशीला टाकभौरे की रचनाएँ थीं। उन्होंने किताबों को पहले पढ़ने के लिए आपस में दिनों का हिसाब बिठाना शुरू कर दिया। उनकी बात व उत्साह को देखकर, मैं खुद में गर्व के एहसास से भर गया।

आपके इस उपहार के अनुपम स्पर्श ने हम सभी बन्दियों के दिलों को छू लिया। मैं तो इतना भाव विह्वल हो गया कि मुझे सामान्य होने में थोड़ा वक्त लगा। साथी बन्दी जब किताबों को देखने में व्यस्त थे, तो मैं अपने बिस्तर पर आया और आपके पत्र को खोलकर पढ़ने बैठ गया। जैसे–जैसे पत्र में उतरता गया, मुझे सुशीला टाकभौरे नाम की शख्सियत और करीब से समझ आयी। मैंने विचारों और भावनाओं के ज्वार भाटे से टकराते हुए पत्र को बड़ी देर में पूरा किया। कुछ देर चिन्तन–मनन करने के बाद, मैंने साथियों से आपकी तीनों किताबों को लिया और सरसरी तौर पर देख डाला। दिलो–दिमाग में कई सवालों के जवाब खोजते–खोजते मैंने आपके पत्र को फिर से दो बार पढ़ा, तब आपके व्यक्तित्व के कई नये पहलू निखरकर आ गये।

सुशीला जी, आपने जो साहित्यदान हम बन्दियों को दिया है, उसके लिए हम सभी आपके कृतज्ञ हैं। विश्वास रखिए, मैं व मेरे साथी आपके इस उपहार को यूँ ही व्यर्थ न जाने देंगे। आपकी यह पुस्तकें एक विचारपुंज की तरह यहाँ मौजूद रहेंगी व पाठक कैदियों की चेतना में हलचल मचाती रहेंगी। 'स्वाति बूँद और खारे मोती', 'यह तुम भी जानो' को मेरे एक उच्चशिक्षित साथी ने पहले ही माँग ली है। यह साथी कविता प्रेमी व कवि है। मैं इधर यह पत्र लिख रहा हूँ, तो उसने 'स्वाति बूँद और खारे मोती' की दो कविताओं की तारीफ करनी शुरू कर दी। कहा–'यह लेखिका सच में बड़ी संवेदनशील कवयित्री है, उसे मेरा सलाम कह देना।'

आपने मेरे पत्रों को पढ़ने में खुशी जाहिर की है। यह आपकी सहृदयता है, वरना मैं तो इसी कल्पना से सहमा रहता था, मेरे लम्बे और बेतरतीब खतों को पाकर आप असुविधा व खीज महसूस करेंगी। इतना तो मैं भी समझता हूँ सुशीला जी कि आप जिस तरह से जीवन को एक साथ कई मोर्चों पर जीती हैं, उससे आपके पास खुद के लिए भी वक्त न बचता होगा। तब पाठकों के अर्थहीन पत्रों को आप कैसे समय देती होंगी? यहाँ पर मुझे विष्णु प्रभाकर की यह बात कौंध जाती है कि–'एक लेखक को अपने मूर्ख से मूर्ख पाठक को भी धन्यवाद पत्र लिखना चाहिए।'

आपने 'हंस' व 'वागर्थ' में छपे मेरे पाठकीय पत्रों की प्रशंसा की है। सुशीला जी, मेरे ख़याल से हर पाठक को साहित्यिक पत्रिकाओं के सम्पादकों को अपनी राय से अवगत कराना चाहिए। यह एक पाठक का फर्ज बनता है। आपने मेरे पाठकीय वजूद की, दृढ़ता से ज्यादा तारीफ

कर दी है। हकीकत में मैं ऐसा पाठक नहीं हूँ। आप सामाजिक नेत्री हैं, इसलिए आपको हर इंसान में अच्छा इंसान नजर आता है। कई बार तो मैं खुद चकरा जाता हूँ कि मुझे यह सम्पादक इतना महत्त्व कैसे दे देते हैं? मेरे लिखे प्रथम पत्र को बहुत सी साहित्यिक पत्रिकाओं ने जगह दी थी। अभी 'सद्भावना दर्पण' में अलग पृष्ठ पर मेरे पत्र को जगह दी गयी है। मुझे लगता है, सम्पादक गण मेरे प्रति विशेष सहानुभूति रखते हैं और अपने सम्पादकीय चरित्र की विशेषता के चलते, मेरे पत्रों को जगह देते रहते हैं। सुशीला जी, मुझे अपने बारे में कोई भ्रम नहीं है, तब भी सम्पादकों की इस संवेदनशीलता ने मेरे भीतर के पाठक सुधीर को बड़ा बल दिया है, मैं जागरूक पाठक के एहसास से भर उठता हूँ।

आपने इस बात पर खुशी जताई है कि लम्बे अरसे से जेल में रहने के बाद भी, मैं इंसान हूँ। सच, आपके इस विश्वास ने मेरे पूरे वजूद को खिला दिया। मैं कोई बहुत अच्छा तो छोड़िए, अच्छा इंसान भी नहीं हूँ। ढेरों अवगुण व दोष हैं मेरे अन्दर। लेकिन आप जैसी इंसान के स्पर्श से, मैं अपनी कमियों की जाँच पड़ताल ईमानदारी से करता हूँ और कभी–कभी उन्हें व्यावहारिक रूप से दूर करने की कोशिश भी करता हूँ। बकौल आपका साहित्य, संस्कारों का निर्माण करता है। मेरे साथ यही बात है।

आपने विश्वास व्यक्त किया है कि मैं भविष्य में भी साहित्य से जुड़ा रहूँगा और अच्छा परिणाम प्राप्त करूँगा। मैं आपके विश्वास की कुछ हद तक रक्षा जरूर करूँगा। यही आपके इस विश्वास का सही सम्मान करना होगा। आपने इस बात को माना है कि–आदर्श और नैतिकता की दुहाई वाली बातें और यथार्थ व्यावहारिक जीवन की सच्चाई के बीच, कभी सन्तुलन ठीक बैठ नहीं पाता है। आगे आपने चेताया है कि–'अच्छा व्यक्ति वही कहलाता है, जो व्यावहारिक जीवन में नैतिकता और आदर्शों को तिलांजलि न दे।' सुशीला जी, मैं आपकी इस बात को हृदय से कबूलता हूँ और इस पर पूरा विश्वास रखता हूँ। सुशीला जी, बात वहीं आ जाती है, कथनी और करनी में फर्क की। अपने इस अजीबोगरीब व हैरतअंगेज जीवन में मैंने बहुत सारे उन कथित इज्जतदारों, नामी दामी इंसानों को देखा है, जो व्यावहारिक जीवन में नैतिकता और आदर्शों पर जीने के लिए गला फाड़–फाड़कर चीखते हैं, लेकिन खुद के व्यावहारिक आचरण में बड़े धूर्त, मक्कार व गैरतविहीन होते हैं। उनका यह रूप समाज के सामने नहीं आ पाता। वहीं दूसरी ओर उन खराब इंसानों को भी देखा है, जो उन

इज्जदार नामी इंसानों से व्यावहारिक जीवन में नैतिकता व आदर्शों के मामले में लाख गुना सही इंसान थे। मैं इस बारे में ज्यादा कहने लिखने की पात्रता नहीं रखता हूँ, फिर भी आपसे इतना कहना चाहूँगा कि मैं अपने व्यावहारिक जीवन के आदर्शो व नैतिकता को तिलांजलि नहीं दूँगा, इससे तो खुद मेरी आत्मा मुझे धिक्कारेगी।

सुशीला जी, मुझे लगता है, आपको मेरा एक पत्र मिला है। जबकि मैंने पहले पत्र के बाद और एक लम्बा पत्र (7–10–99) आपको लिखा था, जिसमें आपकी रचनाओं के बारे में अपनी राय व्यक्त की थी। वह पत्र आपको मिल जाये, यह कामना करता हूँ।

आपने अपने पत्र में पूछा था कि जेल से आजादी के बाद मैं क्या करूँगा? और मैंने लिखा था कि–'अभी तो मेरा भविष्य ही अनिश्चित है। लेकिन मुझे संघर्ष करने के लिए अपराध की दुनिया से गुजरना पड़ेगा। क्योंकि जब मैं सजा खत्म करके बाहर निकलूँगा, तो आर्थिक रूप से शून्य रहूँगा। किसी की मदद लेना मुझे तब गवारा न होगा।'

मुझे लगता है, मेरी इस बात से आपके दिल को बुरा महसूस हुआ। होना भी चाहिए था, बुरा महसूस होने वाली बात थी ही। लेकिन मैं आप जैसी इंसान से कोई झूठ, ढोंग भी तो नहीं कर सकता न। आपसे झूठ बोलने या ढोंग करने की मैं कल्पना भी नहीं कर सकता। इसलिए आपको साफ लिख दिया। आपने मुझे इस बात पर, एक सच्चे हितैषी, अभिभावक की तरह समझाया है और अपराध का रास्ता न अपनाने को लिखा है।

सुशीला जी, मैं एक इंसान के रूप में आपकी बहुत इज्जत व कद्र करता हूँ। आप मेरे लिए एक देवदूत की तरह हैं। आपका मुझे इस तरह समझाना बड़ा अच्छा लगा। आपकी सरलता व स्पष्ट सादगी भरी बातों ने मेरे दिल को छू लिया। आपका कहना सही है–'जिस अपराध के कारण जेल की सजा हुई हो, जेल से आजादी के बाद यदि पुनः वैसा ही अपराधी जीवन अपनाने की बात सोची जाये, तो मेरी दृष्टि में यह बहुत गलत बात है।' मैं आपकी बात से सहमत तो हूँ, पर मानसिक रूप से इसे चाहकर भी नहीं कबूल पाता हूँ। क्या आप जानना चाहोगी? मुझे साढ़े दस बरस की सजा किस जुर्म पर हुई? अपनी ब्राऊन शुगर की लत पर। मेरे पास 28 ग्राम ब्राऊन शुगर मिला। एक नशेड़ी के पास 28 ग्राम ब्राऊन शुगर का मिलना, क्या इतना बड़ा और संगीन अपराध है कि उसे साढ़े दस बरस की सजा दी जाये?

चलो मान लेते हैं कानून, न्याय का पालन करना होता है। इस हिसाब से मैं गुनहगार हूँ और अपनी सजा कबूल करता हूँ। पर पता नहीं क्यों, मुझे अपना यह गुनाह किसी हत्या, चोरी, बलात्कार, ठगी से कम गुनाह दिखाई देता है। चोरी, बलात्कार, ठगी, लूट की सजायें मेरी सजा से आधी, चौथाई हैं। मुझे यह सवाल हर वक्त खाता रहता है कि 28 ग्राम ब्राऊन शुगर मैंने अपने पैसों से अपने नशे के लिए खरीदी, इस बात की इतनी बड़ी सजा? मुझे लगता है, यह सजा मेरे साथ ज्यादती है। अपने आपराधिक जीवन में मैंने कभी हत्या, लूट, बलात्कार, चोरी, ठगी जैसे अपराध नहीं किये। किसी कारणवश हत्या को मैं सहन कर लूँगा, लेकिन भविष्य में भी मुझे चोरी, ठगी, बलात्कार जैसे अपराधों से सख्त नफरत रहेगी। यहाँ जेल में भी इन अपराधों के बन्दी जल्दी मेरे सामने नहीं पड़ते हैं, मैं इन अपराधों से सख्त नफरत करता हूँ।

सुशीला जी, अपराध भी कई स्तर व कई तरह के होते हैं। कुछ अपराध इस तरह के होते हैं, जो दोनों पक्षों की सहमति, विश्वास पर होते हैं। उनसे किसी तीसरे को हानि नहीं होती। और हमारे देश के ये मिलावट करने वाले, राजस्व चुराने वाले, ठगी, दंगा करने वाले बड़ी शान से अपना काम करते हैं और समाज में बहुत इज्जत भी पाते हैं। मेरी नजर में इनका अपराध ज्यादा निन्दनीय है। मेरे इन तर्कों से यह न समझिए कि मैं अपराध का महिमामंडन कर रहा हूँ। सुशीला जी, अपराध तो अपराध है। उसकी सजा दोषी को मिलनी ही चाहिए। मैं खुद ईमानदारी से इस बात को कबूलता हूँ, लेकिन अपनी गलत सोच के चलते, मैं ऐसा सोचता हूँ, कुछ अपराध कम निन्दनीय होते हैं, अगर मंजिल की राह में वे पड़ते हों, तो वक्ती तौर पर उन्हें अपना ठौर बनाया जा सकता है।

सुशीला जी, मैं अपनी वाचालता और मूर्खता के लिए माफी चाहता हूँ। मेरा मकसद यह लिखकर आपके मन को खट्टा करना नहीं है। मैं ऐसी भावना सोच भी नहीं सकता। लेकिन आप जैसी इंसान को कोई ढोंग व झूठ बोलना मुझे बड़ा पाप लगता है। इस भावना के मद्देनजर मैंने आपको अपने भीतर का सच लिखा। यह मेरा आपके प्रति एक फर्ज बनता है। भविष्य में मेरा नजरिया क्या होगा? कह नहीं सकता। क्योंकि विचारों में परिवर्तन होता रहता है। एक ओर यह साहस बटोरने के लिए मुझे भीषण मानसिक द्वन्द्व से गुजरना पड़ा।

मुझे लगता है, मेरी ऐसी मनोवृत्ति को देखकर आप खुद में असहज

हो गयी हैं, सहम गयी हैं। यह आपकी उम्मीद के एकदम उलट है। बात सही भी है। कहाँ तो आप एक अच्छे पाठक के परिचय की उम्मीद कर रही थीं, कहाँ आपको ऐसे अजीब व उलझे हुए पाठक से मिलना पड़ गया। इससे आपके विश्वास को झटका लगा होगा, यह स्वाभाविक है।

इस पुस्तक पर आपने मुझे–'प्रिय सुधीर शर्मा' से सम्बोधित किया है, जबकि इस पत्र व अन्य पुस्तकों पर आपने मुझे बहुत बड़ा मान देकर 'श्रीमान' से सम्बोधित किया है। आपने इतना बड़ा मान सम्मान तो दिया, पर उसमें अपनत्व वाली ऊष्मा नरारद थी। मुझे यह महसूस हुआ, तो वैसे ही लिख दिया। सुशीला जी, आप शायद सोचें, कितनी हलकी मानसिकता वाला कैदी है, जो इतना मान सम्मान मिलने के बाद, अतिरिक्त आत्मीयता चाहता है, ऐसी बात नहीं है।

सुशीला जी, मैं एक पाठक हूँ और अपनी पाठकीय सीमाओं से परिचित हूँ। मुझे अपनी सीमाओं में ही रहना चाहिए, लेकिन अपने भीतर का व्यक्त करके, मैंने अपनी पाठकीय सीमा का उल्लंघन किया है, इसके लिए माफी चाहता हूँ। आप इसे एक कैदी की कुंठा भी मान सकती हैं। आपने मुझे इस बार 'श्रीमान' कहकर सम्बोधित किया, इससे ज्यादा और क्या मान सम्मान मुझे दे सकती हैं? आपकी इस भावना का भी, पूर्ववत् की तरह ऋणी रहूँगा। खैर...छोड़िए, यह मेरी बेसिर–पैर की बात है।

आपकी यह बात बिल्कुल सही है कि उम्र के साथ साथ हिंसक स्वभाव में भी नरमी आने लगती है। मैंने व्यावहारिक तौर पर इसे महसूस किया है। सात बरस पहले के सुधीर और अब के सुधीर में बड़ी तब्दीली आयी है। मैं अब थोड़ा शान्त हो गया हूँ और व्यर्थ की हिंसा भी पसन्द नहीं करता हूँ। आपकी एक बात ने मुझे फिर से अपना मूल्यांकन करने को मजबूर कर दिया, आपने कहा है कि–'मुझ में बुद्धि व विवेक है'...सोचिए, सुशीला जी, एक सामान्य बुद्धि मैं रखता हूँ, पर विवेक के मामले में मैं बड़ा कच्चा हूँ। उस विवेक का क्या अर्थ, जो जीवन को नियंत्रित न कर सके व कई बार अन्तरात्मा के खिलाफ काम करें? इसलिए मैं अपने को विवेकशील नहीं मानता हूँ।

आपके विचार से–'मुझे जेल से आजादी के बाद, अपने परिवार के साथ रहकर, अच्छे नागरिक का जीवन जीना चाहिए।' मैं आपके इस विचार को व्यावहारिक तौर पर अपनाऊँगा, इसका आप विश्वास रखें। आजादी के बाद मैं अपने परिवार को चन्द खुशियाँ दे सकूँ, यही मेरे जीवन का

उद्देश्य होगा। अपने माँ–बाप, बहन व उसके परिवार को थोड़ी सी खुशियाँ देने के लिए ही मैं अश्वत्थामा की तरह जिन्दा हूँ। सुशीला जी, माँ को मैं इस हद तक प्यार करता हूँ कि एक बार उसे स्मरण कर लेने के बाद, मुझे भगवान को याद करने की जरूरत नहीं पड़ती। आपकी इस बात पर भी मैं अमल करने की कोशिश करूँगा कि–'सही दिशा में सोचना ज्यादा ठीक होता है।' आपने जिस स्नेह व अपनत्व से एक अभिभावक की तरह मुझे नसीहत की बातें लिखी हैं, उसने मेरे दिल को छू लिया। आपकी इस भावना के प्रति मेरा हृदय आदर व श्रद्धा से नतमस्तक है।

आपकी भेजी तीनों पुस्तकें 'टूटता वहम', 'यह तुम भी जानो', 'स्वाति बूँद और खारे मोती' को अभी मैंने पढ़ा नहीं है। अब इन रचनाओं को पढूँगा और अपनी राय जरूर व्यक्त करूँगा। आपने मुझे 'यह तुम भी जानो' पढ़ने के लिए विशेष रूप से कहा है, तब जरूर इस काव्य संग्रह में कोई असाधारण बात होगी। इन तीनों किताबों का प्रकाशन 'शरद प्रकाशन' ने किया है। प्रकाशन ने किताबों का मूल्य भी इतना कम रखा है कि पाठक सुविधानुसार इन्हें खरीद सकता है। पुस्तकों की छपाई, कागज व जिल्द भी उत्तम है। इसके लिए प्रकाशक बधाई के पात्र हैं। इन तीनों पुस्तकों के आवरण चित्र पुस्तकों के नामों को स्थायित्व व सार्थकता देते हैं, 'टूटता वहम' (प्रथम संस्करण) का आवरण अपने आप में एक मिसाल है। रंग का चयन/ बड़े मनोवैज्ञानिक तरीके से किया है। उस पर सीधी व आड़ी रेखाएँ 'टूटता वहम' शीर्षक को जीवन्त कर देती हैं। 'यह तुम भी जानो' (प्रथम संस्करण, शरद प्रकाशन–1994) का आवरण दासता की बेड़ियों को तोड़ता हुआ दिखाता है। इंसान व उसके मस्तिष्क को बेड़ी तोड़ने का केन्द्र दिखाया गया है। ठीक ऊपर लाल रंग में क्रान्ति का सूरज चमकता है। 'स्वाति बूँद और खारे मोती' का आवरण बड़ी गहरी कल्पना से बनाया है। बादल की स्वाति बूँद और एक नारी नेत्र से निकलता खारा मोती, अपने शीर्षक को जीवन्त करता लगता है। कृपया मेरी बधाई व शुभकामनाएँ।

'टूटता वहम' की भूमिका को पढ़ा। पढ़कर सुशीला टाकभौरे के व्यक्तित्व के नये कोण से परिचित हुआ। मुझे आभास मिल गया है, 'टूटता वहम' मेरे कई वहमों को तोड़ देगी। आपने चौदह वर्ष की आयु में अपनी रचना 'व्रत और व्रती' को आकार दिया, यह जानकर विस्मित रह गया। आप वाल्मीकि समाज से हैं, क्या आप विश्वास करेंगी कि यह जानकर मैं एक अनजाने गौरव से भर गया। आप जैसी जुझारू योद्धा वाल्मीकि

समाज में मौजूद हैं, यह बड़े सन्तोष की बात है। व्यक्तिगत रूप से मैं जाति, वर्ग भेद से बहुत नफरत करता हूँ। मैंने व्यावहारिक जीवन में भी, समाज की इस जातिगत सड़ी–गली नैतिकता को तोड़ा है। मैंने तो चार बरस से अपने नाम के आगे शर्मा लिखना ही छोड़ दिया था। अब अपने पत्र जब साथी बन्दी के घर मँगाने की नौबत पड़ी, तो उन्हें सुधीर शर्मा नाम देना पड़ा।

सुशीला जी, मेरे विचार से जितनी क्षति इस देश की, इस जातिगत व्यवस्था ने की है, वह अपूरणीय है। बल्कि हमारे देश की तरक्की की विफलता में, जाति एक अहम कारण है। आपकी भूमिका को पढ़कर दिमाग में विचारों का भीषण चक्रवात उठा है। सच! मुझे बड़ी खुशी हुई है कि 'टूटता वहम' की कहानियाँ दलित समाज व दलित जीवन से सम्बन्धित हैं, व आप दलितों के संघर्ष व जीवन के लिए हर मोर्चे पर संघर्ष करती हैं। आप अब सचमुच मेरी सामाजिक नेत्री हैं। अगर देश की दलित चेतना जग जाये, तो इस देश का हुलिया ही बदल जाये।

मैंने इतना लम्बा पत्र लिख दिया, पर आपकी भूमिका के बारे में लिखने से फिर भी रह गया, माफ करना। मैं आपको समय–समय पर पत्रों में आपकी रचनाओं के बारे में लिखता रहूँगा। सुशीला जी, मैंने आपको एक अधूरा पत्र और लिखकर रखा है, जिसमें मेरा अतीत सरसरी तौर पर है। वह पत्र भी आपको इस पत्र के, तीन–चार दिन बाद मिल जायेगा।

आप मेरे पत्रों को अपना कीमती वक्त दे रही हैं, इसका भी आभारी हूँ। अपने परिवार में सभी को मेरा यथायोग्य अभिवादन कहें। मेरे पत्र से कुछ बुरा महसूस हुआ हो, तो दिल से माफ कर देना। और प्रार्थना है, वक्त निकाल कर अपनी खैरियत का जवाब दें। आपकी खुशी व सेहत की दुआ के साथ।

आपका सुधीर

1–11–99
केन्द्रीय कारागार, गोवा

आदरणीय सुशीला जी,
हार्दिक अभिवादन,

मैंने आपका पार्सल मिलने के बाद, आपको दो खत लिखे थे। उम्मीद करता हूँ, आपको मिले होंगे। उन खतों के झटकों से आप हतप्रभ हुई

होंगी कि अब मेरा यह खत आपकी सेवा में हाजिर है। दरअसल अपने पत्रों की वाचालता का एहसास होने के बाद मैं खुद में लज्जित और सहमा हुआ था। न चाहने के बावजूद कई आशंकाएँ मन को घेर लेतीं, इस कशमकश में मैंने वह खत भी पूरा नहीं किया, जो कई दिन पहले शुरू किया था। मेरे पत्रों से अगर आपको जरा भी बुरा महसूस हुआ हो, तो माफ कर दीजिएगा। आप जैसी अच्छी लेखिका व बेहतर इंसान के आगे मुझे वही लिखना जरूरी लगा, जो महसूस हुआ हो। पत्र लिखने के बाद मैं गहरे मानसिक द्वन्द्व से गुजरा। इस द्वन्द्व से जो हासिल हुआ, उससे मेरी दिमागी वैचारिक सेहत सुधर गयी। मैंने सोचा, अब 'टूटता वहम' के कुछ पन्नों ने मुझे जिस 'सुशीला टाकभौरे' का नया परिचय दिया है, उसकी बाबत पाठकीय विमर्श करा जाये।

सुशीला जी, फिर अर्ज करना चाहूँगा, मेरे पत्रों को जो कीमती वक्त आप देती हैं, मैं उसका हृदय से आभारी व कृतज्ञ हूँ। आखिर मैं कैदी पाठक हूँ, इसके लिए मैं अतिरिक्त संवेदना पाने का हक रखता हूँ। आपको मेरा यह तर्क शायद कुतर्क लगेगा, लेकिन ऐसा है नहीं, मैंने एक कैदी पाठक होने के नाते यह अतिरिक्त उम्मीद रखी। मैं आपका बड़ा आभारी हूँ, जो आपने 'टूटता वहम' मुझे भेजी। अगर 'टूटता वहम' मुझे न मिलती, तो मैं आपको इतना निकट से न जान पाता। 'टूटता वहम' से मैंने एक संवेदनशील लेखिका के साथ–साथ, उस स्त्री को भी जाना, जिसने 'सुशीला टाकभौरे' के नाम से अपना आकार बनाया है। मैंने आपकी लिखी भूमिका को ही कई बार पढ़ डाला। फिर 'मेरा समाज' को पढ़ा, कुछ पंक्तियों ने ही इतना उद्वेलित कर डाला कि मुझे फिर से 'मेरा समाज' को शुरू से पढ़ना पड़ा। पढ़ते–पढ़ते मैं कई बार बीच में रुका और दिमाग में उठी खलबली को तात्कालिक तौर पर शान्त करता रहा। 'मेरा समाज' पढ़कर लगा, सुशीला जी को उनके जुझारूपन, दृढ़ता पर बधाई पत्र लिखना चाहिए।

मैंने आपको पहले पत्र में आपकी लिखी भूमिका के बारे में लिखा था। अब फिर से लिख रहा हूँ कि आपकी लिखी भूमिका ही मेरे लिए एक 'आत्मकथा' के समान है, जिसकी बहुत सी पंक्तियाँ दिमाग में निरन्तर हलचल मचाती रहती हैं। गाँधी नहीं आम्बेडकर के दर्शन को स्वीकारते हुए, आपने इन पंक्तियों को उद्धृत किया है–'उत्तर भारत की मानसिकता में जहाँ गाँधी जी की सूझबूझ और कार्यपद्धति का प्रभाव आज भी अधिक है,

वहाँ डॉ. अम्बेडकर के नाम के बिना और क्रान्तिकारी सामाजिक परिवर्तन की भावना के बिना, उस जड़ मानसिकता को तोड़ देने की बात निराधार और अधूरी लगती है। अम्बेडकर नाम सम्पूर्ण दलित समाज के विकास और परिवर्तन का केन्द्रबिन्दु बन गया है। जैसे यदि अपनी ही आँखों में रोशनी न हो, तब बाहर कितना भी प्रकाश क्यों न किया जाये, अँधेरा ही दिखेगा। इस प्रकार तर्क और विवेक की इस रोशनी के बिना कुछ भी देखा नहीं जा सकता है। जिनकी आँखों में थोड़ी बहुत यह रोशनी पड़ गयी है, वे अपनी नजर से देखना सीख गये हैं। और अपनी दृष्टि से देखकर, जो सत्य अनुभूति उन्होंने पायी है, इसे कोई भी किन्हीं, प्रवचनों के उदाहरणों और सन्दर्भों से झुठला नहीं सकता है।'

'टूटता वहम' एक तरह से आपका आत्मकथ्य है। 'मेरा समाज' पढ़ते हुए मेरे जेहन में गोर्की की 'मेरा बचपन' को छू गयी। इस बात की भी टीस उभरी, आपने अपने आत्मकथ्य को बहुत सीमित में समेट दिया। मेरा विश्वास है, आप अपने आत्मकथ्य को जरा विस्तार देतीं, तो पाठक दलित समाज की वास्तविक हकीकत को जान समझ पाता। खैर, अभी तो आपके पास लम्बा जीवन पड़ा है। एक वक्त के बाद आपको 'आत्मकथा' लिखने का समय मिलेगा ही, तब आप नयी धार के साथ दलित साहित्य का परिचय समाज को दे सकती हैं।

जब से जाना कि आप वाल्मीकि समाज से हैं, तब से आपके लिए हृदय में विशेष आदर व श्रद्धा उपज गयी है। वह इसलिए कि आपने स्त्री होने के बाद, संघर्ष करके समाज में अपना मुकाम बनाया ही, अब जन जागरण के द्वारा दलित समाज की चेतना को जगा रही हैं। मैं तो जानकर भौचक रह गया था कि आप वाल्मीकि समाज से हैं। आपने कई जगह पर अपनी टीस बतायी है कि दलित समाज उस गति से जाग्रत नहीं हो रहा है, जिस गति से उसे होना चाहिए।

सुशीला जी, जातिगत समस्याओं ने हमारे देश को रसातल में धकेल रखा है। मैं 19–20 बरस का था, तब से जाति पर ध्यान देना बन्द कर दिया था। वक्त के साथ–साथ जाति की दृष्टि रखने वालों से घृणा होती गयी। मैं जातिगत ढाँचे से सख्त नफरत करता हूँ। शिक्षा व समझ के अभाव में, जाति का जहर आज भी पूरे भारत के गाँवों व कस्बों में फैला हुआ है। ग्रामीण अंचलों में तो स्थिति बड़ी नृशंस व भयावह है, वहाँ दलितों को आज भी इंसान नहीं समझा जाता। मुझे सरकारी नीतियों से भी चिढ़

है, जो आज भी नौकरी जातिगत आधार पर देते हैं। हमारे चुनावों को ही देख लीजिए, उम्मीदवार बड़े गर्व से घोषित करते हैं कि वो फलां जाति का है। दलितों की स्थिति क्या है, हम सभी जानते हैं। इसके लिए हमारा सामाजिक ढाँचा व उसकी मान्यताएँ, उसके बनाये गये मूल्य दोषी हैं। ब्राह्मणों ने इस व्यवस्था को और मजबूत किया, ताकि उनकी दुकानदारी चलती रहे। दलित को चारों तरफ से चूसा गया। कितनी शर्म वाली बात है, आजादी के पचास साल बाद भी, दलितों को हम स्वाभिमान से जीने का अधिकार देने के पक्ष में नहीं हैं। खैर...मैं इस पर और क्या कहूँ? जब तक समाज में बड़ी जाति छोटी जाति का भेद रहेगा, तब तक हमारी तरक्की मुमकिन नहीं। दलित समाज को दूसरे सबों ने भीषण रूप से नोचा–खसोटा है। उनके मूलभूत हकों को हड़प कर, दूसरी बड़ी जातियाँ फली फूली हैं। आज शिक्षा के प्रचार–प्रसार के बाद भी, हालात ज्यादा नहीं सुधरे हैं। हाँ, कस्बों, शहरों की आधुनिकता ने दलित जाति का कुछ फर्क मिटा दिया है। आपको नारी चेतना व दलित समाज के लिए करते देखकर, दिल को बड़ा सन्तोष हुआ।

'टूटता वहम' में दलितों में दलित वाल्मीकि समाज से जुड़ी कहानियाँ हैं। उन्हें आत्मसात् करके मैं दलित समाज की अन्दरूनी परतों को जान सकूँगा। आपने अपनी भूमिका में दलित समाज की परेशानियों, शोषण की बड़ी गहरी समाजशास्त्रीय व्याख्या की है, जो बड़ी तथ्यपरक है। आपकी गहराई व अनुसन्धान ने मुझे चकित किया। इससे उम्मीद बँध गयी कि कहानियाँ अपने वक्त के सच को चित्रित करती हुई मिलेंगी। फिर आपने खुद ही कहा है–'टूटता वहम' में उन कहानियों को चुनकर संग्रहित किया है, जो दलित समाज और दलित जीवन से सम्बन्धित हैं। हृदय की कोमल भावनाओं को जिन बातों और घटनाओं ने छू लिया, वे ही अमिट छाप के रूप में कहानी बन गयी हैं।'

'झरोखे' से आपने अपने बचपन से मिलाते हुए, पाठकों को कहानी में प्रवेश दिया। उसके बाद पाठक आपके बचपन से आपके साथ अपने को जोड़ लेता है और फिर आपके साथ की हर घटना से गुजरता रहता है। पाठक एक साथ कई धरातल पर जीता है। एक आपके साथ, तो दूसरे समाज की दृष्टि से समाज के साथ। आप पाठक को ठेठ अपने समाज के साथ जिन्दा कर देती हैं। वह आपके साथ–साथ स्कूल, घर, साथी, गुरुजी सबके साथ भी अपने को पाता है। आपने जिस सरल, असरदार,

जीवन्त भाषा में 'झरोखे' में अपने बचपन से बड़े होने तक को चित्रित किया, आत्मकथ्य इस तरह समझ आ सकने वाली सरल भाषा में ही लिखे जाते हैं। पता न था, पढ़ते हुए शब्द जीवन्तता का एहसास कराते हैं। यहाँ पर मैं इस बात के लिए आपकी तारीफ करूँगा कि आपने इतने दंश झेलने के बाद, अपनी पीड़ा को सरसरी तौर पर ही लिखा, वरना आप चाहतीं तो ज्यादा कड़े व कडुवे शब्दों का प्रयोग कर सकती थीं। आपकी मिठास से आपके स्वभाव का अन्दाजा लग जाता है।

आप बचपन से ही पढ़ाई में तेज रहीं व खेलकूद में भी। जब आप आठवीं में फर्स्ट आतीं रहीं, तो आपके आसपास के पड़ोसियों ने आपका हौसला बढ़ाया, जानना सुखद रहा। आप सिवनी मालवा तहसील में वाल्मीकि समाज की पहली ग्रेजुएट लड़की हैं, जानकर गौरव का एहसास हुआ। आपके माता–पिता तो फख्र से भर उठे होंगे। आपकी माताजी ने जिस तरह आपको गढ़ा, वह अपने आप में मिसाल है। उस समय और दलित समाज में लड़की को ज्यादा पढ़ाना ही बड़ा गुनाह समझा जाता था। आपकी माताजी को मेरा शत् शत् नमन। उस जैसी साहसी व दृढ़ इच्छाशक्ति वाली माँ ही आप जैसी बेटी को आकार देती हैं। जिस तरह से माँ ने आपके भविष्य का निर्माण किया, वह किसी बड़ी तपस्या से कम न था। उनकी तपस्या देखकर दिल से बड़ा आदर व श्रद्धा उपजती है।

'मेरा समाज' से आपने उस काल के समय की, समाज की, बड़ी गहरी विवेचना की है। माँ, पिताजी के साथ, आप अपने समाज के लोगों के घर व सामाजिक कार्यक्रमों में जाती थीं। आपने इसके बारे में बड़ी सारगर्भित बात कही है–'मैं देखती थी, लोग बहुत ही अपनेपन, सम्मान और प्यार के साथ मिलते थे। व्यक्ति समाज में क्यों रहना चाहता है या व्यक्ति के लिए समाज क्यों आवश्यक है, इन समारोहों में आकर ही मैं इसका महत्त्व और जरूरत समझ पायी थी।' दलित समाज के पिछड़ेपन की विसंगतियों को आपने बड़ी बारीकी से उकेरा है, वहीं अपने समाज की सरल सीधी सोच को प्रतिबिम्बित किया। इनके सफाई के काम पर आपने बताया है–'अपने काम से इन्हें घृणा नहीं होती, न ही ये इसे बुरा या निम्न मानते समझते हैं। बस, परम्परा से चला आया है, बाप–दादा यही करते थे, इसलिए हम भी कर रहे हैं। इस समझबूझ हीन विचारपद्धति ने इन्हें कभी कुछ अधिक नहीं सोचने दिया।'

सुशीला जी, आप दलित समाज के लिए व्यावहारिक तौर पर जो

कुछ कर रही हैं, उससे बड़ी मानवीय सेवा कोई दूसरी नहीं है। यह सेवा आपको मेरी नजर में किसी भी धर्मगुरु से बड़ा इंसान साबित करती है। बेटी के जन्म के बारे में आपने लिखा है कि–'उसका जन्म होते ही उसकी पढ़ाई की नहीं, शादी की चिन्ता की जाती थी। शादी और बच्चे जैसे जीवन का लक्ष्य केवल यही रहता था। इस तरह समाज आगे नहीं बढ़ पाता है। इस पारम्परिक विचारधारा को तोड़ना जरूरी है, तभी मेरा समाज नये विचारों को अपना सकेगा। मेरा यह सपना है कि मैं अपने समाज में परिवर्तन लाने के लिए यथाशक्ति प्रयत्न करती रहूँ।' आपकी अभिलाषा को जानकर सुखद एहसास का अनुभव हुआ।

आपने भूमिका में अपने पति के साथ बच्चों का भी आभार माना है। कृपया उन्हें मेरा भी हार्दिक अभिवादन व आशीष कहें व पतिदेव को आभार भी। मैं आपको और बड़ा पत्र लिखता, आपकी दलित समाज की सटीक व तथ्यपरक विवेचना पर, लेकिन पत्र बहुत लम्बा हो गया है। आपने इसे वक्त दिया, इसका भी आभारी हूँ। आपकी कविताओं को पढ़कर फिर पत्र लिखूँगा।

आपकी सेहत व खुशी की दुआ के साथ।

आपका सुधीर

8–11–99

केन्द्रीय कारागार, गोवा

आदरणीय सुशीला टाकभौरे जी,

हार्दिक अभिवादन,

आपकी कुशलता की कामना करता हूँ। 'टूटते वहम' को पढ़ते–पढ़ते मैंने दो पत्र आपको लिखे थे। आपने अपनी पुस्तक 'यह तुम भी जानो' का विशेष रूप से जिक्र किया था कि मैं इस पर ध्यान दूँ। इसी बात ने मेरे मन में 'यह तुम भी जानो' के प्रति बड़ी जिज्ञासा व रोमांच जगा दिया था। मैंने 'टूटता वहम' को पूरा करने से पहले ही, अपने साथी से कुछ देर के लिए 'यह तुम भी जानो' ली और उसकी कुछ कविताओं व भूमिका को पढ़ा। लगा, मेरी 'टूटता वहम' को बीच में रोकने की भूल को माफ किया जा सकता है। 'यह तुम भी जानो' ने मुझे आपकी नयी रचनात्मकता का परिचय दिया। आप सक्षम और ऊर्जावान लेखिका हैं, यह आपकी कुछ कहानियों को पढ़कर जान गया था। किन्तु कवयित्री के रूप

में भी आप इतनी ही सक्षम और जीवन्त होंगी, सोचा न था। मेरी नज़र में आपकी यह कृति बड़ी ही अनुपम है। आप दलित चेतना को जगाने वाली मूल्यवान कवयित्री हैं। मेरे ख़याल से यह समस्त शोषित, दबे–कुचलों को जगाने वाली कृति है। इसे सिर्फ दलित चेतना को जगाने वाली कृति ही कहना, नाइंसाफी होगी।

सुशीला जी, साहित्य की कविता विधा से मेरा परिचय बहुत कम रहा है। अपनी कमअक्ली की वजह से मैंने कविता विधा को कभी गम्भीरता से नहीं लिया। साहित्यिक पत्रिकाओं से परिचय होने के बाद, मैंने कवि और कविता पर ध्यान देना शुरू किया। कितनी बेवकूफी वाली बात है, तब भी मैंने सरसरी तौर पर ही कविताओं को पढ़ा, बल्कि कभी–कभी तो पत्रिकाओं के अंकों की ज्यादातर कविताएँ मुझसे दूर जाती थीं। फिर नागार्जुन, निराला, मुक्तिबोध के लेखों को पढ़कर समझ आया, कवि भी अपनी तरह का सामाजिक क्रान्तिकारी होता है। वह अपनी कविताओं से जन की चेतना में अलख जगाता है। अब मैं कविताओं को ध्यान से पढ़ता हूँ और उन पर चिन्तन–मनन करता हूँ। वैसे 'कबीर' मेरा प्रिय रचनाकार है। उससे बड़ा और महान कवि फिर नहीं हुआ, जो अपनी कविता या बोली से आमजन को ऐसा झकझोर दे। 'कबीर' हमेशा आम जन में जिन्दा रहेगा। बस! यही मेरी कविता की समझ है। 'हंस', 'वागर्थ', 'पहल', 'वर्तमान साहित्य' में बड़े और महान कवियों की कविताओं के साथ मुझे आधुनिक कवियों की कविताएँ भी पढ़ने को मिल रही हैं। नयी कवयित्रियों में कविता सूद, कात्यायनी, लवलीन, बड़ी ही जीवन्त कविताएँ लिखती हैं।

आपकी कविताएँ पढ़कर महसूस हुआ, ये समीक्षक न जाने कौन कौन से 'वाद' की बात करते हैं व कविता को कई भागों में बाँट देते हैं। आपकी कविताएँ मुझे बड़ी सरल और आसानी से समझ आ सकने वाली रचनाएँ लगीं। काश! सभी कवि इस तरह की संवेदन करने वाली कविताएँ लिखें, तो पाठकों का एक नया वर्ग तैयार होगा। बेहद क्लिष्ट और गरिष्ठ कविताएँ आम पाठकों के सिर के ऊपर से गुजर जाती हैं। उन्हें बड़ा पाठक वर्ग नहीं मिलता। सुशीला जी, कविता विधा में आपका दखल देखकर, मैं अवाक हूँ। लगता ही नहीं कि हम कुछ पढ़ रहे हैं, बल्कि महसूस होता है, सुशीला टाकभौरे हमारी चेतना में समोकर, हमारी चेतना को गतिशील करती हुई, अपने विचार रख रही हैं। आपकी गहरी संवेदनशीलता, हर शब्द में नजर आती है। मुझसे पहले आपकी इस किताब

को तीन साथियों ने कुछ–कुछ पढ़ा और पढ़ते–पढ़ते चर्चा की थी। उनमें से एक कविता प्रेमी है, उसने पूरी किताब को पढ़कर कहा था–शर्मा भाई, इस लेखिका ने हमारे सोते भटकते समाज को बड़ी बारीकी से चित्रित करके, उसे संघर्ष करने के लिए प्रेरित किया है। इस लेखिका का अपनी बात कहने का नया अन्दाज है। बाकी दो साथी कविता विधा से ज्यादा गहरे से परिचित नहीं हैं। लेकिन उन्होंने 'गाली', 'साहस', 'शक्ति का रूप', 'आस्था' पर बड़ी संजीदगी से चर्चा की।

दरअसल उनकी गम्भीरता को देखकर मैं खुद उनके पास गया और उनके विचारों को और विस्तृत रूप दिया। उन्होंने आपकी इन कविताओं की बड़ी सारगर्भित व्याख्या की, यह देखकर मैं भौचक रह गया था। खुद मैं भी शायद उन बिन्दुओं तक नहीं पहुँच पाता। तब मुझे महसूस हुआ, दस पृष्ठ की बेजान रचना लिखने से बेहतर है, आपकी कविता की तरह चन्द कुछ जीवन्त पंक्तियाँ लिखना। उन सामान्य पाठकों ने आपकी कविताओं का मूल बड़ी आसानी से समझ लिया। जब साहित्य की समझ न रखने वाले एक आम पाठक को वह उद्वेलित कर सकती है, तो मतलब आपकी रचना आम जन को समझ आने वाली है। मेरी समझ से यही रचना की सार्थकता है।

सुशीला जी, हम चार–पाँच साथियों में किसी न किसी विषय पर चर्चा होती रहती है। इसमें कहानी की किताब पर बात करने में सबसे ज्यादा वक्त जाता है। उसमें रचना पर हर साथी के मत को जानने के लिए, मैं रोचक अन्दाज में उनसे बात पूछता हूँ। चूँकि मैं किसी बात को पूछता हूँ, तो साथी अतिरिक्त सतर्कता के साथ उस विषय पर बात करते हैं। इसमें उनकी कोशिश रहती है, समझ–विचार व कल्पनाशीलता में मेरे सामने अपने को साबित कर सकें। हमारी इस बहस को दूसरे साथी बड़े कौतुक से सुनते हैं। इससे आप अन्दाजा लगा सकती हैं कि आपकी संजीदगी से बात हुई होगी। आपकी कविताओं ने मेरे साथ मेरे साथी बन्दियों को भी चमत्कृत किया। आपकी इन कविताओं में, कमजोर शोषित इंसान को अपने हकों आत्मसम्मान, स्वाभिमान के लिए 'क्रान्ति' करने का आह्वान है। अनुभवों ने इन कविताओं को एक विशेष परिपक्वता दी है।

सुशीला जी, आप कितनी सक्षम–समर्थ व ऊर्जावान लेखिका हैं, यह भूमिका में डॉ. सरजूप्रसाद मिश्र, डॉ. विमलकीर्ति, डॉ. दयानंद बटोही के विचारों को पढ़कर पता चलता है। सच में, मुझे मालूम न था कि दलित

साहित्य में आपको एक उम्मीद की तरह देखा जाता है। डॉ. सरजूप्रसाद मिश्र लिखते हैं–'डॉ. सुशीला टाकभौरे समाज में नारी की स्थिति का यथार्थ चित्रण करती हैं। नारी के ज्वालामुखी रूप की ओर संकेत कर, कवयित्री ने क्रान्ति के संकेत दिये हैं। दलित शोषण की चक्की से मुक्त हो, साथ ही वह स्वयं जिन दुर्गुणों, बुरी आदतों एवं कुरीतियों की कृत्रिम जंजीरों से जकड़ा हुआ है, पहले उससे मुक्त होना जरूरी है।'

डॉ. विमलकीर्ति लिखते हैं–'इस काव्य संग्रह में कवयित्री निश्चित तौर पर 'क्रान्ति का दूत' बनकर 'समष्टि की सन्तान' बनना चाहती हैं, उसी प्रकार साहस के साथ सदियों की, रूढ़ियों की बेड़ियों को तोड़ने का आह्वान भी करती है। वह मनु से भी सीधा सवाल करती है और विधाता को भिखारी की संज्ञा देकर, कठघरे में खड़ा करती है। एक तरह से यह काव्य संग्रह उनके स्वतन्त्र चिन्तन और भाव का बड़ा बेजोड़ मिलन है। समाज को उनसे भविष्य में अनेक अपेक्षाएँ हैं।' इसी तरह डॉ. दयानन्द बटोही लिखते हैं–'स्वाति बूँद और खारे मोती' के बाद डॉ. सुशीला टाकभौरे की यह दूसरी काव्य कृति है। इसमें उन्होंने साहित्य, समाज और संस्कृति से जुड़े सवालों पर गहराई से विचार किया है। काव्य चेतना का अन्तरंग स्पर्श और मूल्यपरक संवेदनशीलता उनकी अपनी विशेषता है। डॉ. सुशीला टाकभौरे की कविताओं को पढ़ने के बाद, सामाजिक सन्दर्भों की परत दर परत दर्द, पीड़ा, टीस, चीत्कार को हम सुन सकते हैं। यह हमारी संवेदना है, पूरे समाज की है, संसार की है।'

सुशीला जी, इन साहित्यकारों के विचारों को पढ़कर, आपकी कविताओं के प्रति बड़ी जिज्ञासा व उत्कंठा जग गयी थी। मुझे खुशी है, आपकी कविताओं को पढ़ते हुए मुझे इन साहित्यकारों के विचार सही और सार्थक लगे। आपने निवेदन में अपनी बात को इस तरह रखा है–'संग्रह की कविताएँ परिवर्तित एवं जागरूक विचारों की साक्षी हैं। इस संग्रह में परोक्ष एवं प्रत्यक्ष रूप से युवा पीढ़ी को सन्देश रूप में कहे गये बोधगम्य चेतना के स्वर हैं। ये टीस, पीड़ा, बेचैनी और तिलमिलाहट से पूर्ण व्यंग बाण भी हो सकते हैं। इनका उद्देश्य ही है, जड़ मानसिकता को सचेत करना।' आपकी इस स्पष्टता व निर्भीकता ने आपके 'किरदार' की खूबियों से परिचित कराया। यह साहस व ईमानदारी लेखक में होनी ही चाहिए। यहाँ पर मुझे अल्बेयर कामू की उक्ति कौंध जाती है कि–'जब रचनाकार का जीवन में कोई पक्ष होता है, तभी रचना में जीवन का पक्ष उतर पाता है।'

आपकी कविताओं के बारे में क्या लिखूँ? मुझे तो वह किसी भी धर्मग्रन्थ से ज्यादा महत्त्वपूर्ण और उपयोगी लगती हैं। अब इनका सार किस तरह लिखा जाये, मेरी समझ में नहीं आ रहा है। इस काव्य संग्रह को पढ़कर मैंने आपको अपनी आदर्श सामाजिक नेत्री मान लिया है। भले ही आपको मीडिया में प्रचार नाम नहीं मिला, पर इससे क्या आपका 'काम' छोटा हो जाता है? हरगिज नहीं। आप मुझ जैसे उन असंख्य इंसानों की 'नायिका' हो, जो निष्काम भाव से जन साधारण के लिए अपने को खपाती हैं। आपके इस कार्य के लिए किसी प्रचार की जरूरत नहीं। क्योंकि आप अपने कर्म से हमारे दिलो–दिमाग में विराजमान हो और रहोगी।

यहाँ पर बड़ी शिद्दत से मुझे शोभा डेओं, नीमापिल्लयों, अरुन्धती रायों का और आपका फर्क नजर आता है। वातानुकूलित ड्राइंग रूमों में बैठकर शब्दों की लफ्फाजी करना और बात है, जिन्दगी की खुरदुरी हकीकत पर, मानवता के लिए काम करना और बात। आपकी सभी कविताएँ जितनी मैंने पढ़ीं, मूल्यवान लगीं। 'गाली', 'साहस', 'शक्ति का रूप', 'आस्था' पर तो हम सभी ने विचार–विमर्श किया ही। 'स्वयं को पहचानो', 'आक्रोश', 'युग चेतना', 'शक्ति का रूप' ने मुझे गहरे से मथा, मेरी चेतना को गतिमान किया और मेरे भीतर के सुधीर को परिष्कृत किया। इसके लिए मैं आपका आभारी हूँ।

मैं आपको ऐसे ही लम्बे–लम्बे पत्र लिखकर परेशान करता रहूँगा। उम्मीद है आप मुझ पाठक को अपनी विशाल हृदयता से झेलती रहेंगी और अपना स्नेह व अपनत्व बनाये रखेंगीं। अगर स्त्री चेतना पर आपने कुछ लिखा हो, तो पढ़ने की बड़ी जिज्ञासा है। वाल्मीकि जयन्ती पर मेरी शुभकामनाएँ स्वीकार करें। मैं तो इस महामानव संघ के बारे में कुछ जानता ही नहीं। और आप क्या रचनात्मक कर रही हैं, लिखिएगा। अपने परिवार में सभी को मेरा यथायोग्य अभिवादन कहें। आपकी खुशी व सेहत की दुआ के साथ।

आपका सुधीर

12–11–99
केन्द्रीय कारागार, गोवा

आदरणीय सुशीला जी,
हार्दिक अभिवादन,

आपकी कुशलता की कामना करता हूँ। 'टूटता वहम' को लेकर मैंने

आपको एक पत्र फिर से लिखा था। उम्मीद करता हूँ, आप तक वह पत्र पहुँच जाये। आपको पत्र लिखने के बाद भी मुझे महसूस हो रहा था, जैसे पत्र में लिखने से बहुत कुछ रह गया हो। पूर्व के पत्रों की अपनी वाचालता पर मुझे लज्जा आ रही थी। मैंने सोच लिया था कि मेरी वाचालता से आप इतनी व्यथित हुई होंगी कि अब शायद ही आपका पत्र आये। मैं अपनी बातों का मन्थन और अपना आत्मपरीक्षण करता रहता। मन में कभी–कभी कौंध जाता, सुशीला जी का पत्र आयेगा क्या? मन में ही उसका काल्पनिक जवाब तलाशता। दिल की न जाने कहाँ से आवाज आती सुशीला जी पीएच. डी. हैं, मतलब उनमें 'दर्शन' और संवेदनाओं का संगम है। फिर उनकी गहरी भेदक दृष्टि है। एक कैदी की पाठकीय वाचालता को वह, यह समझकर माफ कर देंगी कि यह उसकी भावनात्मक अभिव्यक्ति है, जिसे रोकर वह हल्का हो गया होगा। आप मुझसे नाराज हो सकती हैं, खीज सकती हैं, लेकिन स्मृति से विस्मृत नहीं करेंगी, इस बात का विश्वास था।

अपनी वाचालता के साथ–साथ मुझे यह भी कचोटता था कि मैंने आप से मदद की गुहार भी की थी। जाहिर है कोई भी इंसान सोचेगा, यह कैसा असभ्य, अराजक पाठक है, जो मदद माँगने की गुहार के साथ, इस बात का ध्यान भी नहीं रख रहा है कि उसकी पाठकीय मर्यादा क्या हैं? अपने इस विचार मन्थन से कई अनुपम सवाल भी पैदा होते और दिमाग उनका भी जवाब तलाशता रहता। यह द्वन्द्व लगातार दिमाग में जारी रहता। तब महसूस होता, मेरी मूर्खता को माफ करके सुशीला जी कभी पत्र लिखेंगी? और दिमाग में आपके पत्र की इन्तजारी रहती। पता नहीं कौनसा अनजाना अपराध बोध मन को कचोटता रहता था। मैं यही दुआ करता, सुशीला जी अपनी विशाल हृदयता से मुझे क्षमा कर दें। इसी मनःस्थिति में जी रहा था।

आज जब गेट पर बुलाया गया, तो मुझे एक शायरा ने रजिस्टर्ड पत्र भेजा था। पोस्टमैन ने पत्र आगे रखते हुए कहा, 'शर्मा खत के साथ डॉ. सुशीला टाकभौरे का मनीऑर्डर भी है।' यह सुनते ही मैं उछल पड़ा। खुशी हैरानी, अविश्वास से मैं भर उठा। इसे देखकर पोस्टमैन ने कहा, 'क्या बात है शर्मा? तुम्हें विश्वास नहीं हो रहा क्या?' मैंने हड़बड़ाकर कहा–नहीं, ऐसा नहीं है। दरअसल मुझे इस लेखिका के पत्र का इन्तजार था। मेरे लिए मनीऑर्डर से ज्यादा वह अहम था। मैंने पत्र व मनीऑर्डर

की प्राप्ति के दस्तखत किये और मनीऑर्डर पर लिखे सन्देश को पढ़ा। पढ़कर मैं आत्मिक सुख, खुशी से भर उठा। मेरे चेहरे पर छाई रौनक को देखकर, पोस्टमैन व ड्यूटी जेलर ने हमेशा की तरह पत्र, पार्सल, मनीऑर्डर के बारे में पूछना शुरू कर दिया। दोनों ही मुझसे मित्रवत हैं।

जब उन्होंने आपके बारे में जाना, तो अविश्वास व हैरत से भर उठे, फिर बोले, 'शर्मा ये हिन्दी साहित्यकाराएँ इतनी संवेदनशील क्यों होती हैं? जो अनजान कैदी को किताबें, पैसे भेज देती हैं, हमें तो देखकर भी यकीन नहीं होता।' मैं भला उन्हें क्या जवाब देता? मैंने भीगे शब्दों में कहा–'सर! इस बात का जवाब आप खुद तलाशें, मैंने हर बार सच्चाई आपको बतायी है।' पोस्टमैन बेचारा इस बात पर यकीन करने को तैयार ही नहीं था कि एक प्राध्यापिका और साहित्यकारा मुझ अनजान कैदी को अपनी करुणा, इंसानियत के चलते इतनी मदद कर सकती हैं। उनसे बातचीत के बाद मैंने इजाजत ली और बैरक में वापिस लौट आया।

बैरक में प्रवेश करते ही साथियों की सवालिया नजरें मेरी ओर उठ गयीं। आपकी संवेदना ने मुझे इस कदर उद्वेलित कर दिया था कि वह मेरे चेहरे पर उतर आया था। मैंने उन्हें खुद ही बताया, एक शायरा का रजिस्टर्ड पत्र व सुशीला जी का मनीऑर्डर आया है। आपका नाम सुनते ही तीन साथी चौंक गये। उन्होंने अविश्वास भरी खुशी से पूछा–'शर्मा भाई, क्या सुशीला टाकभौरे का मनीऑर्डर आया है?' मैंने खुशी से भाव विभोर होकर कहा–'हाँ, भाई, अपनी सुशीला जी ने ही मुझे मनीऑर्डर किया है। उन्होंने यह जानकर आपस में आपकी चर्चा करनी शुरू कर दी। आपकी संवेदनशीलता ने उन्हें भी जगा दिया। वे कैदी होने के आत्मगौरव से भर उठे। उनसे इजाजत लेकर मैं अपने बिस्तर पर आया और भावनाओं के ज्वार–भाटे में डूबने उतरने लगा।

सुशीला जी, आपकी इस गहरी संवेदना ने मुझे गहरे जाकर छुआ है। मैं अभी न जाने कितने दिन 'सुशीलामय' होकर चिन्तन–मनन करता रहूँगा। आपकी इस मदद ने मुझे चार महीनों के लिए डाक टिकट, कागज आदि की परेशानी से मुक्त कर दिया है। इसमें पेस्ट, साबुन जैसी चीज भी हैं, जिसके लिए कई बार आत्मसम्मान का संकट खड़ा हो जाता था। मैं आपको एक 'सामाजिक नायिका' मानकर आपकी मदद का जीवन भर के लिए ऋणी रहूँगा। जानती हैं, जब मैंने मनीऑर्डर प्राप्ति के लिए दस्तखत किये थे, तब दस्तखत करते वक्त मेरी रूह में थरथराहट हो

जाती थी। पूरा वजूद काँप गया था। आपने मेरी वाचालता को माफ करके, इतनी मदद कर दी। मुझे सहज यकीन ही नहीं हुआ। आप वाकई में एक सच्ची और बड़ी इंसान है, जो एक मामूली आम अपरिचित कैदी के लिए भी मदद के लिए खड़ी हो जाती हैं। वरना भला किस लेखिका को पड़ी है, जो वह एक अपरिचित कैदी के लिए व्यावहारिक आचरण में इस तरह खड़ी हो जाये?

सुशीला जी, शाब्दिक सान्त्वना तो कई लेखिका दे देंगी, पर आचरण में खर्च करने का माद्दा आप जैसी इंसान लेखिका में ही होता है। तभी तो आप जैसे चरित्र मेरा आदर्श बन जाते हैं। आपकी इस संवेदना ने मुझे इंसान के रूप में भी शुद्ध किया है, इस बात का विश्वास रखिए। सुशीला जी, अब आपकी मदद से मैं बहुत से लेखकों, रचनाकारों को पत्र लिख सकूँगा। आप शायद न जानती हों कि आपने मुझे कितनी बड़ी मदद की है व सहारा दिया है। आपकी इस मदद से मेरी चार महीने की सजा आसान हो गयी है। अब पत्र लिखने में मेरा वक्त आराम से कट जायेगा। आपकी इस मदद ने मुझे मानसिक–आर्थिक सुरक्षा की भावना से भी मजबूत किया है। यह एक मनोवैज्ञानिक तथ्य है, इसने मुझे उस रीतेपन से उबारा है, जिसे मैं लिखकर व्यक्त नहीं कर सकता। जेल में मनीऑर्डर आने से ही कैदी की गिनती होती है। अब मैं भी उस गिनती में आ गया हूँ, जिसका मनीऑर्डर आता है। सुशीला जी, मैं इस मनोवैज्ञानिक तथ्य को डॉ. राणाप्रताप सिंह को लिखूँगा, जो कि वैज्ञानिक हैं और मेरे पत्रों को जोड़कर उसे किताब की शक्ल देने की सोच रहे हैं।

आपने मनीऑर्डर फार्म के सन्देश में जो पंक्तियाँ लिखी हैं, उन्होंने मेरी रूह को खिलाकर रख दिया। मुझे इन पंक्तियों ने जीवन की ऊर्जा, उमंग व उत्साह से भर दिया। आपके इस स्पर्श को पाकर मैं अभिभूत हूँ। आपकी ये पंक्तियाँ मेरे दिलो–दिमाग पर हमेशा के लिए अंकित हो गयी हैं। ये पंक्तियाँ मुझे बेहद सरल, सहज, अपनत्व भरी लगीं। इनमें वह ऊष्मा भी थी, जो बीच में गायब सी हो गयी थी और जिसका जिक्र मैंने आपकी पुस्तकों के मिलने के बाद, अपने पत्र में किया था। मैं तो डर रहा था कि आप मेरी बेहूदगी पर गुस्सा हो जायेंगी। लेकिन आपकी इन पंक्तियों को पढ़कर महसूस हुआ, आपने मेरी बातों को जान–समझकर क्षमा कर दिया। इन पंक्तियों में आप वास्तविक सुशीला टाकभौरे बनकर जिन्दा हुई हैं।

सुशीला जी, मैं सजा काटते हुए आठ बरसों में त्यौहारों को भूल गया था। परन्तु आपकी पंक्तियों ने मेरे मन के अँधेरे को दूर करके, उसमें प्रकाश की रोशनी भर दी। मैं आपकी इस पंक्ति को व्यावहारिक आचरण में उतारूँगा कि–'आशाओं के दीप जलाकर, जीवन को रौशन करना।' आपके स्पर्श और शब्दों ने मेरे मन में आशाओं के कई दीप जला दिये, जिससे मेरा जीवन खुद ब खुद रौशन हो गया है। मुझे दीवाली का अर्थ नहीं मालूम, पर आपके स्पर्श और संवेदना ने मुझे दीवाली का वास्तविक अर्थ समझा दिया है। मेरी निराशा, कुण्ठा, हीन भावना का अन्धकार दूर हो गया व उसकी जगह जीवन उत्साह, उमंग, उम्मीद व उल्लास से भर गया। इस रोशनी ने मेरी आत्मा को प्रकाशमान कर दिया है। अब आप नागपुर वापिस आ गयी होंगी। आपको व आपके परिवार को मेरी तरफ से दीवाली की मंगल कामनाएँ। मैं तो किसी भी त्यौहार की शुभकामनाएँ रचनाकारों को नहीं देता। मुझे इसका ध्यान भी नहीं रहता। आप हजारीबाग गयी थीं। क्या–क्या गतिविधियाँ कीं, व क्या–क्या नया रचनात्मक किया? लिखिएगा।

आपकी 'यह तुम भी जानो' को पढ़कर पत्र लिख रहा हूँ। मिलने पर जवाब देना। आपके पत्र मेरे लिए जीवनदायी हैं। एक प्रार्थना है, आप मेरे लिए मूल्यवान 'देवदूत मित्र' हैं, मेरी गलती हो, तो माफ कर देना। परिवार में सभी को मेरा अभिवादन कहें। आपकी खुशी व सेहत की दुआ के साथ।

आपका सुधीर

20–11–99
केन्द्रीय कारागार, गोवा

आदरणीय सुशीला जी,
हार्दिक अभिवादन,

आपकी कुशलता की कामना करता हूँ। कुछ दिन पहले ही आपके पत्र का जवाब दिया था, उम्मीद है मिला होगा। यह पत्र लिखने का मौका मुझे 'हंस' ने दिया। आज ही मुझे 'हंस' का 'अतीत होती सदी और स्त्री का भविष्य–I' विशेषांक मिला। मैंने बड़ी खुशी व रोमांच से पूरी 'हंस' को सरसरी तौर पर देख डाला। आपकी रचना 'साक्षात्कार' को देखते ही दिल खुशी व जोश से भर उठा। इतनी शीघ्र आपकी रचना से मिलना होगा, सोचा न था।

सम्पादकीय व एक कविता को पढ़ने के बाद, बड़ी उत्कंठा व जिज्ञासा के साथ 'साक्षात्कार' को पढ़ना शुरू किया। डूब–कर पढ़ते हुए 'साक्षात्कार' से साक्षात्कार किया। एक बार फिर से रचना को पढ़ा। रचना बड़ी प्राणवान व अच्छी लगी। लेकिन ईमानदारी से कहूँ तो 'साक्षात्कार' ने वह उम्मीदें पूरी नहीं की, जो मैंने लगा ली थीं। आपकी सूक्ष्म दृष्टि व क्षमता को देखकर किसी बड़े विस्फोट की उम्मीद थी, वह भी 'हंस' के नारी विशेषांक में। सुशीला जी, कृपया मेरी बात का बुरा न मानना। हो सकता है, 'साक्षात्कार' की गहराई की थाह मुझे न लगी हो और मैंने अति उत्साह में आकर, ज्यादा ही उम्मीदें लगा ली हैं। आप जैसी रचनाकार से किसी बड़ी हलचल की उम्मीद थी।

इस रचना से आपने साहित्य की दुनिया के उन पत्रकारों को उधेड़ा है, जो किसी लेखिका, कलाकार का साक्षात्कार करने के बहाने, उसकी निकटता या मतलब की मित्रता पाना चाहते हैं। इसके लिए वह पहले तो एक पत्रकार का मुखौटा लगाते हैं फिर अपनी कमीनगी व मक्कारी पर उतर आते हैं। आपकी नायिका प्रतिभा जो एक साथ कई मोर्चों पर जीवन को जीती है, बड़ी सीधी और दिखावटीपन से दूर लेखिका है जो अपने हर कर्म को एक पूजा का स्थान देती है, उन सभ्य, सम्भ्रान्त, नामी पत्रकार की दूषित मंशा समझ जाती है। घर का पता देने में प्रतिभा जो जवाब उन्हें देती है, वह उन पत्रकार महोदय को अचम्भित कर देता है। सहज, स्वाभाविक प्रतिभा का जवाब और संकोच व शर्म के साथ उमाकान्त को देखना ही साक्षात्कार का चरम है, जो पाठक को साक्षात्कार की आत्मा से परिचित करती है।

आपकी खुशी व सेहत की कामना के साथ।

आपका सुधीर

1–12–99
नागपुर

प्रिय सुधीर,
सादर नमस्कार,

अभी तक आपके 8 पत्र मुझे मिले हैं और मेरे पत्र आपको सिर्फ दो ही भेजे गये हैं। आप गलत न समझें कि मैं जानबूझ कर आपको पत्रोत्तर नहीं देती हूँ। आपका पत्र आने पर, मेरे परिवार के सदस्य पत्र को बहुत

ध्यान और मन से पढ़ते हैं। आपकी चर्चा भी होती है। मैंने अपनी कुछ सहकर्मी प्राध्यापिकाओं को भी आपके पत्र पढ़वाये हैं। सभी ने आपके भाव, विचार, भाषा और प्रस्तुति की प्रशंसा की है। इस तरह कुछ दिन निकल जाते हैं और पत्रोत्तर भेजने की तत्परता कम हो जाती है। दूसरे, यह भी सत्य है कि काम इतने अधिक हैं कि मैं चाह कर भी आपको पत्र नहीं लिख पाती हूँ। ऐसा अक्सर होता है और दो चार माह ऐसे ही निकल जाते हैं। आपके पत्र मुझे मिलते रहे हैं, कृपया अन्यथा न लें।

8–11–99 को लिखे आपके पत्र में आपने मेरी कविताओं की प्रशंसात्मक समीक्षा की है। मेरी प्रशंसा तो आप हर पत्र में करते ही हैं, ऐसी कोई बात नहीं है सुधीर जी। जैसा कि आपने मेरे लेखन और पत्र से मुझे पहचाना है, मैं बहुत ही साधारण महिला हूँ। साधारण परिवार में जन्मी हूँ, संघर्ष और परिश्रम के साथ आगे बढ़ी हूँ। अभी ऐसा विशेष कुछ लिख नहीं पायी हूँ, न ही कुछ किया है, सामाजिक कार्यकर्ता के रूप में। मेरा अभी तक का समय घर परिवार की जिम्मेदारियों में लगता रहा है। बहुत सा समय प्रतिदिन नागपुर से कामठी, कॉलेज आने–जाने में लग जाता है। इसके साथ थोड़ा कुछ कर पायी हूँ। हाँ, भविष्य में मैं अपने कार्यों पर अधिक ध्यान और समय दे सकूँगी।

आपने–अपने सभी पत्रों में इतना कुछ लिख दिया है कि मैं समझ नहीं पा रही हूँ कि बात कहाँ से शुरू करूँ और आपके प्रश्नों, विचारों और भावनाओं का प्रतिउत्तर एक साथ कैसे दूँ? सुधीर जी, आपने एक पत्र में लिखा था कि आपने अपने जीवन परिचय से सम्बन्धित एक अधूरा पत्र लिखकर रखा है, जिसे जल्दी ही पूरा लिखकर आप मुझे भेजेंगे। लेकिन आपने वह पत्र मुझे नहीं भेजा है।

आपके पत्रों को पढ़कर मैं आपके स्वभाव और विचारों के सम्बन्ध में बहुत कुछ समझ पायी हूँ कि आप खुद के प्रति बहुत ईमानदार और सच के समर्थक हैं। मैं आपकी बातों पर विश्वास करती हूँ। आप भावुक संवेदनशील, विचारशील और स्वाभिमानी व्यक्ति हैं। साहित्य के क्षेत्र में आपकी जानकारी है और आप तर्क के साथ अपने विचार रखते हैं।

सुधीर जी, आप 8 साल से कैदी का जीवन जी रहे हैं, मेरे मन में बड़ी जिज्ञासा है कि आपने इतने वर्ष वहाँ कैसे बिताये होंगे? जेल में आपकी मानसिक स्थिति कैसी होगी? और आप अपनी बाकी सजा के दिन किस तरह गिनते होंगे? आप बुरा न मानें कि मैं ऐसा पूछकर आपको कष्ट दे

रही हूँ। आपके साथी बहुत अच्छे हैं और इतने दिन वहाँ रहकर आपको उस तरह रहने की आदत भी हुई होगी। लेकिन कभी–कभी ऐसा जरूर लगता होगा कि–'आप क्या थे, कैसे हैं और भविष्य में क्या होंगे?'

'शर्मा' नाम को मैं आपका परिचय नहीं मानती, किसी की जाति उसका परिचय नहीं होती। व्यक्ति का व्यक्तित्व ही उसका परिचय है, जो छुपाने पर छुपता नहीं और छोड़ना चाहने पर भी छूटता नहीं है। आपके पास अपना एक व्यक्तित्व है, आप सिर्फ कैदी नहीं, एक व्यक्ति हैं। एक गलती की सजा ने आपके जीवन के बहुमूल्य वर्ष, उम्र से बेरहमी के साथ काट लिए हैं, जिसकी भरपाई जीवन में पुनः आसान नहीं होती है। फिर भी हर बात का पर्याय हो सकता है, यदि हम सही दिशा में सोचें तो। यह विचार भी करना चाहिए कि गलती की शुरुआत क्यों हुई?

मेरे मन में आपके प्रति सिर्फ सहानुभूति नहीं, अपनापन है। आपने आर्थिक सहयोग देने और उसका उपयोग जिस तरह करने की बात कही है, वह अनुचित नहीं है। इन रुपयों का आप सही और आवश्यक उपयोग करेंगे, तो इससे खुशी होगी। आपको मेरे द्वारा भेजी गयी छोटी–सी राशि बहुत बड़ी लगी, आपके पत्र से मुझे पहली बार रुपयों की कीमत और महत्त्व मालूम हुआ है। मैंने पहली बार महसूस किया कि अभी तक मैंने कितना वेतन पाया है और कितना बेमतलब खर्च किया है। ऐसे कई 200 रुपयों की याद मुझे आयी, जो मिनिटों में छोटी–छोटी जरूरतों में खर्च किये जाते रहे हैं। लेकिन उन खर्चों से मुझे वह चीज नहीं मिल सकी, जो आपकी भावनाओं में मुझे मिली है। इस अनुपात में मेरी रकम कम है। आपने जो लिखा है और महसूस किया है, उसे मेरा एहसान न मानें। मगर इस बात को अपने मन मस्तिष्क में स्थान दीजिए कि–यदि हम दुनिया को अच्छी नजर से देखेंगे, तो वह जरूर अच्छी नजर आयेगी और जीवन के प्रति आस्था भी बढ़ेगी। मैं यथासम्भव आपकी मदद जरूर करूँगी।

'आशाओं के दीप जलाकर जीवन को रोशन करना, अँधियारा भी हट जायेगा, मन में थोड़ा धीरज रखना'–मेरी ये पंक्तियाँ शान्त भाव से सोचने की दिशा दें व आशावादी भावना जगाएँ, तो मेरा लिखना सार्थक होगा। बन्धन का थोड़ा समय बाकी है, फिर आप स्वतन्त्र रूप से अपना जीवन अपने ढंग से जी सकेंगे। मेरा आपसे एक निवेदन है कि–यदि आपकी माँ हैं, तो आप भविष्य में उनसे मिलने का इरादा अवश्य रखें। माँ का दिल मैं जानती हूँ, वे आपकी राह देख रही होंगी। शेष कुशल।

'यह तुम भी जानो' संग्रह की कविताओं पर आपका समीक्षात्मक पत्र नहीं मिला है, जिसका जिक्र आपने अपने पिछले पत्र में किया है।

आपकी शुभचिन्तक

सुशीला टाकभौरे

(इस पत्र को मैंने विस्तार से लिखकर भेजा था, जिसमें अनेक प्रेरणादायक बातें थीं। मैं संक्षिप्त रूप में लिखा यह पत्र ही अपने पास रख पायी थी, उसे ही यहाँ प्रस्तुत किया है।)

4–12–99

केन्द्रीय कारागार, गोवा

आदरणीय सुशीला जी,
हार्दिक अभिवादन,

आपकी कुशलता की कामना करता हूँ। आज आपका पत्र मिला। पते की लिखाई को देखते ही मेरी आँखें चमक उठीं और पूरा वजूद खिल गया। मेरी खुशी देखकर साथियों ने खुद ही पूछ लिया, शर्मा भाई, किस लेखक का पत्र है? अपने आपको संयत करते हुए मैंने बताया, 'टूटते वहम' की लेखिका का पत्र है। सुनकर उन्होंने भी खुशी जताई।

खुशी व उत्तेजना से मैंने सीधे अपना बिस्तर पकड़ा और आपके पत्र को खोलकर पढ़ना शुरू किया। जैसे–जैसे पत्र को पढ़ता गया, खुद में सिमटता चला गया। मैंने पत्र को बड़ी देर में खत्म किया क्योंकि पत्र ने हर पंक्ति के साथ इतना उद्वेलित किया कि मैं उसी के भँवर में काफी देर तक डूबता–उतरता रहा। मेरी यह उथल–पुथल इतनी गहरी थी कि लाख रोकने के बाद भी वह चेहरे पर उतर आती। क्या आप यकीन करेंगी कि बीच में तीन जगह मैं इतना भाव विकल हो उठा कि मेरी आँखें नम हो उठीं। एक बार पढ़ने के बाद, मैंने फिर–फिर पत्र को पढ़ा। हर बार पढ़ते हुए मेरी गम्भीरता ऐसी हो गयी कि आसपास का वातावरण उससे प्रभावित हो गया। साथियों की हिम्मत ही न हो पा रही थी कि वे मुझसे इस गम्भीरता के बारे में कुछ पूछें। वे मेरी गम्भीरता से खुद ही गम्भीर हो गये और चोर नजरों से मुझे देखते रहे।

पत्र को पढ़ने के बाद मैं कुछ देर तक अपने भीतर के ढेरों तूफान को शान्त करता रहा। फिर मैंने साथियों के चेहरों की तरफ देखा। उन्होंने जान बूझकर मेरी नजरों से बचना चाहा, लेकिन उनकी शक्ल बता रही थी कि उनके भीतर कई सवाल छिपे हैं। मैंने उन्हें तोला और खुद ही

कहा–आप लोगों को सुशीला टाकभौरे ने सलाम व शुभकामनाएँ कही हैं। मेरी बात सुनकर उन्होंने सहज होने की कोशिश की और बड़ी मिठास व कृतज्ञता से बोले–'शर्मा भाई, यह लेखिका बड़ी अच्छी इंसान हैं जो हर पत्र में हमको याद कर लेती हैं। फिर हिचकते, सकुचाते हुए बोले–'शर्मा भाई, क्या बात है जो इतने उद्वेलित हो गये?' मैं हल्के से मुस्कुराया और बोला–'बात, ऐसी बात है दोस्तो कि इस पत्र ने मेरी आत्मा में प्रवेश करके इसके बहुत–से दाग–धब्बों को धो–पोंछ कर, उसे नये रूप में चमका दिया है। आत्मा की धुलाई पुछाई में ही मैं इस तरह उद्वेलित हो गया।' मेरी बातों का मर्म वे समझ गये, जोकि अक्सर वे किसी न किसी प्रसंग में समझते रहते हैं। उनसे कुछ कहते न बना। उन्हें हक्का–बक्का देख कर, मैंने कहा, तुम लोग सुशीला जी का पत्र पढ़कर मेरी बात को समझ जाओगे और आपका पत्र उनके सामने कर दिया। उन्होंने बड़ी मिठास व अपनत्व से कहा–'शर्मा भाई, हम समझ गये हैं, यह आपके जीवन का एक मूल्यवान पत्र है और इसे बिना पढ़े ही हम समझ गये हैं।' फिर उन्होंने आपकी कविताओं को लेकर, आपके साहस, विद्रोह और मुझे लेकर, आपकी करुणा के ऊपर अपनी भावनाएँ जताईं।

सुशीला जी, ईमानदारी से कहूँ! मुझे आपके पत्र का दिल से इन्तजार था। हाँ, बीच के जिन दो पत्रों में मैं बहुत वाचाल हो गया था, उन्हें लेकर जरूर मैंने सोचा था कि आप मेरी वाचालता, धृष्टता से नाराज हो गयी होंगी। लेकिन क्या करता? आप जैसी अच्छी इंसान के आगे मैं झूठ का सहारा नहीं ले सकता। इससे बड़ा पाप मेरे लिए दूसरा न होगा। मैं यही दुआ करता था, मेरी वाचालता, धृष्टता से सुशीला जी का दिल न दुखे, और वह मुझ कैदी इंसान को माफ कर दे।

आपका मनीऑर्डर मिलने के बाद व लिखे सन्देश को पढ़ने के बाद मुझे यह आभास मिल गया था–अपनी सुशीला जी ने मुझे माफ कर दिया है। लेकिन दिल को तसल्ली नहीं मिल रही थी। सोचता था–'क्या पता सुधीर? सुशीला जी तो बड़ी इंसान हैं व उतनी ही विराट भी। तुम्हारी परेशानी व संकट को देखकर उनका दिल पसीज उठा हो और उन्होंने अपनी करुणा के चलते तुम्हें मनीऑर्डर कर दिया हो।' आपके पत्र के न मिलने से यह अपराध–बोध दंश मारता रहता था। मैं न जाने कितने सवाल खुद से करता और काल्पनिक जवाब खोजकर मन को तसल्ली दे देता। अब आपका पत्र पाकर, मेरा अपराध–बोध दूर हुआ।

मैंने आपके प्रथम पत्र को पाकर लिखा था कि आपका पत्र मेरे लिए जीवन दर्शन का दस्तावेज है। अब फिर कह रहा हूँ कि आपका हर पत्र मेरे लिए जीवन दर्शन का दस्तावेज है और रहेगा। सुशीला जी, मेरी इस बात को पढ़कर आप हँसेंगी, कहेंगी–यह सुधीर कौन–सी दार्शनिकता झाड़ रहा है। ऐसी बात नहीं है सुशीला जी। मैं इस बात को विवेक के साथ लिख रहा हूँ। मैं अगर इस बात को तर्क और तथ्यों के साथ लिखूँगा, तो बहुत से पृष्ठ भर जायेंगे और आपको मेरी बात माननी ही होगी। जीवन दर्शन व मानव व्यवहार की समझ, जरूरी नहीं धर्मग्रन्थों या सूफी सन्तों की बातों या किताबों में ही मिले। यह इंसान की अपनी दृष्टि, सोच व समझ के ऊपर है। आपके पत्र हमेशा मेरे लिए जीवन दर्शन, मानव व्यवहार को समझाने वाले दस्तावेज ही रहेंगे। मैं आपको बता नहीं सकता कि कितनी ऊर्जा, उल्लास व शक्ति मुझे आपके पत्रों से मिलती है। यहाँ पर इस बात का महत्त्व इसलिए विशेष है कि मैं लम्बी सजा का कैदी हूँ, जो सजा की कठोरता, खुरदरेपन से एक घुटन का शिकार हो ही जाता है। मैं तो आज तक अपने माँ बाप, परिवार को यह भी नहीं बता पाया हूँ कि मैं यहाँ जेल में अपनी सजा काट रहा हूँ। उसे इस तरह का दिमागी व जज्बाती सहारा जो पत्र देंगे, वे उसके लिए जीवन दर्शन का दस्तावेज होंगे।

आपके पत्र को पाकर, मैं खुशी से इस कदर भीग गया हूँ कि समझ ही नहीं पा रहा, आपके इस स्पर्श का आभार व कृतज्ञता मैं शब्दों में कैसे व्यक्त करूँ? सुशीला जी, आपने पत्र की देरी के लिए खेद व्यक्त किया है, यह आपका बड़प्पन है। मैं समझता हूँ, आप एक साथ गृहिणी, व्याख्याता, माँ, पत्नी, जुझारू नेता और लेखिका के किरदार को जीती हैं। मैं खुद आश्चर्य में रहता हूँ, आप एक साथ इतनी जिम्मेदारियों को कैसे निभा पाती होंगी? यह बड़ा ही कठिन काम है। साधारण महिला के वश की यह बात नहीं है। मेरी आप से गुजारिश है कि आप जब कभी वक्त मिले, तब ही मुझे पत्र लिखिएगा। क्योंकि आपके पास समय की तंगी हमेशा बनी रहती होगी। मेरा क्या है? मैं तो खाली रहता हूँ। बस! पत्र लिखने का बहाना चाहिए। आप अपने ऊपर बात को देख सकती हैं, आपको किस तरह धड़ाधड़ पत्र लिख दिये, लेकिन मेरी यह बात सभी रचनाकारों के साथ नहीं है।

आप मेरे पत्रों को परिवार में, सहकर्मियों में पढ़ाती हैं, जानकर सहज ही यकीन नहीं हो रहा। क्या मेरे पत्र इतनी पात्रता रखते हैं कि उन्हें आप

सहकर्मियों में पढ़ाएँ? मुझे नहीं लगता, मेरे पत्र कोई पाठकीय विमर्श के नहीं होते, न ही उनमें ऐसा कुछ होता है कि उनसे साहित्यिक सरोकारों का पता चले। वह तो मात्र एक परेशान हाल कैदी का खुद के रोने से भरे होते हैं। सच में, कई बार तो मैं खुद पर शर्मसार हो जाता हूँ कि–'सुधीर, तुम यह सब क्या बेकार का लिखते रहते हो?' सुशीला जी, आप अच्छे दिल की इंसान हैं न, इसलिए मुझ कैदी के पत्रों को इतना महत्त्व दे देती हैं, जबकि वह इस महत्त्व के काबिल नहीं है। आपके परिवार जन व सहकर्मियों ने उन्हें पढ़ा, जानकर बड़ा अच्छा लगा। रोमांच से भर गया कि उन्होंने मेरे पत्रों को सराहा, उन सभी को मेरा आभार व सलाम कहिएगा।

मैंने अपने पत्र में 'यह तुम भी जानो' की प्रशंसा की है। भई, आपकी कविताएँ हैं ही प्रशंसा के काबिल, तो उनकी तारीफ ही की जायेगी। आप इतना जान लें कि मैं झूठी प्रशंसा कभी नहीं करता। इस मामले में मैं बड़ा ही बेबाक व मुँहफट हूँ। यह भी अजब संयोग है कि गोविन्द मिश्र, डॉ. कविता सूद की कविताओं से ज्यादा आपकी कविताओं को यहाँ साथियों ने पढ़ा है। गोविन्द जी की तारीफ छह ही बन्दियों ने की। बाकियों को वह शायद समझ नहीं आयीं। कविता जी की कविता की तारीफ आठ बन्दियों ने की, जबकि आपकी कविताओं की तारीफ ग्यारह बन्दियों ने की, वह भी मतलब समझाते हुए। आपकी कविताओं के बारे में जो चर्चा हुई, उसे मैं डॉ. राणाप्रताप सिंह को लिखूँगा, जिन्हें मैं साहित्य व उसके प्रभावों को लिखता रहता हूँ। राणाप्रताप जी वैज्ञानिक हैं और मेरे पत्रों को किसी खास मकसद के लिए फाईल में रख रहे हैं।

सुशीला जी, मैं जानता हूँ, आप बहुत ही साधारण, मगर बड़ी और सच्ची महिला हैं। आप साधारण हैं, तभी तो बड़े काम कर रही हैं। मेरी नजर में आप किसी भी नामी–दामी लेखिका से ज्यादा महत्त्वपूर्ण लेखिका हैं। मुझे विश्वास है, कुछ समय बाद आप ऐसा कुछ लिखेंगी, जो लम्बे समय तक पाठकों के दिलो–दिमाग में अंकित रहेगा। आपके पास सूक्ष्म दृष्टि, स्पष्ट विचार और व्यापक अनुभव हैं। भाषा और शैली जीवन्त है ही। तब कोई बात नहीं कि आप उत्कृष्ट कृति न रच सकें। अभी तो नागपुर से कामठी आने–जाने में ही आपका बहुत–सा वक्त खर्च हो जाता होगा। पाठकों को आपसे बड़ी उम्मीदें हैं।

आपने लिखा है कि 'मैंने अपने पत्रों में इतनी सारी बातें लिखी हैं कि आप समझ नहीं पा रही हैं कि–'मेरी बातों का जवाब कहाँ से शुरू

करूँ, और मेरे विचार भावनाओं का प्रतिउत्तर एक साथ कैसे दूँ।' आपकी बात बिल्कुल सही है, दरअसल मैं भावनाओं के अतिरेक में बहकर, अपनी पाठकीय सीमाएँ लाँघ जाता हूँ। इस बात का मुझे एहसास है। बल्कि ज्यादा तटस्थता और ईमानदारी से कहूँ, तो मेरे पत्र आपको असमंजस में डाल देते होंगे। आपको खीज के साथ–साथ मेरी मूर्खता पर हँसी भी आती होगी। अनियन्त्रित भावनाएँ व ऊबड़–खाबड़ विचार आपको असमंजस में डालेंगे ही। ऐसी स्थिति के लिए मैं माफी चाहता हूँ। पत्र लिखते हुए मुझे अपनी पाठकीय सीमा में रहना चाहिए। इसकी वजह शायद मेरी भावनात्मक टूटन हो, जो आपके स्नेह व अपनत्व को पाकर, अपने बाँध तोड़ देती है। आपने सिग्मंड फ्रायड को पढ़ा है? आपके पत्र का स्पर्श मेरे जेहन में उसे जिन्दा कर देता है। मेरी भावनाओं के उफान को आप एक मनोवैज्ञानिक लेखिका की दृष्टि से देखिएगा, इतना ही कह सकता हूँ।

आप मुझे दो पंक्ति का भी पत्र समय मिलने पर लिख देंगी, तो वही मेरे लिए ऊर्जा का स्रोत होगा। तब भी इच्छा है कि आप मेरे विचार भावनाओं का प्रतिउत्तर दें, कुछ पंक्तियों में ही, यह मेरे लिए खुद का अनुसन्धान करने का धरातल होगा, जिस पर मैं अपने को खोजबीन सकूँगा। सुशीला जी, आप जिस स्नेह व आत्मीयता से मुझे पत्र लिखती हैं, वह मेरे लिए बड़ा ही जीवनदायी है। पत्र इतने जीवनदायी हो सकते हैं, मैंने कल्पना भी न की थी। आपने अपने व्यवहार से, जो मानव जीवन की समझ का बोध मुझे दिया है, वह शायद मुझे किसी मन्दिर, चर्च, मस्जिद में न मिलता। एक महिला इतनी निर्मल, इतनी साहसी हो सकती है, सोचा न था। मेरी इस तरह की भावुकता से आप फिर असमंजस में पड़ जायेंगी।

मेरा निवेदन है, आप किसी असमंजस में न पड़ें, यह एक पुरुष इंसान का एक स्त्री इंसान के प्रति हृदय से आदर व सम्मान है। आप जैसे किरदारों से मिलकर ही तो स्त्री की शक्ति, साहस, और विराटता का पता चलता है। आपने मुझे समझाया है, इंसान का इंसान से क्या रिश्ता हो सकता है। मैं कुदरत का कृतज्ञ हूँ कि उसने आप जैसी इंसान से मेरा परिचय कराया। सुशीला जी, आपने पत्र में मुझे कई अच्छाइयों से नवाज दिया, जबकि मैं सिर्फ भावुक व स्वाभिमानी हूँ। विचार, समझ मेरे अन्दर नहीं है।

और तो और आपने यह भी लिखा कि आप मेरी बातों पर विश्वास करती हैं। हे शिव! आप मुझ जैसे इंसान पर विश्वास करती हैं? सुशीला

जी, मैं इंसानी कमियों से भरा इंसान हूँ। इसके अलावा भी न जाने कितने दोष होंगे, जो मुझे दिखाई नहीं देते। आपकी विश्वास वाली पंक्ति को पढ़ते हुए, पूरा वजूद थरथरा गया। मैं आपको ज्यादा तो नहीं कह सकता, लेकिन इतना जरूर कहना चाहूँगा कि मैं कैसा भी इंसान रहूँ, किन्ही भी हालातों में रहूँ, आपके विश्वास की रक्षा करूँगा। पहले मुझ में भले ही यह काबिलियत न रही हो, पर अब आपके विश्वास ने मुझे इतनी शक्ति दे दी है। आपके प्रति ईमानदार रहकर ही मैं आपके विश्वास की रक्षा कर पाऊँगा। मैं अपनी ईमानदारी पर आँच न आने दूँगा। जानती हैं, आपकी इन पंक्तियों ने मेरा कई बार स्नान करा दिया। मैं अपने भीतर की कमियों को ज्यादा गम्भीरता से जान पाया, इसके लिए आपका आभारी हूँ।

आपने 200 रुपये की मदद के बारे में लिखा है कि मेरे पत्र से आपको पहली बार रुपयों की कीमत और महत्त्व का पता चला है। सुशीला जी, आप मुझे शर्मिन्दा कर रही हैं। आप नहीं जानतीं, आपकी इस मदद ने मुझे कितने आत्मसंकटों से बचा लिया। जिनमें डाक सामग्री, कागज, पैन ही नहीं, पेस्ट, साबुन, तेल जैसी चीजें भी हैं। आपकी मदद से मैं कुछ महीने सकून से निकाल सकूँगा। यह आपकी कोमलता व बड़प्पन है, जो आप इसे छोटी रकम कह रही हैं। चलो मान लिया, यह छोटी ही रकम है, पर भला कितनी लेखिकाएँ, एक अपरिचित कैदी के लिए इसका दान करेंगी?

सुशीला जी, मैं जानता हूँ वे व्हिस्की के एक पैग, चार पैकेट सिगरेटों या ताज में काफी पीने पर इससे ज्यादा खर्च कर सकती हैं लेकिन मुझे 50 रुपये के डाक टिकट नहीं दिलवा सकतीं। यह अपनी–अपनी भावना है। आपने जो संवेदनशीलता मेरे प्रति दिखाई है, उसने मुझे मथकर रख दिया है। इसीलिए तो आप मेरी सामाजिक नायिका हैं। मैं आपके उपकार का उम्र भर के लिए ऋणी हूँ।

आपने लिखा है कि मैं हर जगह लिख दूँ–'यदि हम दुनिया को अच्छी नजर से देखेंगे, तो वह जरूर अच्छी ही साबित होगी।' सुशीला जी, मैं आपकी बात से पूरी तरह सहमत हूँ और यकीन मानिये, मैं पहले भी ऐसा दृष्टिकोण रखता था। अब मैं यकीन दिलाता हूँ कि मैं आपकी बात को आचरण में उतारूँगा। तभी जाकर मैं कुछ अंश से उऋण हो पाऊँगा। आपने अपने स्पर्श, अपने आचरण से मुझे दुनिया को अच्छी नजर से देखने की प्रेरणा दी है। अगर मैं एक हद तक इस बात को आचरण में नहीं उतार पाता, तो आपकी मदद आपके स्पर्श का अर्थ ही क्या रह जाता है।

आपने–'आशाओं के दीप जलाकर; जीवन को रौशन करना, अँधियारा भी हट जायेगा, मन में थोड़ा धीरज रखना'–ये पंक्तियाँ लिखकर मुझे राय दी है, 'अपने मन मस्तिष्क को उद्वेलित होने से बचाएँ, शान्त भाव से विचार करने की प्रेरणा दें और जीवन में आशावादी भाव जगाएँ, तब मेरा लिखना सार्थक होगा।' सुशीला जी, आपको सोच–समझकर ईमानदारी से वचन देना पड़ता है, मैं आपके लिखे को सार्थक करने के लिए प्रयत्नशील रहूँगा। मैं वाकई में दिलो–दिमाग से इस कदर उद्वेलित हो जाता हूँ कि कई बार विवेक धरा रह जाता है। शान्ति से विचार करना अभी तक मुझे नहीं आया। अब मैं उग्रता छोड़कर, 'शान्ति से बात' पर विचार करके, उसके अच्छे–बुरे पक्ष पर ध्यान दिया करूँगा। जीवन में स्थिरता व सफलता के लिए यह पहली शर्त है। हाँ, एक बात में मैं आपको कह सकता हूँ कि मैं हमेशा आशावादी रहा हूँ, तभी तो बिना घर बताये, भावनात्मक, मानसिक टूटन झेलते हुए, सजा के आठ बरस काटे हैं। अगर जीवन में आशावादी न होता तो मेरा मानसिक सन्तुलन कब का गड़बड़ा चुका होता। हाँ, यह दीगर बात है कि आशावादी पहलू को कौन किस नजरिये से देखता है? मैं आप जैसी इंसान का स्पर्श पाकर सुलझे नजरिये से आशावादी हुआ हूँ।

आपने मुझे एक बहुत ही ऊर्जा जगाने वाली मूल्यवान बात लिखी है–'मेरे मन में आपके प्रति सहानुभूति नहीं अपनापन है।' सुशीला जी, आपकी जीवन द्रव्य देने वाली इस पंक्ति ने मेरे हृदय व आँखों को नम कर दिया था। पत्र पढ़ते हुए ही, मैंने इस पंक्ति पर बड़ी गहराई से विचार किया था। हे देवी! आपकी इस गहरी संवेदना पर किस तरह नमन करूँ? आप ही जानें और महसूस कर लें। मैं श्रद्धा से आपके सम्मुख नतमस्तक हूँ। आपने भविष्य के सुखद और सुन्दर पक्ष के लिए हमेशा आशीर्वाद व शुभकामनाएँ दी हैं। मुझे विश्वास है, आपकी शुभकामनाओं को मैं व्यर्थ न जाने दूँगा।

आपने मुझे सीख दी है कि–'मैं भविष्य में अपनी माँ से मिलने का इरादा अवश्य रखूँ। वे मेरी राह देख रही होंगी, क्योंकि माँ का दिल आप जानती हैं।' मैं आपकी बात पर प्रण करता हूँ कि मैं अपनी माँ के पैर चूमने सबसे पहले जाऊँगा। सुशीला जी, माँ मेरे लिए ईश्वर से पहले है। माँ को याद करने के बाद, मुझे ईश्वर को स्मरण करने की आवश्यकता नहीं होती। और जब आजाद था, तब माँ के प्रति मेरा आचरण ऐसा ही था। आज भी सुबह–सायं मैं दो मिनट मौन रहकर, शिव से दुआ करता

हूँ, मेरी माँ को सलामत रख। मैं अश्वत्थामा की तरह सिर्फ माँ के लिए जिन्दा हूँ। आपने मेरी माँ के प्रति यह भावना जताई, आप ही मेरे लिए शिव हैं। मैं आपकी सीख पर पूरा अमल करूँगा।

सुशीला जी, आप शायद स्मरण न रख पायीं हों, आपने अपने पहले पत्र में भी मेरे परिवार के बारे में पूछा था। और मैंने संक्षिप्त रूप में लिखा था कि किस तरह एक पत्र–मित्र महिला से सात बरस बाद मुझे अपने माँ–बाप, छोटी बहन की खैरियत की खबर मिली। कृपया इसे फिर से जान लें, दो बरस पहले एक पत्रिका के 'पत्र मित्र' कॉलम से सिर्फ एक महिला का पता लेकर, मैंने उसे पत्र लिखा, अपनी सच्चाई के साथ। उस महिला ने तीन महीने बाद मेरे पत्र का उत्तर दिया और मेरी मित्रता कबूल ली। यह हमउम्र महिला उच्च शिक्षित आत्मनिर्भर व स्वाबलम्बी थी। विचारों की समानता ने हमें एक–दूसरे का अच्छा मित्र बना दिया। इस महिला कुन्ता राजपूत ने अपने शुरुआती पत्रों में भी मेरे घर के बारे में पूछा था। तब मैंने इतना ही लिखा, मेरे माँ–पिताजी व छोटी बहन दिल्ली में रहते हैं और बात को टाल दिया था। एक बार कुन्ता ने गम्भीरता से मेरे घर के बारे में पूछा। कुन्ता गाजियाबाद में रहती है। तब मैंने कुन्ता राजपूत को बताया कि अपनी आत्मग्लानि और आत्मशर्म के चलते, सात बरस से मैंने अपने घर वालों को अपने जेल में होने की बात नहीं बतायी है। आखिर किस मुँह से उन्हें बताऊँ? कि मैं अपनी नशे की लत की सजा काट रहा हूँ। मैं साल–दो साल में पत्र लिखकर उन्हें अपने जिन्दा होने की खबर दे देता था। कुन्ता ने जिद पकड़ ली कि वह मेरे घर जाकर मेरे परिवार की खैरियत की खबर मुझे देना चाहती है।

बहुत बहस के बाद मैंने कहा, मैं तुम्हें अपने घर का पता दूँगा, लेकिन इस बात को तुम्हें राज ही रहने देना होगा कि मैं यहाँ जेल में हूँ। यह किस तरह हो सकता है, यह भी मैंने समझा दिया। कुन्ता ने अपना वचन निभाया और मेरे जेल में होने की बात को राज ही रहने दिया। कुन्ता ने मेरे घर जाकर मेरे माँ–पिताजी व बहन की खबर दी। मेरी बहन की शादी भी अप्रैल, 98 में हो गयी थी। सात बरस से अपने घर के हालातों को जानने के लिए मैं छटपटा रहा था। कुन्ता ने एक देवदूत मित्र की तरह मुझे मेरी इस छटपटाहट से मुक्ति दिलाई। कुन्ता ने बिना माँगे–बोले मेरी बहुत मदद भी की। मैं तो उससे मदद माँगने में बड़ी शर्म महसूस करता हूँ। कुन्ता, आपके बारे में, आपकी मदद के बारे में जानती है।

सुशीला जी, आपने मेरी माँ के प्रति जो भावनाएँ जतलायी हैं, उन्हें महसूस करके मैं आपको श्रद्धेय दृष्टि से देखने लगा हूँ। यहाँ पर आपके भीतर की सुशीला जी के दर्शन होते हैं। आप सचमुच बहुत बड़ी व अच्छी इंसान हैं। कृपया अब यह न कहिएगा कि मैं आपकी तारीफ बिना वजह करता रहता हूँ। आप जिस तरह से एक अभिभावक की तरह मुझे समझाती हैं, इससे मेरे दिल का वह रीतापन दूर हो गया, जो पारिवारिक स्पर्श के अभाव में बन गया था। अब अगर मैं इसी अनुभूति के बारे में लिखूँगा, तो आप फिर कहेंगी, मैं भावनाओं में बहकर कुछ भी ऊँटपटांग लिख देता हूँ।

आपने लिखा है–'शर्मा नाम को मैं आपका परिचय नहीं मानती।' मैंने आपको कब कहा है, शर्मा नाम मेरा परिचय है। मैं खुद जाति वाली बातों और जाति श्रेष्ठता की डींगें हाँकने वालों से सख्त नफरत करता हूँ। इस बात को मैंने अपने दो पत्रों में विस्तार के साथ लिखा था। मैं व्यक्तित्व व कर्म को महत्त्व देता हूँ। अम्बेडकर, एकलव्य इसके उदाहरण हैं। शरणकुमार लिम्बाले भी, जिन्होंने अपने कर्म, अच्छाइयों, गुणों से दुनिया से अपना लोहा मनवाया। जाति श्रेष्ठता का भाव रखने वालों पर मैं सिर्फ तरस ही खाता हूँ। 'एकलव्य' मेरा आर्दश चरित्र है। आप यह भूलकर भी न सोचना कि मैं जाति जैसी बातों को तवज्जो देता हूँ। व्यक्तिगत जीवन में मैंने सफाई, मैला ढोने वालों, जूते गाँठने वालों के साथ खूब खाया–पिया है। जेल में भी मैं इस बात के लिए जाना जाता हूँ कि सुधीर शर्मा, गाय–भैंस, सूअर खाने वाला शर्मा है। आज भी मुझे जेल पते पर सुधीर के नाम से ही पत्र–पत्रिकाएँ आती हैं। मैंने पत्रों के लिए आपको साथी बन्दी का पता दिया था, इसलिए सुधीर शर्मा लिखना पड़ा था। सिर्फ सुधीर लिखने से वह साथी हैरत में पड़ गया था कि मैं शर्मा नाम के साथ क्यों नहीं लिखता? इसलिए मुझे शर्मा लिखना पड़ा। चार बरस पहले जेल अधिकारी भी इस पर चौंके थे कि मैं अपना नाम सिर्फ सुधीर क्यों लिखता हूँ।

मैंने आपको अपने बारे में एक अधूरा पत्र लिख कर रखा है। मैं बड़ा शर्मिन्दा हूँ कि इतने दिनों में भी मैं उसे पूरा न कर सका। अब मैं उसे जल्द ही पूरा करके, आपको भेज दूँगा। उसमें मेरे अतीत का संक्षिप्त ब्यौरा होगा। दरअसल बीच में मुझे बहुत से सम्पादकों, लेखकों के पत्र मिले। उनका जवाब लिखने में मेरा वह अधूरा पत्र पूरा न कर सका।

आपने मुझे लिखा है कि–'मेरे जीवन के बहुमूल्य वर्ष सजा में कट

गये हैं, जिसकी भरपाई जीवन में पुनः आसान नहीं है। फिर भी हर बात का पर्याय हो सकता है यदि हम सही दिशा में सोचें तो। यह विचार भी करना चाहिए कि गलती की शुरुआत हुई क्यों?' सुशीला जी, आपकी यह सारगर्भित बात मैं खुद भी सोचता रहता हूँ। अब आपके बताने से मैं शान्तचित्त होकर, इस पर गहरा चिन्तन–मनन करूँगा। यह प्रक्रिया निरन्तर मेरे दिलो–दिमाग में चलती रहेगी।

आपने मेरे बारे में और अधिक जानने की जिज्ञासा दिखाई है कि–'इन आठ वर्षों में मेरी मानसिक स्थिति कैसी रही होगी। इतने वर्ष यहाँ कैसे बिताये होंगे? और मैं अपनी बाकी सजा के दिन किस तरह गिन रहा हूँगा? और कभी–कभी मुझे ऐसा जरूर लगता होगा कि मैं क्या था? कैसा हूँ और भविष्य में क्या हूँगा?' सुशीला जी, आपके इन प्रश्नों से मुझे कोई कष्ट नहीं हुआ और न ही मैंने बुरा माना। बल्कि आपके इन सवालों ने मेरी घुटन, मेरी टूटन को दूर कर दिया। आपकी इस संवेदना ने मेरे दिलो–दिमाग में विचारों का विस्फोट कर दिया। मुझे लगा–'कोई तो ऐसा है, जो मेरे लिए चिन्तित है।' यह अनुभूति मुझे कितना ताजा और मजबूत कर गयी, इसका अन्दाजा आप न लगा पायेंगी। आपके मन में मेरे लिए इतनी गहरी संवेदना है, यह मेरा सौभाग्य है। मैं आपको अपने लिए शिव का एक अनुपम वरदान मानता हूँ। मैं आपको इन सब बातों पर अलग से पत्र लिखूँगा। यह पत्र पहले ही इतना लम्बा हो गया है, जिसे पढ़ते–पढ़ते आप बोर हो जायेंगी। इस बात के लिए क्षमा चाहता हूँ कि पत्र में मैंने आपकी रचनाओं के ऊपर जरा भी विमर्श न किया। मैं सुशीलामय हो गया और पत्र में न जाने क्या–क्या भर दिया।

अपने परिवार में और अपनी सहकर्मियों को मेरा हार्दिक अभिवादन कहिएगा। आपकी खुशी व सेहत की दुआ के साथ।

आपका सुधीर

8–12–99
केन्द्रीय कारागार, गोवा

आदरणीय सुशीला जी,
हार्दिक अभिवादन,

मेरे पहले वाले पत्र की खीझ से आप मुक्त न हुई होंगी कि पीछे–पीछे मेरा यह दूसरा पत्र भी हाजिर हो गया है। पहले वाले पत्र में मैंने

लिखा था कि अपने जेल जीवन की बातों को मैं अगले पत्र में लिखूँगा। मैं तो आपकी उस संवेदना के बारे में ही कई पृष्ठ लिखना चाहता हूँ, जो आपने मेरे जेल जीवन की दिनचर्या व उससे उपजे प्रभावों को जानने के बारे में लिखी है। आपके इस अपनत्व ने मेरे हृदय को भिगो कर रख दिया है, लेकिन इस अनुभूति को लिखने बैठूँगा, तो उसी रौ में बह जाऊँगा। अभी मैं इस अनुभूति को जेल में संजोकर रख रहा हूँ, वक्त आने पर जरूर लिखूँगा।

सुशीला जी, मेरी यह भावुकता कोरी भावुकता नहीं है। आपकी संवेदना ने मेरे दिलो–दिमाग को बड़े गहरे से मथा है। उसी मन्थन से निकली अनुभूतियों को मैं शब्द देने की कोशिश करूँगा। जबकि कुछ अनुभूतियाँ ऐसी हैं, जिनके लिए कोई शब्द नहीं हैं, वे सिर्फ महसूस होती हैं और मेरा आत्ममन्थन करती रहती हैं। कह सकता हूँ कि आपने अपने स्पर्श और आचरण से इंसान की शक्ल में मुझे शुद्ध व शोधित किया है, मेरे इस विकास में आपका अहम योगदान है। जी हाँ, मेरी बात से आप हैरान न होईए। आपके लिखे तीन पत्रों के योगदान को देखकर यह बात कह रहा हूँ। आपके पत्रों ने मुझे आत्मजागृत किया है।

जब सजा पाकर मैं जेल में आया, तो समझ चुका था कि अब मेरा गोवा का दोस्त मुझे देखने नहीं आयेगा और जो रकम मेरी उसके पास थी, उसे वह डकार जायेगा। जब तक मैं आरोपी था, वह बराबर मिलने आता था और मुझे कोई आर्थिक परेशानी न थी। लेकिन दस महीने बाद जब मुझे सजा पड़ी, तो हालात बदल गये। मैं इन हालातों के लिए मानसिक रूप से तैयार था। मैं जान गया था, अब मुझे अपनी सजा बड़े विषम हालातों में निकालनी पड़ेगी। उससे पहले भी मैं कुछ दिनों के लिए जेल देखा हुआ था, पर कुछ दिनों के लिए आरोपी बनकर। सजा जीवन में पहली बार पड़ी थी, भले ही मैं मानसिक रूप से इसके लिए तैयार था, लेकिन साढ़े दस साल की सजा सुनकर तो अच्छे–अच्छे जिगर वाले भी टूट जाते हैं, फिर मुझे यह अँधेरा अपने बलबूते पार करना था। घर न बताने का निर्णय मैं पहले ही कर चुका था, जिस पर आज तक कायम हूँ।

जेल में आते ही मेरा पाला उन कैदियों से पड़ा, जो पाँच कत्ल तक किये हुए थे। मैं मुम्बई के अपराधियों के बीच रहा था, इसलिए मुझे उनसे कोई खौफ नहीं हुआ। मेरे तेवर व संजीदगी देखकर वे ताड़ गये कि यह कैदी घुटे हुए अपराधियों के बीच रहा है। मैंने उन्हें समझा दिया था,

मुम्बई में हर रंग व हर स्तर के अपराधियों को मैंने देखा हुआ है। सजा की वज्रता झेलते और बन्दियों से तारतम्य बिठाते हुए मैं आने वाले वक्त के बारे में भी साथ–साथ सोचता, तो दिमाग काम ही नहीं करता था। जेल का हुलिया और हालातों को समझते हुए मैं सजा काटने लगा। यह जेल भारत की दूसरी जेलों से एकदम अलग है। यहाँ कैदी के लिए न तो काम है और न ही अन्य कोई दूसरी गतिविधि। लाइब्रेरी तक न थी। नंदा रानू के चन्द नावेल ही लाइब्रेरी के कपाट की जमा–पूँजी थी। छोटी मुश्किल काम है, यह तब ज्यादा यातनादायक लगता है, जब तुम्हारी किसी से अन्तरंगता, मित्रता भी न हो। 18–20 कैदी के बीच वैचारिक मित्र मिलना वैसे भी मुश्किल है। जेल की संवेदनहीनता वैसे भी कैदी को बदल देती है। इस तरह के हालातों में सिर्फ पैसा ही कैदी को इज्जत दिलाता है या फिर तुम्हारे बाहुबल का डंका।

इस जेल में कैदियों, आरोपियों की संख्या 175–200 से ज्यादा नहीं है। उनमें छिटपुट राहजन चोर ही ज्यादा हैं, हत्याओं के आरोपी अधिकतर बदले की भावना या गुस्से की अधिकता वाले हैं। ड्रग्स केस वाले बन्दी जो हैं, उनमें ज्यादातर कारोबार वाले हैं। कहने का मतलब अपराध का ग्राफ और अपराधियों का स्तर भी मामूली है, जिसमें ड्रग्स केस वाले ही थोड़े जागरूक अपराधी हैं। एक साल मुझे अपने को जमाने में लग गया। इसी एक साल में मुझे सिर्फ एक साथी मिला, जिससे मेरी वैचारिक मित्रता हुई, लेकिन एक साल होते वह हाईकोर्ट से छूट गया। वह साहित्य प्रेमी पाठक था। फिर दो–तीन हिमाचली युवकों को मैंने अखबार–पत्रिकाओं की आदत डलवाई, तब जेल में कोई भी पत्रिका नहीं आती थी। मैंने तब पत्रिकाओं को पाने के लिए क्या–क्या पापड़ नहीं बेले, यह बड़ा ही रोचक–रोमांचक है, जिसमें मैंने ज्यादातर अपने साहस का सौदा किया। हिमाचली लड़कों में थोड़े संस्कार थे, उनसे आत्मीयता बन गयी, बाकी बन्दियों से सलाम दुआ ही रहती थी, इसका कारण था, मैं सस्ते आचरण वाले बन्दी से दिमागी दोस्ती नहीं कर पाता था।

सुशीला जी, ऐसा नहीं है कि मैं कोई अच्छा आचरण वाला अपराधी रहा होऊँ, लेकिन एक हद मैं अपने आचरण में बनाये रखता था। इससे साथी बन्दियों को बहुत से सन्देश मिल जाते थे। छिछोरे व हल्के बन्दी खुद व खुद दूरी बना लेते थे। मैंने यह बात किसी बन्दी से नहीं छिपाई थी कि मैंने आत्मग्लानि के चलते घर को, अपनी यहाँ होने की खबर

नहीं दी। साथी मेरी इस सनक से बड़े विस्मित व रहस्य में रहते थे। सबसे बड़ी हैरानी उन्हें इस बात से होती थी कि मेरा पेस्ट, साबुन, तेल का खर्चा कैसे चलता है? एक उग्र कैदी की छवि के बाद भी, कुछ बन्दी मुझसे बड़े अपनत्व व अदब से पूछते थे–'मुझे पेस्ट, साबुन किसी चीज की जब जरूरत हो, मैं बेहिचक माँग लूँ।' पर मैं न माँग पाता था। पेस्ट ही कोई जबरदस्ती दे दे तो मैं ले लेता था।

साबुन के लिए मैंने बाथरूम में पड़े उन साबुन के टुकड़ों से ज्यादा वक्त निकाला है, जो ऊँचे व सम्पन्न कैदी लॉइफबॉय, सनलाइट के टुकड़े वहाँ बरतन धोने के बाद छोड़ जाते थे। मेरा यह व्यवहार उन पर कई तरह के प्रभाव डालता था। मजे की बात यह है कि ऐसी मदद देने वाले वे दादा और सम्पन्न बन्दी होते थे, जो जेल में चौधराहट रखते थे। इनसे मेरी दिमागी दोस्ती भी न थी और मैं इनकी गलती पर इन्हें टोकने का दुस्साहस भी करता था। इन बातों को जेलकर्मी अफसर भी देखते–जानते थे। उन्हें इस बात से हैरानी होती थी कि एक मजबूर, आर्थिक तौर पर शून्य होने व पतले–दुबले बदन होने के बावजूद, मैं ऐसा क्या रखता हूँ जो सीधे–टेढे बन्दी सभी मुझसे ढंग से पेश आते हैं।

सुशीला जी, जेल जीवन का मनोविज्ञान व जीवन शैली मूल्य बड़े अजीबो–गरीब होते हैं। यह बड़ा हैरत भरा, अविश्वसनीय संसार है। यहाँ एक–एक बीड़ी के लिए मूल्य बदलते रहते हैं। मैं पतला–दुबला जरूर हूँ लेकिन चुस्ती फुर्ती के खेलों व दौड़ में मैं सभी को टक्कर देता था। इसे देखकर हट्टा–कट्टा आक्रमक बन्दी भी मुझ से न जाने क्यों भिड़ने से कतराता था। दो–तीन बार जब हाथापाई की नौबत आयी, तो मैं बराबरी पर छूटा। बैरक में ज्यादातर चुप रहने से भी एक अलग इमेज बन गयी। साथी बन्दियों वाले मजाक–बातचीत का स्तर मुझे जँचता नहीं था। ऐसे आज तक मेरे साथ किसी ने ऐसे मजाक की कोशिश भी नहीं की। इस तरह के हालातों में सजा कटनी शुरू हो गयी। टीवी तो अभी–अभी आया है, तब सिर्फ हिन्दी का अखबार था और रेडियो सुबह–सायं दो दो घंटे सुनने को मिलता था।

मैंने अखबार व व्यवहारिक पत्रिकाओं के जरिये साथी बन्दियों से बहस करनी शुरू की। मेरी भाषा, शैली, पूछने का ढंग रोचक होता था। साथी मजे लेकर उस पर बात करते। खेल, फिल्म, राजनीति पर वे मुझसे खूब बातें करते। इससे मेरा वक्त भी कटता और मुझे मनोविज्ञान के कई

पाठ सीखने–समझने को मिलते। इन सबसे वे कैदी हतप्रभ रह जाते, जिसकी समझ व जनरल कॉलेज की धाक जेल में थी। दरअसल उन्हें सामान्य जानकारी न रहती थी। धीरे–धीरे साथी बन्दी किसी भी बात की जानकारी के लिए मुझे खोजने लगे। गानों, फिल्मों पर भी रोचक बहस होती थी। वे यह देखकर हैरान रहते थे कि मैं धुन सुनकर ही अधिकांश आने वाले गाने को बता देता था। मैं उन्हें ध्यान देने को कहता और शंकर जयकिशन, एस.डी. बर्मन, रवि, खय्याम, मदन मोहन, ओ. पी. नय्यर, लक्ष्मीकान्त प्यारेलाल आदि का मतलब समझाता। फिर '80 के बाद के संगीतकारों की धुनों को बताकर पूछता, यह कितने महीने जियेगी? तुम खुद महसूस कर लो। फिल्म के हर पक्ष पर मैं उनसे पूछता, साथियों का वक्त बड़े मजे में कटता।

इसके बाद मेरी अपनी पीड़ा रहती, जिसे मैं ही भोगता। पहले के साढ़े तीन वर्ष तक मेरी सजा बड़ी यातना में कटी। तब तक 'पहल' के रचनाकारों से मेरा संवाद नहीं बना था। अखबार व रेडियो से कितना वक्त कटता? घर से संवाद था नहीं, इसलिए भयंकर भावनात्मक टूटन का शिकार था। घर के बारे में सोच–सोच कर चिन्ता में घुलता रहता। मन में बड़ा तूफान खड़ा रहता, कई तरह के ख़याल, विचार, आशंकाएँ मन को खाती रहती थीं। मैं एक बड़ी घुटन का शिकार था, अपना दर्द किसी को बता भी नहीं सकता था। मैं शिव से यही दुआ करता, मेरे माँ–पिताजी सलामत रहें। इस जेल में एक बड़ी खराबी यह थी कि कुछ जेलकर्मी व गोवानी साथी कट्टर क्षेत्रीयवाद की भावना से ग्रस्त रहते। बड़ा करतब दिखाते हुए सजा काटनी पड़ रही थी।

फिर संयोग से एक साथी मेरे अनुरोध पर 'पहल' का सदस्य बना। ज्ञान दा से संवाद बनने के बाद, मुझे साहित्य की गंगा का पता चला और लेखक–लेखिकाओं से मेरा संवाद बना। शायद जेल के इतिहास में मैं पहला कैदी था, जिसने ऐसी पहल करके, कई लेखकों से परिचय बनाया। इससे मेरी घुटन कम होने लगी व रचनाकारों से मुझे मजबूत भावनात्मक व मानसिक सहारा मिला। साहित्य व साहित्यकारों के स्पर्श ने और उनके साहित्य दान ने मेरा 'कायाकल्प' करना शुरू कर दिया। मुझे सजा काटने का सहारा मिल गया। अब मैं अपना 80 प्रतिशत वक्त किताबों–पत्रिकाओं को देने लगा। मेरे सामने साथी आपस में हो–हा करते, चीखते–चिल्लाते, मुझे कोई फर्क न पड़ता। मैं अपने पढ़ने–लिखने व मनोविज्ञान, वक्त से

सबको सीखने में अपना वक्त लगाने लगा।

पता नहीं क्यों? हमारे सहायक अधीक्षक को मेरा साहित्य शौक पसन्द नहीं आया और वह मुझे रचनाकारों को पत्र लिखने के लिए मना करने लगा। मैंने कारण पूछा, तो कहने लगा, मेरी मर्जी है। मैं भी वाचालता से मर्जी का अर्थ पूछने लगा। सहायक अधीक्षक ने रजिस्टर्ड डाक की वे पुस्तकें लौटा दी थीं, जो निर्मल वर्मा, से. रा. यात्री, ज्ञान दा, गोपाल गोडसे, विभूतिनारायण राय ने भेजी थीं। सहायक अधीक्षक की तानाशाही पर विभूति जी ने कानूनी नोटिस देकर कारण पूछा, तो उसने मनगढ़ंत जवाब दिया था। इस तरह मुझे रजिस्टर्ड डाक मिलने लगीं, पर साधारण पत्रों को वह गायब करने लगा। तब मैंने साथी बन्दी के घर अपनी डाक मँगानी शुरू की, व बीच में कुछ समय तक रजिस्टर्ड डाक भी। साढ़े तीन बरस तक अपनी पत्रिकाओं, पत्रों को प्राप्त करने के लिए मुझे जो आविष्कार करने पड़े, उसे देखकर जेलकर्मी व बन्दी चकित रहते, मुझे उनका सहयोग मिलता।

सुशीला जी, यह भी बड़ी रोमांचक व मजेदार कहानी है। इस सहायक अधीक्षक की तानाशाही ने मेरी मानसिक शान्ति जरूर छीन ली थी, लेकिन मैंने हिम्मत नहीं हारी। मेरा साहित्य शौक बना रहा। मेरा यह जुनून देखकर जेल अफसरों व बन्दियों ने मुझे पाठक और विशेष कैदी मान लिया था। कुछ साथी साहित्यिक पत्रिकाओं के पाठक भी बनने लगे थे। उसकी मुख्य वजह यह जताना था कि हम भी तुम्हारी तरह यह पत्रिकाएँ पढ़ेगें। उन पर साहित्य के संस्कारों ने अपनी छाप डाली। 'इंडियन एक्सप्रेस' व 'जनसत्ता' में मेरी रिपोर्ट छपने के बाद, मैं विशेष कैदी का दर्जा पा गया। इसी रिपोर्टिंग की वजह से जेल में टीवी लगा और दूसरे सुधार कार्य शुरू हुए।

सुशीला जी, आपने कहा है कि–'मेरे साथी अच्छे होंगे।' जेल जीवन और उसके मूल्य अलग तरह के होते हैं। लेकिन मैं अच्छा रहूँगा तो दूसरा भी मेरे साथ अच्छा रहेगा, यह मेरा मूलमन्त्र है, इसलिए मैं अपनी सजा ढंग से काट सका। बाकी, जेल में हालातों के हिसाब से मूल्य बदलते रहते हैं। मैं यह सब देखकर जीवन जीने के रहस्य व मानव व्यवहार के विज्ञान को सीखता रहता हूँ। आपका कहना सही है कि मुझे ऐसा लगता है–'मैं क्या था? क्या हूँ, और क्या रहूँगा।' मैं इस पर खूब सोच–विचार करता हूँ। इन सबका ईमानदारी से विश्लेषण करता हूँ, तो बहुत कुछ

पा जाता हूँ, जो आने वाले वक्त में मेरे लिए बहुमूल्य साबित होगा। सच में! आपका यह लिखना मुझे बड़ा अच्छा लगा, कितनी आत्मीयता से पूछा आपने। आपकी इस बात पर मैं आपको कई पृष्ठ और लिखने की इच्छा रखता हूँ। पर पत्र पहले ही बहुत लम्बा हो गया है। अपनी तमाम कुंठाओं, गुस्सा, तनाव, क्षुब्धता से सजा काटने के बाद भी, साहित्य के स्पर्श से मेरा नया जन्म हुआ है, जिसे आप जैसी इंसान अपने स्पर्श से तरंगित कर देती हैं, तो मैं यह सब लिख देता हूँ। मानसिकता के ऊपर फिर कभी लिखूँगा और अपना अधूरा पत्र भी पूरा करके जल्द भेजूँगा।

अपने परिवार व सहकर्मियों को मेरा सलाम, दुआ कहें। आपकी खुशी व सेहत की दुआ के साथ।

आपका सुधीर

10–12–99
केन्द्रीय कारागार, गोवा

आदरणीय सुशीला जी,
सादर नमस्कार,

लगातार इस तरह मेरे पत्रों को पाकर, जाने आप क्या सोचें। सबसे पहले इस बात का आभार व्यक्त करना चाहूँगा, जो आप मेरे पत्रों को समय दे रही हैं। आपकी व्यस्त दिनचर्या है, यह जानते हुए भी मैं बहुत लम्बे–लम्बे पत्र लिख देता हूँ। इसकी एक वजह यह भी है कि मुझे लिखने का वह सलीका नहीं आता कि कम शब्दों में व्यक्त कर सकूँ। उम्मीद है, आप मेरी इस कमी को समझेंगी, मेरे पत्रों को पाकर आप जरूर सोचेंगी, यह किस अजीब पाठक से पाला पड़ गया? जिससे स्नेह व अपनत्व क्या जताया कि यह निरर्थक पत्र लिख–लिखकर आपका वक्त खाता है।

सुशीला जी, मैंने पहले ही कहा है, मैं जबरदस्त भावनात्मक टूटन का शिकार था। आपके स्नेह व अपनत्व को पाकर अत्यधिक भावुक हो उठा। जानता हूँ, अत्यधिक भावुकता ठीक नहीं होती। उसमें विवेक का होना लाजिमी है, वरना वह खुद को क्षति पहुँचा देती है। यह सब जानते समझते हुए भी, मैं भावनाओं के ज्वार में बह जाता हूँ और आपको लम्बे–लम्बे पत्र लिख देता हूँ। इसे आप एक कैदी की भावुकता समझ सकती हैं, जो आपको इस तरह लम्बे–लम्बे पत्र लिखकर, भावनात्मक रूप से

हल्का हो जाता है। आपके अन्तस की लेखिका के लिए जरूर यह एक हैरत वाला अनुभव होगा, मैं आपको सीधी सरल जन लेखिका मानता हूँ।

आपने जेल जीवन व मेरी मनःस्थिति के बारे में जानने की जिज्ञासा जताई थी। सुशीला जी, जेल जीवन की अन्दरूनी सच्चाई बड़ी भयावह और हैरतअंगेज **है। यह** बहुत कुछ जेल प्रशासन के व्यवहार पर भी निर्भर करता है। वह **बन्दियों** को क्या–क्या मानवीय सहूलियत दे सकता है, पर बन्दियों की **अन्दरूनी** जिन्दगी व मानसिकता तकरीबन सभी जगह एक जैसी है। मेरी मनःस्थिति किन–किन राहों से गुजरी, यह खुद मेरे लिए अविश्वसनीय है। मैं दूसरे कैदियों से इस मामले में बहुत भिन्न था कि मेरा घर से कोई संवाद न था और सजा भी साढ़े दस साल की थी। दूसरे प्रदेश की जेल में रहकर लम्बी सजा काटना बहुत भारी हो जाता है। मुझे भी कई तरह की बहुत–सी कई तरहों की परेशानी झेलनी पढ़ी थी। जेल में उस कैदी की कोई गिनती नहीं होती, जो आर्थिक रूप से जीरो हो।

मुझे बाहरी परेशानियों के साथ–साथ, अपने भीतर की पीड़ा से भी जूझना पड़ता था। सजा पड़ते ही मैंने उसकी भयावहता व यातना का अन्दाज लगा लिया था और इसके लिए मानसिक रूप से भी तैयारी कर ली थी। बाहरी परेशानियों से ज्यादा मुझे भीतरी पीड़ा तोड़ रही थी। हर पल मेरे दिलो–दिमाग में घर के बारे में सोचकर आत्मग्लानि, शर्म, खीज, कुंठा–न जाने क्या–क्या भरा रहता। इन सब से मैं अकेले में हृदय से फूट फूट कर रोता। मुझे चारों तरफ अँधेरा ही अँधेरा दिखाई देता। इन हालातों में जीवन ऐसा भी होता होगा, कल्पना न की थी। पता नहीं मेरे अन्दर क्या था, जो मैं इन सब से पार पाने की अदम्य इच्छा रखता था। मेरी बातचीत और व्यवहार से यह छलकता रहता।

सजा पड़ने के साथ ही मैंने सोच लिया था कि मुझे जेल से कैसे भी फरार होना है। मैं इस बात पर भी साथ–साथ दिमाग खपाता रहता था। मैंने जेल में इस बात को टटोला था कि मुझे किसी दूसरे साथी का साथ मिले। लेकिन मुझे एक भी साथी ऐसा नहीं मिला, जो मेरे साथ दुस्साहस दिखा सके। मुझे ढाई बरस जेल में हो गये थे। इस जेल में अस्पताल नहीं है, बुखार तक के लिए बाहर के सरकारी हास्पिटल में जाना पड़ता है। एक दिन मैंने सोचा–'सुधीर साढ़े दस बरस की सजा वाला गुनाह मैंने नहीं किया। वह भले कानून में गलत हो, मैं नशे में था। 28 ग्राम ब्राउन शुगर रखना नसेड़ी के लिए बड़ी बात नहीं है। तीन चार ग्राम हर दिन की मेरी

खुराक थी। तू हास्पिटल आकर फरार होने की कोशिश कर।'

मैंने एक दिन अपने बलबूते दोनों पुलिस कर्मियों पर हाथ से ही हमला किया व भाग निकला। 150 मीटर दूर जाकर पब्लिक द्वारा पकड़ा गया और इसे मेरी बदकिस्मती कहें या खुशकिस्मती, मैं फिर जेल आ गया। पुलिस पर हमला करके, फरार होने की कोशिश का केस मेरे ऊपर अलग से चला। मैंने पुलिस के व्यवहार की झूठी कहानी सुनाकर कहा, पुलिस वाले को मजबूरीवश मुझे घूसा मारना पड़ा। मजिस्ट्रेट ने मेरी बात सही मानकर, मुझे केस से बरी कर दिया। इस घटना से मेरी उग्र छवि बन गयी, जिसके प्रभाव का लाभ मुझे मिला। फरार में नाकामयाब होने के बाद, मैं फिर दुगुने उत्साह से फरार होने के मंसूबे बनाने में जुट गया। हमले के बाद पुलिस वाले भी मुझे खतरनाक कैदी मानने लगे। मैं नाकामयाबी की टीस के साथ सोचता रहता, मैं फिर कैसे फरार हो पाऊँगा।

संयोग से कुछ महीने बाद मेरा संवाद 'पहल' से बना। और फिर ज्ञान दा के जरिये औरों से भी बनने लगा। इस अकल्पनीय अनुभव ने मुझे रोमांच व उत्तेजना से भर दिया। बाहरी दुनिया के संवाद ने मुझमें नये प्राण फूँक दिये। मैं रात–दिन रचनाकारों को पत्र लिखने लगा। किस्मत से ज्यादातर के जवाब मुझे मिलने लगे। 'हंस' ने सर्वप्रथम मेरे पाठकीय पत्र विशेष खाने में छापे थे। उसके बाद तकरीबन सभी साहित्यिक पत्रिकाओं ने छापे। 'हंस' व 'वागर्थ' में मेरे पत्र को पढ़ने के बाद, बहुत से सम्पादकों साहित्यकारों ने आगे बढ़कर खुद अपना परिचय दिया। मैं इस बात से भौंचक था कि अपना कडुवा सच बताने के बाद भी, साहित्यकारों ने मुझ पाठक को कबूल किया था। जेल के इतिहास में अपनी तरह की यह पहली घटना थी। इस घटना ने जो–जो प्रभाव छोड़ने शुरू किये, जेल कर्मियों व साथियों पर, उसे मैं महसूस करने लगा था।

साथी बन्दी साढ़े तीन साल से मुझे दखते थे। मेरी हाजिरजवाबी, निडरता, सामान्य ज्ञान की बातों से वे आपस में बातें करते थे कि–यह शातिर दिमाग का अपराधी, यह नयी अनहोनी बात क्या कर रहा है। साढ़े तीन बरस तक मैंने 'इंडिया टुडे', 'सरिता', 'मनोहर कहानियाँ', 'स्टारडस्ट', माया पत्रिकाओं को पाने के लिए जो–जो पापड़ बेले, वह भी कहानी की तरह होते थे। मैंने इन पत्रिकाओं का एक पाठक वर्ग तैयार कर लिया था। इसकी भी एक मनोरंजक कहानी है। जेल में जब भी कोई बड़ा अधिकारी दौरे पर आता, मैं ही किताबों, पत्रिकाओं व दूसरी बातों की ओर उनका

ध्यान दिलाता। मेरी बेबाक शैली की कुछ अफसरों ने तारीफ भी की। मेरी शैली व तेवर देखकर वे अवाक रह जाते। जब कभी ईसाई साहबी व ब्रह्मकुमारी आतीं, पहले परिचय के बाद वे मुझे बैरक से बुलवाते, क्योंकि मैं अध्यात्म व पूजा पाठ की बातों की उनकी बैठक में भाग नहीं लेता था। इसके बाद भी वे मुझे बड़े स्नेह व उम्मीद से बुलातीं।

इनसे पहली बातचीत का नमूना देखिए, जब ब्रह्मकुमारी राखी बँधवाने के लिए आयीं, तो मैंने उनका अभिवादन तो किया, पर राखी बँधवाने के लिए माफी माँग ली। ब्रह्मकुमारियों ने कारण जानना चाहा, तो मैंने कहा–'हम बन्दी अभी बैरक में जाकर बात करेंगे कि किस कुमारी के वक्ष, उरोज, नितम्ब अच्छे थे और मैं भाई बनने के बाद यह बातचीत कैसे सुन पाऊँगा? मेरे जवाब से कैदी और ब्रह्मकुमारियाँ धक रह गयीं। जेलर साहब बगलें झाँकने लगे थे।

इसी तरह ईसाई ननों के बुलाने पर मैंने कहा–'जब आप खुद कहती हैं, ईश्वर हमारे मन के अन्दर है, तो फिर चर्च, मन्दिर, मस्जिद में कौन है?' मेरी बातों का उनके पास जवाब न होता। लेकिन बैठक के बाद वे मुझसे बात करने के लिए बुलवातीं। यह देखकर साथी बन्दी हैरान परेशान होते। वे परेशान थे कि वह सुधीर से 'सैट' कैसे हो जाती है। इस पर वह पूछते भी थे। मैं पहले कहता, अपने अन्दर ईमानदारी पैदा करो व उनसे ढोंग न करो। फिर बड़े राजदार अन्दाज में कहता, अखबार व पत्रिकाओं ने मुझे बात करने का सलीका सिखाया है। तुम भी चाहो तो पत्रिकाओं को पढ़कर यह खूबी पैदा कर सकते हो। और वह 'माया', 'इंडिया टुडे', आदि पत्रिकाएँ मँगवा लेते। फिर दो चार पन्ने पढ़ने लगे, और धीरे–धीरे उन्हें पत्रिकाओं के पन्ने भाने लगे।

जब साहित्यकारों के पत्र व किताबों के पार्सल आने लगे, तो हंगामा हो गया था। मैं विशेष कैदी बन चुका था। मैंने उन्हें बताया, पत्रिकाओं के अक्षरों ने ही मुझे वह ताकत दी कि मैं इन साहित्यकारों से संवाद बना सका। अब मुझे साहित्यिक पत्रिकाएँ, पुस्तकें आने लगी थीं। तो 'माया', 'सरिता', 'स्टारडस्ट' मँगाने की जरूरत नहीं रह गयी। मैंने साथियों को कहा, तुम भी ये पत्रिकाएँ पढ़कर मेरी तरह तेज बन सकते हो और रचनाकारों से संवाद बना सकते हो। कुछ साथियों ने मेरी बात पर थोड़ा ध्यान दिया और साहित्यिक पत्रिकाओं पर यूँ ही नजर मारने लगे। धीरे–धीरे उसके भी कुछ पाठक बन गये। चार बरस पहले बहुत से साथियों ने

रचनाकारों को पत्र लिखे। उन्हें कुछ जवाब भी मिले, पर बाद में उन्होंने इस पर सुधार नहीं किया।

पत्रिकाओं, पुस्तकों का सहारा मिलने के बाद, मेरी तो दुनिया ही बदल गयी। जो घुटन व टूटन मेरे अन्दर थी, वह पढ़ने–लिखने में कम होने लगी। साहित्य के स्पर्श ने मुझे नयी प्राणवायु दे दी। इस सब में मेरे फरार होने का विचार कमजोर पड़ने लगा, पर पूरी तरह मरा नहीं। यह सबसे बड़ा प्रभाव था, साहित्य व साहित्यकारों का जो मेरा फरार होने का इरादा कम होता गया। क्यूँ? इसका कारण बड़ा ही अनुपम व गहरा है, जिसे मैं शब्दों में नहीं बाँध सकता। सभी जेलकर्मी व साथी बन्दियों की पक्की सोच थी, सुधीर सजा नहीं काटेगा, वह फिर प्रयास करेगा। खुद मेरा भी यही मानना था, मैं पूरी सजा नहीं काटूँगा। पर पता नहीं क्या होता गया, मैं फरार होने की सोच को कम करता चला गया। मैंने बात–बात में यह बात साथियों से कही भी कि अब न जाने क्यों फरार होने की मेरी तीव्रता कम होने लगी है।

साहित्यकारों के स्पर्श व आत्मीयता ने मेरी उग्रता व जल्दी से तैश में आने की प्रवृत्ति को कम करना शुरू कर दिया, व साहित्य चेतना को चलायमान रखा। मेरी बदरंग सजा में अचानक जीवन के कई रंग घुल गये, अनेक मानवीय संवेदनाओं ने जन्म ले लिया। साहित्यकारों ने मेरी उस पीड़ा को हर लिया था, जिसकी मैंने कल्पना न की थी। साहित्यकारों की, विशेषकर महिला रचनाकारों की संवेदनशीलता ने अपने आचरण से साथी बन्दियों पर गहरा प्रभाव छोड़ना शुरू किया। धीरे–धीरे साहित्यिक पत्रिकाओं के पाठकों में बढ़ोतरी होने लगी।

सुशीला जी, जेल का मनोविज्ञान बड़ा विस्मयकारी व रोंगटे खड़े कर देने वाला होता है। यहाँ भी बन्दी कई तरह की सोच व मुखौटे लगाते हैं। सिर्फ एक बीड़ी का स्वार्थ, बन्दी को मूल्यों को बदलने पर मजबूर कर देता है। ऐसे में जो पहले से ही हल्के आचरण वाले बन्दी होते हैं, वे एकदम से नीचता पर उतर जाते हैं। फिर जेल जीवन में हर समय दंगल होने की नौबत आती रहती है। तब कैदी बन्दी हरेक की बुराई, हरेक की पीठ के पीछे करता फिरता है और अपना मतलब साधता रहता है। और सब इसे जानते–समझते हुए, जमीर को मारकर, एक मुखौटे के साथ आपस में जीते हैं।

मेरी दिमागी–दिली दोस्ती एक्का–दुक्का बन्दी से ही हो पायी है,

कारण मेरा खुद का अजीब–सा आदमी होना। हल्के व छिछोरे बन्दियों से मैं दिल से बात ही नहीं कर पाता। उसके बाद मुझे जो बन्दी भावना में ईमानदार नहीं लगा तो भी वह मुझे कबूल नहीं था। अपने इस स्वभाव के चलते कम ही बन्दियों से मेरी आत्मीयता बन पाती थी। मुँहफट व बेबाक शैली के कारण भी साथी मुझ से सहमते थे। दिमागी दोस्ती की बात तो दूर, दिली दोस्त भी नहीं मिल पाया। एक–दो से दिली–दिमागी दोस्ती बनती भी दिखी, तो वह बन्दी हाईकोर्ट से छूटते गये। साहित्यिक पत्रिकाओं की दोस्ती से पहले के चार साल बड़े ही यातना में कटे।

सुशीला जी, यहाँ पर निर्दोष कोई नहीं है और सभी बन्दियों के अन्दर अपनी–अपनी ईगो होती है। जो तुर्रम खाँ बन्दी हैं, उनके अन्दर ज्यादा ही अनुपात में होती है। फिर सभी के अन्दर अपनी अपनी कुंठाएँ, क्रोध, विकार, राग–द्वेष होते हैं, जो हर पल हमारे साथ बने रहते हैं। सभी बन्दी इसके साथ ही जीते हैं। सुशीला जी, मैं चाहता तो थोड़ी चालाकी करके, जमीर को मार के अपनी सजा मजे से निकाल सकता था। लेकिन क्या करूँ? जमीर भी जिन्दा है और थोड़ी गैरत भी। मुझे सिर्फ इतना भर करना था कि मैं साथियों की हाँ में हाँ मिलाता रहूँ। मुझे व्यक्तिगत रूप से बहुत कम बन्दियों ने परेशानी दी है। उससे कहीं ज्यादा मदद मुझे साथी बन्दियों से मिली है। मैं उस बात का ऋणी हूँ और रहूँगा। लेकिन अपनी साफगोई की वजह से मैं उन्हें पसन्द नहीं आया। किसी सीधे कमजोर बन्दी पर जब भी किसी ने नाजायज किया, तो मैंने अपना स्पष्ट विरोध जताया। इस वजह से मैं उनका दुश्मन बन गया। इस बात को वे कभी क्षेत्रीयता का भी रंग दे देते। लेकिन मेरे तर्क व साहस के आगे उन्हें चुप रहना पड़ता।

दूसरे, मैं धर्म के नाम या पूजा पाठ के आडम्बर में भी शामिल नहीं होता था, इसमें शामिल होने के लिए मुझे जेल के सभी रुतवा रखने वाले साथियों ने अनुरोध किया। लेकिन मैं उन्हें यही कहता–'वहाँ आकर मेरा दिमाग और कहीं रहेगा, तब मैं तुम लोगों को व अपने को धोखा क्यों दूँ।' अगर मैं इस ढोंग को करता, तो कभी भी पेस्ट, साबुन, तेल के साथ और चीजों की परेशानी में न पड़ता। मैं हाँ–हाँ करके, खूब फायदा उठा सकता था। मैं इन बैठकों में तो न जाता, पर बैठक में उन्हीं व दूसरे साथियों के साथ भगवान के अर्थ पर खूब बहस करता। इससे वे चौंक जाते, मेरे सवालों का जवाब उनसे देते न बनता। मैं उनसे कहता–'सिर्फ

अन्धविश्वास के सहारे तुम भगवान का मतलब कभी नहीं जान सकते।'

सुशीला जी, जेल में पड़ने के बाद, ज्यादातर कैदी बड़े धर्मभीरू बन जाते हैं और भगवान की फोटो के आगे, उसके नाम पर कई तरह के ढोंग करने लगते हैं। जैसे–जैसे जजमेन्ट का वक्त आता है, उनकी पूजा उसी अनुपात में बढ़ जाती है। वक्त की नजाकत के हिसाब से, बन्दी अगरबत्ती जलाना, उपवास रखना व मांस–मछली खाना छोड़ देते हैं। उनकी प्रार्थना सिर्फ अपने छूटने तक ही रहती है। जब नहीं छूटते या अपील भी खारिज हो जाती है, तो उनका विश्वास उसी क्षण भगवान पर से उठ जाता है और वे भगवान को कोसते हुए पूजा–पाठ और मांस–मछली त्यागने की बात छोड़ते हुए, पुराने ढर्रे पर आ जाते हैं। बन्दी भी क्या करें? सहारा देने या बरी कराने में भगवान से ज्यादा मदद कौन कर पायेगा? मैं अपनी इन आदतों की वजह से किसी का करीबी दोस्त नहीं बन सका।

सुशीला जी, मैं आम आदमी भी हूँ और कैदी भी। मेरे अन्दर भी कुंठा, कमियाँ, विकार हैं, व ईगो भी। इसलिए मेरा भी साथियों से प्यार, नफरत, राग, द्वेष, चलता रहा व चलता रहता है। मैं सबसे बड़ी कमी तब महसूस करता, जब साथियों को घरों से पत्र वगैरह आते। बाहरी तनावों को झेलते हुए, मैं यह पीड़ा भी झेलता रहा। मैं अपने आप को बड़ा अकेला पाता। कोई भी सहारा न था, अपने अकेलेपन की टूटन से बचने के लिए, मुझे बड़ी जद्दोजहद करनी पड़ी। कैसे–कैसे करके मैं अपने को टूटने बिखरने से बचाता रहा।

अब रचनाकारों का व साहित्यकारों का सहारा मुझे मिला हुआ है। मैं अपने अकेलेपन को कुछ साहित्यकाराओं व एक पत्र–मित्र के साथ बाँट लेता हूँ। साहित्य के पात्र मेरे साथी बन जाते हैं। मैं उनसे बतियाता रहता हूँ व साथी बन्दियों से भी। मैं मुद्दे खोजता हूँ व साथियों से उस पर राय जानता रहता हूँ। जेल की कुंठा, खीझ, गुस्सा द्वेष अब भी साथ चलते रहते हैं। साहित्य के स्पर्श से मैं उसमें भी कुछ न कुछ खोजता रहता हूँ। इस तरह की मनःस्थितियों से जूझते हुए, सजा कटी है व कट रही है। जेल में रहते हुए मैं मानव विज्ञान को बड़े करीब से जान पाया। मैं सजा खत्म होने के दिन बड़े उत्साह व उमंग से गिन रहा हूँ और भविष्य की रूपरेखा को भी आकार देने की कोशिश में जुटा रहता हूँ। मैं जानता हूँ, जेल से आजाद होने के बाद मैं शून्य के साथ खड़ा रहूँगा। मुझे फिर से अपना वजूद बनाना होगा।

खैर...यह भविष्य की बातें है, फिलहाल मेरी प्राथमिकता अच्छे से, स्वस्थ मानसिकता के साथ सजा काटने की है। मेरी जिजिविषा बनी रहे, बस! इतना ही मेरे लिए काफी है। आपकी खुशी व सेहत की दुआ के साथ।

आपका सुधीर

13–12–1999
नागपुर

प्रिय सुधीर,
सादर नमस्कार,

आपका पत्र मिला। सच मानिये मुझे आपके पत्रों की प्रतीक्षा थी। 5 दिसम्बर को नागपुर से दिल्ली गयी थी। 11 दिसम्बर, शुक्रवार को वापस नागपुर आयीं हूँ। घर आने के बाद सबसे पहले मैंने आपके पत्रों को खोजा। पत्र नहीं आये थे। दिनांक 13 दिसम्बर, सोमवार को आपके दोनों पत्र एक साथ मिले। 4 बजे घर लौटने पर आपके पत्रों को देख बहुत खुशी हुई। पहले 4 दिसम्बर का लिखा पत्र पढ़ा। पत्र पढ़ने के साथ हँसी भी आयी और खुशी भी बहुत हुई कि मेरा एक छात्र इतनी दूर रहकर, मेरे पत्रों से और मुझसे इतनी शिक्षा ले रहा है। सच कहिए तो मुझे मेरा शिक्षिका होना अभी सार्थक लग रहा है। मैंने मिडिल स्कूल और हाईस्कूल में भी 9 वर्ष तक पढ़ाया है। 12 वर्ष से कॉलेज में पढ़ा रही हूँ, लेकिन उस पढ़ाने में और बदले में वेतन लेने में मुझे कभी इतनी सार्थकता नहीं लगी, जितनी आपको कुछ कहने और कुछ लिखने के बाद लगती है।

सहज व्यावहारिक और सामाजिक जीवन से जुड़े अच्छे विचार स्वाभाविक रूप से मैं अपने छात्रों को देती रही हूँ लेकिन मेरी इन बातों को इतनी तत्परता से मानकर, अंगीकार करने वाले और इसका पूरा विश्वास दिलाने वाले आप पहले व्यक्ति हैं, इससे मुझे कितनी खुशी मिली है। आप जानते हैं, इस खुशी की तुलना लाखों रुपये वेतन से भी नहीं की जा सकती है। इससे मुझे गौरव महसूस होता है। मैं मानती हूँ, बीज स्वयं अपने आप में बहुत कुछ होता है, मगर उसके अंकुरित होने में, पौधे से पेड़ बनने में, उसके फूलने–फलने में धरती का भी अपना योगदान होता है। यही धरती का गौरव है। सुधीर जी, सच में आप बहुत अच्छे इंसान हैं। मुझे पूरा विश्वास है कि आपने अपने पत्रों में मुझसे जो प्रॉमिस किये हैं, उन्हें जरूर निभाओगे। मुझे यकीन है और अपने वायदे के अनुसार हर

हालत में अच्छे इंसान बनकर रहोगे। आप अच्छे शिक्षित सभ्य सुसंस्कृत परिवार के हैं। नादानी या अधिक सम्पन्नता से रुपयों का दुरुपयोग या गलत साथियों की संगत में पड़कर, आपने ऐसी गलतियाँ की हैं। जेल जैसी कठोर और निर्मम जगह में रहकर भी, आप और गलतियों और अपराधों की ओर नहीं झुके हैं, यह आपके उत्तम संस्कारों का प्रभाव है। जिस पारिवारिक और सामाजिक परिवेश में आप वर्षों तक रहे हैं, उसके असर को आपका जेल जीवन नहीं मिटा सका है। साहित्य से जुड़ना आपकी शिक्षा, रुचि, व्यवहार, पसन्द, विचार और सम्पर्क का परिचय स्वयं देते हैं। सच में आप बहुत अच्छे व्यक्ति हैं।

कभी अधिक लाड़–प्यार, जिद या कभी घोर उपेक्षा से व्यक्ति गलत रास्तों पर चलने लगता है। मगर यह भी देखा गया है कि समझदार व्यक्ति जब अपनी गलती महसूस कर लेते हैं, तब वे आम आदमियों से बहुत ऊपर उठकर, अच्छे रूप में अपना जीवन जीते हैं और अपने संकल्पों को अधिक निष्ठा के साथ पूरा करते हैं, क्योंकि वे जीवन का दूसरा पक्ष भी देख चुके होते हैं। यह बात भी सच है कि दिन के उजाले में जिस दीपक की रोशनी दिखाई नहीं देती, वही दीपक रात के अँधेरे में कितना चमकदार, प्रकाशवान और मार्ग दिखाने में सक्षम लगता है। तब सूरज से भी अधिक महत्त्वपूर्ण यह दीपक लगता है, जिसकी रोशनी केवल आँखों को नहीं बल्कि मन को भी रोशन करती है और हमें गहराई के साथ सोचने पर भी विवश करती है कि इस नन्हें प्रकाश के साथ हम अपना रास्ता भी स्वयं खोजें।

सुधीर जी, आपसे पत्र संवाद बनने की मुझे बहुत खुशी है। आपके लम्बे पत्रों से मुझे परेशानी या बोरियत नहीं होती, बल्कि अच्छा लगता है कि पत्रों के माध्यम से आपसे बातें हो रही हैं। आपने कुन्ता राजपूत के विषय में लिखा है, वे आपकी पत्र–मित्र हैं, बहुत अच्छा लगा। उन्होंने आपकी पारिवारिक जानकारी देकर, आपको चिन्ताओं से मुक्त कर दिया। वे अच्छी हैं, तभी यह अच्छा काम उन्होंने किया है। उनके विषय में जानकर अच्छा लगा।

नये वर्ष की शुभकामनाओं के साथ, मैं यथासम्भव कुछ राशि जरूर भेजूँगी। आशा है आप स्वीकार करेंगे। मैं यह भी सोचती हूँ कि आपको लिफाफे और कोरे कागज भेजूँ, ताकि आप निस्संकोच लिखते रहें, पत्र भेजते रहें। क्या यह भेजना उचित होगा? मैंने सुना है कि कैदी को भेजे रुपये

उन्हें दिये नहीं जाते, उनके नाम जमा हो जाते हैं। जेल की कार्यपद्धति के विषय में अधिक जानकारी नहीं है। आपको समय पर आवश्यकतानुसार पूर्ति की जाती रहेगी। मैं भविष्य में सहयोग जरूर देती रहूँगी। आप अपने पत्रों के अन्त में 'दुआ' शब्द लिखते हैं, यह अच्छा नहीं लगता है। हम आपके लिए शुभकामनाएँ रखते हैं, आप हमारे लिए शुभकामनाएँ लिखिए।

सुधीर जी, अपनी एक बात स्पष्ट करना चाहती हूँ, मैंने आपको लिखा था कि 'शर्मा' नाम को मैं आपकी पहचान नहीं मानती हूँ। इसके पीछे मेरा मतलब यह नहीं था कि मैं आपको ब्राह्मण या ब्राह्मणवादी मानती हूँ। शर्मा नाम, उपनाम या जाति से ऊपर आपकी अपनी एक पहचान है, जिसे जेल की यन्त्रणा और यान्त्रिकता भी मिटा नहीं सकी है। आपने अपनी यही पहचान मुझ जैसे अनेक लोगों को दी है। उसके बाद भी मैं आपको ब्राह्मणवादी या वर्णवादी समझती हूँ, ऐसा नहीं है।

मैंने आपके पत्रों से आपके स्वभाव और विचारों को जानकर, आपके विषय में अनुमान लगाया था कि आप कैसे होंगे। आपका नाम शर्मा या वर्मा कुछ भी होता, आप आप ही होंगे। आपका परिचय पत्रों द्वारा मिलता रहेगा, इस आशा के साथ। शुभकामनाओं सहित।

सुशीला टाकभौरे

(टीप : आपका 10–12–99 का लिखा पत्र आज मिला है। मैं आपकी आभारी हूँ कि आपने मुझे गम्भीरता के साथ, अपने विषय में इन बातों से परिचित कराया है। धन्यवाद के साथ।)

24–12–99

केन्द्रीय कारागार, गोवा

आदरणीय सुशीला जी,

हार्दिक अभिवादन,

आपकी कुशलता की कामना करता हूँ। आज ड्यूटी जेलर ने मुझे बुलवाया और मिठास से कहा, शर्मा तुम्हारा पत्र आया है और दूसरे बन्दियों के भी सात–आठ ग्रीटिंग्स कार्ड हैं। यह सब लेकर तुम बन्दियों को दे दो। अपना पत्र सुनते ही मैं खुशी व जोश से भर उठा। ड्यूटी जेलर ने दराज से पत्रों को निकाला और मुझे सौंप दिया।

मैंने वहीं पर सभी पत्रों को देखना शुरू किया। अपने पत्र की लिखाई को देखते रोम–रोम खुशी से भीग उठा। मेरी खुशी को देखते हुए ड्यूटी

जेलर ने बड़े अपनत्व से पूछा, 'शर्मा, यह पत्र किसी लेखिका का है न, इसलिए तुम इतने खुश हो गये हो।' मैंने भीगे शब्दों में पहले उसका आभार व्यक्त किया और कहा–'सर, यह इंसान लेखिका भी है, लेक्चरार भी, लेकिन मेरे लिए यह इनसे ऊपर एक अच्छी और बड़ी इंसान हैं, जो दबे–कुचले मजबूर लोगों के लिए अपना वक्त, श्रम व अर्थ कुर्बान करती हैं। मैं आपको बता नहीं सकता, इस पत्र को देखकर मुझे कितनी ऊर्जा, उत्साह व खुशी मिली है। क्रिसमस की पूर्व संध्या पर सांता क्लाज ने मुझे एक अनमोल उपहार से नवाज दिया है। मैं आपको इतना ही कह सकता हूँ।' ड्यूटी जेलर जो कि एक नवयुवक है, ने मेरे शब्दों को समझने की कोशिश करते हुए, आश्चर्य व हैरत से सिर हिलाया। मैं इजाजत लेकर बैरक में लौटते हुए, साथी बन्दियों के ग्रीटिंग्स देता गया। यह काम खत्म करके मैं खुशी से झूमते हुए बैरक में आया।

अपने बिस्तर पर आकर मैंने खत को निकाला व बड़ी जिज्ञासा, उत्कण्ठा के साथ पढ़ने लगा। जैसे–जैसे पत्र में उतरता गया, महसूस हुआ नसिराफ्क्राइस्ट ने मुझे जीवन की बड़ी मूल्यवान सौगात से नवाज दिया। मैंने पत्र को बहुत देर में पूरा किया। वजह आपकी पंक्तियाँ मुझे दिमागी व जज्बाती भँवरों में इस तरह घुमा देतीं कि उनसे पार पाने में बड़ा वक्त लगता। मेरे चेहरे पर आयी संजीदगी को देखकर बीच में ही मेरे दो साथियों ने पूछ लिया–'शर्मा भाई, लगता है आपको बड़ा मूल्यवान पत्र मिला है, जो आप इतना संजीदा हो गये हो।' ये दोनों साथी आपको कविताओं से जानते हैं व आपकी की गयी मदद से भी परिचित हैं। मैंने लरजते शब्दों में कहा–'भाई लोगों, यह पत्र अपनी सुशीला टाकभौरे जी का है।' सुनते ही उन्होंने आभार जताया और झिझकते हुए कहा, हमारा भी सलाम लिख देना।

मैंने मौन सहमति जताई और कहा–'दोस्तो यह पत्र मेरे लिए एक अनुपम उपहार में आया है, इसके शब्दों ने मुझे इतना उद्वेलित कर दिया है कि मुझे इसे पूरा करने में वक्त लगेगा। अगर आप पढ़ना चाहें, तो पढ़ सकते हैं।' उन्होंने मेरे शब्दों की गम्भीरता को ज्यादा ही महसूस कर लिया। चेहरे पर हैरानी, आश्चर्य, खुशी के भावों से अचकचाते हुए वह बोले–'नहीं नहीं, शर्मा भाई। हमने सुशीला जी के प्रथम पत्र को पढ़कर जान लिया था, यह असाधारण महिला लेखक है। फिर उन्होंने तुम्हें मदद भी की। हमने उनकी दो किताबें भी पढ़ी हैं। तुम हमारा सलाम भी लिख

देना।' मेरी संजीदगी को देखकर वे असहज हो गये थे। उन्होंने जानबूझकर दूसरी चीजों की तरफ अपना ध्यान लगाकर, मुझे पत्र से सीखने–समझने के लिए छोड़ दिया।

सुशीला जी, आपको इस पत्र का एक अजब संयोग बताता हूँ। कल मैंने यूँ ही आपका पूर्व का पत्र निकाला और उसे दो बार पढ़ा। फिर आपको लिखे पूर्व के अपने अधूरे पत्र को पूरा करने लगा। थोड़ा ही लिख पाया कि पेन का मसला उठ खड़ा हुआ। खीज कर मैंने उसे वहीं छोड़ दिया। आज फिर उसे लिखने बैठा कि बीच में आपका यह अनुपम पत्र आ गया। अब पहले मैं यह पत्र

लिख रहा हूँ, फिर उस पत्र को पूरा करके भेजूँगा। आपका यह पत्र पाते हुए, मुझे वे बातें या उक्तियाँ याद आ गयीं, जो दार्शनिकों व मनोवैज्ञानिकों ने कही हैं कि–'जब तुम्हारे दिल–दिमाग को किसी चीज का बड़ी शिद्दत से इन्तजार हो, तो वह मिल जाती है।' मुझे बिल्कुल भी उम्मीद न थी कि इतनी जल्दी मुझे सुशीला जी का पत्र मिल पायेगा। क्योंकि आपकी भागदौड़ और व्यस्तता का अन्दाजा मुझे भलीभाँति है। काम, घर, गृहस्थी, नौकरी और वाल्मीकि संगठन की जिम्मेदारी निभाने में आपको साँस लेने की भी फुरसत न मिलेगी। ऊपर से लेखन भी है। इन सब बातों में आपका समय सर्र से निकल जाता होगा। आपका यह पत्र पाकर मैं अवाक् रह गया। मेरे लिए यह आश्चर्यजनक है।

आपके पत्र को मैंने तीन बार पढ़ा, हर बार मेरा हृदय भीग गया। आँखों में नमी उतर आयी। उन्होंने मुझे बड़ा भावविह्ल कर दिया। मैं खुद में इतना सिकुड़–सिमट गया कि बता नहीं सकता। कृपया इसे मेरी कोरी भावुकता से न लें, मैं गम्भीरता और विवेक से कह रहा हूँ, आप इतनी सरलता–सहजता के साथ, एक कैदी पाठक को इतना महत्त्व देती हैं, सहज ही यकीन नहीं होता। आपके इन जीवनदायी पत्रों को मैं किन शब्दों में व्यक्त करूँ? मुझ में वह कूवत भी नहीं है। मैं आपकी इंसानियत को महसूस तो कर सकता हूँ, शब्दों में लिख नहीं सकता। आपके पत्र मुझे जीवन के उत्साह व उमंग से भर देते हैं। मैं इन से बड़ी भावनात्मक मजबूती पाता हूँ। ईमानदारी से कहूँ तो आपके पत्र मेरी उस भावनात्मक रिक्तता को भर देते हैं, जो पारिवारिक स्नेह न मिल पाने से गहरा गयी थीं। आपके पत्रों से जान पाया कि इंसान को भावनात्मक सहारा कितना जरूरी होता है। इसके अभाव में संवेदना में क्षय लग जाता है। सुशीला

जी, आपके पत्र मेरे लिए कितने मूल्यवान व जीवनदायी होंगे, आप समझ सकती हैं। चाहें तो इसे आप एक कैदी की अतिरिक्त भावुकता कह सकती हैं। लेकिन उनकी अपनी ठोस मनोवैज्ञानिक वजह है। अगर मेरा संवाद अपने परिवार, परिचितों से रहता, तो शायद बात दूसरी रहती। 'पीड़ा' का अपना सौन्दर्यशास्त्र है, वह इंसान को शोधित करता रहता है।

लेकिन इस बात के अलावा भी आपके पत्रों से मुझे वह जीवन द्रव्य मिलता है, जो इंसान बनने के लिए जरूरी है। एक आम इंसान के तौर पर भी, मैं आपका उम्र भर के लिए ऋणी हूँ। आपके स्पर्श ने मुझ में नयी मानवीय संवेदनाओं को रोपा है। सिग्मण्ड फ्रायड के शब्दों में कहें तो अतिरिक्त चेतना को प्रभावित किया है और इसके परिणाम बड़े गहरे निकलते हैं। मैं एक इंसान के रूप में आपको हमेशा याद रखूँगा। सुशीला जी, आपकी छाप मेरे दिलो–दिमाग में हमेशा रहेगी। यह मेरा भाग्य है कि आप जैसी शुभचिन्तक इंसान मुझे मिलीं। क्या मैं अपनी हकीकत नहीं जानता? अच्छी तरह जानता हूँ, मेरे जैसे आम कैदी को इतना स्नेह व अपनत्व देने की क्या जरूरत? पाठक के रूप में भी, मैं कोई औकात नहीं रखता, कि आप उसके लिए अपना इतना वक्त, श्रम, और अर्थ खर्च करें? यह आपकी नारी 'करुणा' है, और हिम्मत व शक्ति भी। आप एक सम्माननीय लेखिका, नेता, व्याख्याता, गृहिणी सभी कुछ हैं, आपकी यह गहरी संवेदना ही मुझे मथती रहती है और मैं अपने भीतर झाँकने पर मजबूर हो जाता हूँ।

पत्र तो मुझे बहुत सी नामचीन व दामी लेखिकाओं ने भी लिखें हैं, पर उनसे वह ध्वनि नहीं निकली कि अन्तर्मन में विस्फोट हो जाये। मैं सिर्फ आपके जीवनदायी पत्रों और 'यह तुम भी जानो' से ही आपको बड़ी लेखिका मानने लगा हूँ। नामी और दामी लेखिकाओं के यान्त्रिक शब्दों ने दिल को झकझोरा नहीं, आपने जिस तरह मित्र शुभचिन्तक की तरह दिमाग में चेतना का विस्फोट किया है, वह स्पर्श उनसे न मिल पाया। आप वह लेखिका मित्र हैं, जिनसे मैं साहित्य के अलावा अपने सुख दुख पर भी विचार विमर्श कर सकता हूँ। आपके आचरण व व्यवहार ने मेरी नकारात्मकता को सकारात्मकता में बदला है। इसे ही मैं आपकी बड़ी जीत मानता हूँ। एक लेखिका के रूप में भी व इंसान के रूप में भी।

लेखिका भर होने से जरूरी नहीं कि वह किसी पाठक की नकारात्मकता को बदल दे। मेरी इतनी भावनाओं से आप असमंजस में पड़ जायेंगी और

सहम भी न जायें, कि यह कैदी पाठक भावनाओं के अतिरेक में, आप से इस तरह जुड़ा जा रहा है। सुशीला जी, आप किसी भी असमंजस में न पड़ें। मैंने आपके पत्रों से जीवन ऊर्जा पायी है, जाहिर है उनसे गहरा जुड़ाव होगा ही। क्या एक कैदी आपसे जुड़ नहीं सकता? जीवन की प्रेरणा नहीं ले सकता? जरूर ले सकता है। सुशीला जी, आप जैसी बेहतर, अच्छी और खूबसूरत इंसान से कौन न जुड़ेगा? कौन प्रेरणा नहीं लेगा? खैर...मैं अपनी खब्त में पता नहीं क्या–क्या लिख जाता हूँ। दरअसल आपके पत्र दिलो–दिमाग में इतना भीषण तूफान खड़ा कर देते हैं, जिनमें अक्सर मैं बहकर जाने क्या–क्या लिख देता हूँ। आपने मेरे पत्रों को वक्त देने का आश्वासन दिया हुआ है। आपकी इसी दयालुता का मैं फायदा उठाता हूँ और पत्र को बेवजह की बातों से भर देता हूँ।

आप 'विश्व युवा केन्द्र' में आयोजित सम्मेलन में भाग लेने के लिए दिल्ली गयीं, जानकर बड़ी खुशी हुई। आप उस सेमिनार में क्या विचार रख कर आयीं, लिखिएगा। आपको मेरे पत्रों की प्रतीक्षा थी, जानकर अचम्भित रह गया। यह आपके अन्दर की सच्ची लेखिका है, जो अपने मुरीदों के पत्रों को इस तरह महत्त्व देती है। आपकी इस संवेदना ने मुझे जोश व रोमांच से भर दिया। 'मेरे पत्रों से आपको खुशी हुई कि आपका एक पाठक छात्र, आपसे इतनी दूर रहकर शिक्षा ले रहा है। बल्कि आपने तो यहाँ तक भी मान लिया कि आपको शिक्षिका होना इतने बरस पढ़ाने के बाद अब मालूम पड़ रहा है और आपको मुझे कुछ कहना–लिखना अच्छा लगता है।' सुशीला जी, जितना आपको जान समझ पाया हूँ, उससे मैं कह सकता हूँ, आप शिक्षिका के रूप में भी एक आदर्श होंगी। विशेषकर लड़कियों ने आपका गहरा विश्वास पाया होगा, उनकी आत्मचेतना जागृत हुई होगी। आपका व्यवहार इतना मृदुल व मित्रवत होता होगा कि उन्होंने जीवन की परेशानियों में भी आप से राय ली होंगी। मेरे लिए भी आप जीवन की महत्त्वपूर्ण शिक्षिका में से एक हैं। मेरी बात स्कूली छात्रों से अलग है, मैं आपके जीवन व्यवहार, संघर्ष को सीखने वाला छात्र हूँ। मुझे गर्व है कि मैंने जीवन व्यवहार की बेहतर शिक्षा आपसे पायी है, जो अप्रत्यक्ष तौर पर भविष्य के जीवन पर गहरे प्रभाव डालेगी।

सुशीला जी, आपने लिखा है, आपकी बातों को अंगीकार करने वाला मैं पहला व्यक्ति हूँ। नहीं सुशीला जी! ऐसा विश्वास न कीजिए, ऐसा नहीं है, मैं मानता हूँ कि आपके स्पर्श ने मेरा आत्मिक विकास भी किया

है। लेकिन यह ऐसा नहीं है कि इसे गिना जाये। मैं एक आम छात्र की तरह ही हूँ, जो आपकी अहम सीखों को आचरण में नहीं उतार पाता। मेरा प्रतिशत भी सामान्य छात्र की तरह है। मैं एक छात्र की शक्ल में यह भरोसा जरूर दिलाता हूँ कि आने वाले वक्त में मैं यदि अपराधी भी रहा, तो भी एक दो सीखों को पूरी ईमानदारी के साथ जियूँगा। मैं फख्र के साथ कहूँगा, यह सीख मुझे सुशीला टाकभौरे नाम की शख्सियत ने दी है। मैं तो आपके इस विश्वास को देखकर खुद में सहम गया हूँ। मैं इतना सामर्थ्यवान नहीं हूँ कि आपका अनूठा छात्र बन सकूँ।

काश! मैं बन सकता। यह विश्वास रखिए कि मैं आपका एक जुझारू छात्र सीखने को हमेशा उत्सुक बना रहूँगा। आपने मुझे बीज की महत्ता को समझाते हुए बड़ी सारगर्भित बात लिखी है और बताया कि उसका पालन पोषण धरती ही करती है। मैं आपको स्वयं में एक 'धरती' का आदर व सम्मान देता हूँ। आप मुझ जैसे अर्थहीन बीजों को भी अंकुरित करके पेड़–पौधों में बदलती हो।

आपने मुझे अच्छा इंसान मान लिया, यह आपकी सहृदयता है। आप खुद अच्छे व बड़े दिल की स्वामिनी हैं, इसलिए दूसरे भी आपको अच्छे नजर आते हैं। जबकि हकीकत ऐसी नहीं है। मैं तो बिल्कुल ही सामान्य इंसान हूँ, जिसमें ढेरों कमियाँ हैं। अच्छा इंसान तो मैं बिल्कुल नहीं हूँ, लेकिन मैंने पत्र में आपसे जो प्रॉमिस किये हैं, उन्हें मुझे जीना ही पड़ेगा, वरना आपके विश्वास व स्पर्श का कोई अर्थ नहीं रह जाता। मैं अपनी बातों पर जीकर आपके विश्वास को बनाये रखूँगा, यह मेरा आपके प्रति फर्ज बनता है। एक ऋणी इंसान के रूप में भी आपके विश्वास की रक्षा करना मेरा फर्ज है। मैं आपकी मदद लेकर जान पाया हूँ कि इंसानियत व विश्वास क्या चीज होती है। सुशीला जी, मुझ में वह कूवत नहीं थी कि आपकी कुछ सीखों को आचरण में जियूँ। लेकिन आपके विश्वास ने ही मुझे अब वह क्षमता प्रदान की कि मैं मानवीयता को अपने अन्दर बनाये रखूँ।

मैं बहुत ही गरीब परिवार में पला–पुसा हूँ, हाँ रोटी, छत, कपड़े की परेशानी नहीं रही। बेशक कुछ अच्छे संस्कार खून में मिल गये, जो इतनी गन्दगी के अन्दर आज भी बने हुए हैं। मेरे अतीत वाले पत्र से आपको यह बात समझ आयेगी। क्या आप विश्वास करेंगी? पिछले अट्ठारह बरसों से मैं लगातार अपराध और अपराधियों के बीच रहा हूँ। इसमें जेल के आठ बरस भी हैं। मेरा पालन–पोषण अच्छे तरीके से हुआ, इसकी छाप

अभी तक व्यवहार में झलक जाती है। आपका सामाजिक मनोविज्ञान बड़ा गहरा है। आपकी कुछ बातें अक्षरशः सही हैं। अपनी नजर में मैं अपने को सभ्य, सुसंस्कृत नहीं मानता। आप जैसी इंसानों के स्पर्श ने मुझे थोड़ा सभ्य जरूर बनाया है। सुशीला जी, एक बात ईमानदारी और निरपेक्षता के साथ कहता हूँ, मुझे तीन महिला साहित्यकारों व पत्र–मित्र के स्पर्शों ने ही इतना सभ्य बनाया है। इन महिलाओं ने सहारा देकर, मुझे भीतर से बदला।

आपने बड़े तथ्यपरक ढंग से मुझे समझाया है कि–'व्यक्ति किस तरह गलत रास्तों पर चलने लगता है, लेकिन समझदार व्यक्ति जब अपनी गलती महसूस कर लेते हैं, तब वे आम आदमियों से बहुत ऊपर उठकर अच्छे रूप में जीवन जीते हैं।' मैं आपकी बात से पूरी तरह सहमत हूँ, क्योंकि वे जीवन का एक दूसरा पक्ष भी देख चुके होते हैं। आपने दीपक के प्रकाश की भी बड़ी विचारोत्तेजक विवेचना की है कि–'उसका प्रकाश रात के अँधेरे में कितना महत्त्वपूर्ण हो जाता है। उसकी रोशनी केवल आँखों को ही नहीं, बल्कि मन को भी रोशन करती है और हमें गहराई के साथ सोचने पर भी विवश करती है कि इस नन्हें प्रकाश के साथ हम अपना रास्ता भी स्वयं खोजें। इसके बाद स्वयं प्रकाशित होना भी जरूरी है।' सुशीला जी, जानती हैं आपकी इन पंक्तियों ने मुझे कितने उत्साह व उमंग से भर दिया। महसूस हुआ, जैसे निराशा की सारी धुन्ध छँट गयी हो। आपकी यह पंक्ति किसी भी संघर्षशील निराश व्यक्ति को नये जोश व जिजीविषा के साथ खड़ा कर देती हैं। वह मानसिक रूप से जग जाता है और नयी उम्मीदों से भर जाता है। आपकी ये पंक्तियाँ मनोवैज्ञानिक असर डालती हैं, इनका जादुई असर होता है। गुरुजी, आपकी बात को आत्मसात करके, आपके इस शिष्य का आत्मबल कई गुना बढ़ा है, इसके लिए विशेष कृतज्ञ हूँ।

आप मेरे पत्र–संवाद से बोर नहीं होतीं, यह मेरे लिए तसल्ली वाली बात है, लेकिन मैं आपकी इस सहनशीलता का नाजायज फायदा उठा लेता हूँ। आपको अपना रोना रोता ही रहता हूँ, इसका मुझे एहसास है। लेकिन सुशीला जी, कभी–कभी यह रोना और अंट–संट लिखते हुए मुझे साहित्य और उसके सरोकार छू जाते हैं। इसको पत्र में लिखते हुए मैं अपने अन्दर जीवन की ऊष्मा महसूस करता हूँ। कुन्ता राजपूत उच्च शिक्षित, स्वावलम्बी, आत्मनिर्भर मेरी हम उम्र महिला है, बहुत संवेदनशील

कवयित्री भी है। आपके बारे में वह अच्छी तरह जानती है व अपने पत्र में उसने आपको शुभकामनाएँ प्रेषित की हैं। उसके पत्रों से मैंने पहले यही समझा, यह 'सैर' हो गयी है। पर जब कुन्ता ने मेरे परिवार की खैरियत की खबर मुझे दी, तो मुझे उसकी महानता और विराटता का एहसास हुआ। मैंने कुन्ता राजपूत को अपनी कमीनगी साफ–साफ लिख दी। बड़ी हैरानी वाली बात है कि कुन्ता उसके बाद मुझे अपना अच्छा मित्र मानने लगी। कुन्ता की इंसानियत ने भी मुझे कई नये मानवीय पाठ पढ़ाए। सुशीला जी, क्या पुरुष बिना नारी स्पर्श के अपना सही विकास कर सकता है? नहीं न! मुझे ऐसा ही महसूस होता है।

आपने मुझे मदद देते रहने का आश्वासन दिया है, यह आप हद से कहीं ज्यादा करने की सोच रहीं हैं। मुझे आपके पत्र ही मिलते रहें, यही मेरी दिली कामना है। मैं जानता हूँ आपके पत्र मेरा 'अग्नि स्नान' करा करा के, मुझे निखार देंगे। आपके पत्रों को पाते रहना ही मेरी दिली इच्छा है। आर्थिक मदद के लिए मैं आपसे उम्मीद रखने का हक भी नहीं रखता हूँ। लेकिन अब आप जैसी इंसान से मदद ले लेना, मुझे गवारा है। आपने पहले ही मेरी मदद कर दी है। अब और मैं कैसे स्वीकार करूँ? आखिर मैं आपके इस ऋण से किस तरह उऋण हो पाऊँगा? आप दयालु व बड़े दिल की हैं, इसका अर्थ यह तो नहीं कि मैं आपसे मदद लेता रहूँ। सुशीला जी, आप अपने श्रम के पैसे से मेरी मदद करती हैं, मुझे इसका एहसास है। आपकी यह मदद मेरे इस कठिन वक्त में बहुआयामी साबित होती है। मेरी आत्मा मुझसे कई सवाल करती है–'सुधीर, सुशीला जी की मदद की सार्थकता किस तरह साबित करोगे? उनका यह ऋण किस तरह चुका पाओगे?' बहुत सिर खपाने पर भी मैं जवाब नहीं तलाश पाता हूँ। सुशीला जी, मुझे लगता है, मैं आपका भावनात्मक शोषण कर रहा हूँ। आपकी मदद मेरे खून में प्रवाहित होती रहेगी, मैं आपका कर्जदार कुछ इसी तरह का हो गया हूँ, जैसे 'माँ' के दूध का।

कुन्ता राजपूत हर पत्र में पूछती है, मैं उसे पैसे के लिए लिखूँ, पर मैं नहीं लिख पाया। तब भी उसने दो बार खुद ही मनीऑर्डर कर दिया। आपसे मदद लेने की गवाही मेरी आत्मा दे देती है। आप जैसी इंसान का कर्जदार होना मैं सौभाग्य की बात समझता हूँ। साथ ही मेरा जेहन इस बात का जवाब तलाशता रहता है, 'सुधीर इन विषम हालातों की इस मदद के सहारे से, उऋण कैसे हो पायेगा? सुशीला जी को पैसों में रकम

लौटाना बड़ी छोटी बात होगी और सुशीला जी को उन पैसों को पाने की इच्छा ही नहीं होगी, तब क्या विकल्प बचता है?' इस पर दिमाग खपाता रहता हूँ, आप मुझे कभी–कभी ही मदद करें। आपकी भेजी राशि से कुछ महीने निश्चिंतता के साथ गुजर जाते हैं।

सुशीला जी, मैं आपको एक सामाजिक नायिका की इज्जत देता हूँ कृपया यह न समझें कि मैं मदद चाहने के लिए आपकी चापलूसी कर रहा हूँ। मैं आत्मा की आवाज पर दिल की बात लिख रहा हूँ। मैं आपको गोर्की, प्रेमचन्द और सबसे अलग शरत् दा की किसी कथा की नायिका मानता हूँ। आप घटनाओं का विश्लेषण कीजिए। क्या आपको नहीं लगता? सुशीला जी, जानती हैं आपकी इस भावना ने कितना गहरा प्रभाव छोड़ा है? आपकी करुणा, हिम्मत व दुस्साहस ने मुझे नारी मन के कई आयामों को बताया है। इतना मैं भी जानता हूँ, आपने कोई अनहोनी नहीं कर दी है। पर यह करुणा, हिम्मत व होम करने की भावना कितनी लेखिकाओं में है? माफ कीजिएगा, मैं किसी पूर्वाग्रह की खोट रखकर, यह बात नहीं कह रहा हूँ। ऐसा घटिया इंसान नहीं हूँ मैं कि रचनाकारों से आर्थिक मदद की मतलबी सोच रखूँ। मुझे तो इनके चहरों पर, रचनाओं पर हैरानी होती है।

खैर...छोड़िए, शायद कुंठावश मैं ऐसा लिख रहा होऊँ। आपने मुझे कागज, डाक टिकट, लिफाफे भेजने की इच्छा जताई है। हे देवी! मैं आपके आगे नतमस्तक हूँ और आपकी शरण में हूँ। मेरी इस बात का आप जरा भी बुरा न मानियेगा। मुझे चीजें दी जायेंगी, लेकिन नियम के कोटे से। अभी के मुख्य जेलर व अधीक्षक वैसे मुझसे मित्रवत् हैं। कैदी माह में चार ही पत्र लिख सकता है। हाँ, पा वह कितने भी सकता है। इसकी कोई संख्या नहीं। मैं माह में 10–12 पत्र तो हर हालत में लिखता हूँ। मनीऑर्डर की रकम खाते में जमा होती है, फिर कैदी को माह में जेल कूपन दिये जाते हैं, जिससे वह जेल कैन्टीन से सामान लेता है मैं उन सभी बन्दियों के कागज, लिफाफे लेता हूँ, जो अपने कोटे के कागज लिफाफे नहीं लेते। आप अगर डाक टिकिट, लिफाफे, कागज भेजना चाहें तो भेज सकती हैं, पर मुझे लगता है, मनीऑर्डर से मैं जेल कैंटीन से यह सब ले सकता हूँ। आपके भेजे लिफाफे आफिस में जमा रहेंगे और माह में चार ही मिल पायेंगे।

आपने 'शर्मा' के बारे में जो विचारोत्तेजक टिप्पणी लिखी है, उसने मुझे और गहरे से कर्म, इंसान का मतलब समझाया। मैं तो आपका शिष्य

हूँ न, इसलिए बड़े ध्यानमग्न होकर आपसे ग्रहण करता रहता हूँ। सुशीला जी, इस बात के लिए माफी चाहूँगा कि अपनी रौ में बहते हुए, मुझे यह भी ध्यान न रहा कि आपके इस मूल्यवान पत्र के बारे में कह सकूँ। आप भले ही इसे मेरा पागलपन मानें, पर यह सच है कि आपके पत्र मेरे अन्दर एक नयी क्रान्ति पैदा कर देते हैं। आप मनोवैज्ञानिक होतीं, तो मैं आपको बड़े चौंकाने वाले विश्लेषण करके भेजता। इतना आप विश्वास रखिए कि आपके पत्रों से यह कैदी शिष्य एक मानसिक परिपक्वता ग्रहण करता है।

सुशीला जी, पत्र के अन्त में आपने अपने नाम को दो बार दोहराकर बड़ा किया है। मुझे महसूस हुआ, आपके नाम के साथ–साथ आप बड़ी विराट, विस्तृत हो गयी हैं और मैं उस गहराई में सुधीर को खोज रहा होऊँ। कोई ओर–छोर न पाकर, मैं खुद में लौट आया। मैंने आपकी विराटता, विशालता, गहराई को श्रद्धा से नमन किया। मैं अन्त में लिखे 'सुशीला' शब्द को मौन रहकर बड़ी देर तक देखता रहा।

सुशीला जी, आपने मेरे पत्र को समय दिया, इसका भी आभारी हूँ। अपने परिवार में व सहकर्मियों को मेरी शुभकामनाएँ व अभिवादन कहिएगा। आपकी खुशी व सेहत की कामना के साथ।

आपने 'दुआ' शब्द लिखने की जगह 'शुभकामना' लिखने को कहा है, जैसी आपकी आज्ञा, लेकिन सुशीला जी दुआ में क्या कमी है? मेरी शुभकामना व दुआ दोनों ही हृदय के अन्तस से निकलती हैं, दोनों ही समान रूप से पाक हैं। लेकिन मैं अब शुभकामना ही लिखा करूँगा। मेरी बात का बुरा न मानना।

आपका सुधीर

28–12–99
केन्द्रीय कारागार, गोवा

आदरणीय सुशीला जी,
हार्दिक अभिवादन,

आपकी किताब 'अनुभूति के घेरे' और पत्र पाने के बाद मैंने आपको पत्र लिख दिये थे, उम्मीद करता हूँ मिले होंगे। मेरे उन लम्बे–लम्बे पत्रों को पढ़कर शायद आपको उलझन भी हुई हो, क्योंकि उन पत्रों में एक जागरूक पाठक को दर्शाने वाली कोई बात न थी। फिर भी आशा करता हूँ, आपने अपनी सहृदयता के चलते उस खीझ को झेल लिया होगा।

आपके पत्र ने जिस तरह मुझे मथा है, मैं उसके असर से इतने दिन के बाद भी उबर नहीं पा रहा हूँ। मेरा अपना आत्मविश्लेषण और मन्थन चालू है। सुशीला जी, आपने मेरे बारे में जानने की इच्छा जताई है। यह मेरे लिए जीवन की ऊर्जा से भर देने वाली बात है। आपकी इस संवेदना ने मेरे दिल को छू लिया। आप जीवन के अनेक क्षेत्रों में एक साथ सक्रिय हैं। मैं जानता हूँ, आपके पास हमेशा समय की तंगी बनी रहेगी। इसमें मेरे पत्र आ–आकर आपका समय लेंगे, इन्हें आप अपना कीमती वक्त देंगी, इसके लिए मैं दिल से शुक्रगुजार हूँ।

अपने बारे में बताने को मेरे पास ऐसा कुछ भी नहीं है, जिसे बताने लायक समझ सकूँ। जो भी है उसे सरसरी तौर पर लिख रहा हूँ। मैं तो इसी बात से हतप्रभ हूँ कि आप जैसी विदुषी साहित्यकार और अच्छी व बड़ी इंसान ने मेरे बारे में जानना चाहा है।

मेरा जन्म एक गरीब परिवार में हुआ। शिक्षा के नाम पर मेरी माँ को अक्षर ज्ञान है, तो पिताजी को उससे कुछ ज्यादा अक्षरों का। स्कूल जाने की उम्र होने पर मुझे भी बड़े अरमान से स्कूल भेजा गया। मैं उनका इकलौता लड़का था। बचपन से ही मुझे पिताजी के हिटलरी कानूनों में जीना पड़ा। वैसे आज भी मैं अपने पिताजी को एक अच्छा इंसान मानता हूँ और माँ को याद करने के बाद, मुझे भगवान को स्मरण करने की जरूरत नहीं रह जाती। मेरे पिताजी ने मेरे लिए कठोर कानून बना दिये और माँ को उन पर अमल करने की सख्त हिदायत दे दी। माँ बेचारी क्या करती? वह अपने मातृत्व को मारकर उन पर अमल करती। किस्मत से मेरे पिताजी किसी भी तरह के नशे से दूर इंसान थे। पर अच्छे पिता का सौभाग्य मैं न लाया था। घर में हमें पिताजी की मर्जी से ही हँसना पड़ता, मुझे बाहर खेलने पर भी पाबन्दी थी। इसका कारण यह हो कि वह अपने बेटे को बाहरी बुराइयों से बचाना चाहते हों, जैसा हर पिता चाहता है। पर उन्हें यह मालूम न था कि सितार के तारों को अत्यधिक कस देने से, उनमें से सुर नहीं निकलता, उल्टे उँगलियों को ही क्षति पहुँचने की सम्भावना बन जाती है।

पिताजी की सख्तियों ने मेरे बाल मन पर अपने प्रभाव छोड़ने शुरू कर दिये। हाँ, यह है कि मुझे रोटी व छत की कमी कभी न रही। इस तरह मैं बड़ा होने लगा। तब मेरी एक मात्र प्यारी बहन ने जन्म लिया। वह मुझ से ग्यारह बरस छोटी है। उसके जन्मने के बाद भी हमउम्र साथियों

की कमी मुझे खलती रही। मेरे पिताजी को मेरे बाहर खेलने पर भी चिढ़ थी। बाद में जब मैंने स्कूल कॉलेज की प्रतियोगिताओं में इनाम जीते और अखबार में मेरा नाम आया, तब भी उन्होंने खुशी प्रकट रूप में भी जाहिर नहीं की। लेकिन उनका चेहरा गर्व व खुशी से भर जाता था। समय के साथ–साथ मैं अगली कक्षाओं में जाता गया। मैं कोई बहुत मेधावी छात्र न था, पर सामान्य से कुछ अच्छा था। पिताजी के कानून पूर्ववत् चलते रहे, बल्कि वह बलप्रयोग भी बड़ी सहजता के साथ करते, जिसकी चपेट में मेरी माँ भी आती रही। यह सब देखकर मैं अन्दर सुगलता रहता।

नौवीं कक्षा में जब विषय चुनने की बात आयी, तो मैं ड्राइंग लेना चाहता था, क्योंकि मेरी ड्राइंग बहुत अच्छी थी और इसमें मैं स्कूल स्तर पर अव्वल रहा। मैंने जब ड्राइंग विषय लेने की इच्छा पिताजी को बतायी, तो झापड़ के साथ जवाब मिला–'पेंटर बनना चाहता है।' आम आदमी की तरह मेरे पिताजी भी शिक्षा को नौकरी से जोड़कर देखते। उन्होंने मुझे कॉमर्स विषय लेने को कहा। ड्राइंग को वह पेन्टर का ही काम समझते थे। मन मारकर मैंने कॉमर्स लिया। अब वह पढ़ाई भला मेरा क्या विकास करती जिसे मैं अरुचि और दबाव में पढ़ रहा था? अब मेरा उद्देश्य सिर्फ पास होना भर रहता। किशोरावस्था में आने के बाद भी पिताजी का बलप्रयोग चालू रहा। यह अच्छा रहा कि मेरा आस–पड़ोस–मुहल्ला अच्छा और शान्त था। अपनी जिज्ञासु प्रवृत्ति के कारण मैं तब भी उनमें कुछ न कुछ खोजता रहता। खेलने के लिए मैं बहाने बनाकर बाहर जाता और पकड़े जाने पर उनमें नये–नये आविष्कार करता। मैं तो भगवान से यह प्रार्थना करता रहता कि हमारे घर परिचित आयें और मुझे बाहर जाने का मौका मिलने के साथ–साथ, चाय नमकीन भी मिल जाये। समय के साथ मैंने स्कूली शिक्षा पूरी की व एक सांध्यकालीन कॉलेज में दाखिला लिया।

कॉलेज में जाने के बाद मैं नयी दुनिया से परिचित हुआ। घुटन से थोड़ी राहत मिली। साथियों की आजादी व व्यवहार देखकर मेरी आँखें फटी रह गयीं। बाहरी दुनिया से थोड़ा परिचय होने के बाद, मैं थोड़ा खुलने लगा। किस्मत से उसी समय मुझे कनाट प्लेस की एक बड़ी और मशहूर न्यूज एजेंसी में पार्ट टाईम काम मिल गया। इस एजेंसी के अखबार व किताबें पंचसितारा होटलों, मन्त्रालयों व बड़ी–बड़ी जगहों पर जाते। सेल्समैन होने के नाते मुझे वहाँ जाना पड़ता था। कनॉट प्लेस दिल्ली की वह जगह है, जहाँ सिर्फ घूम आना ही इज्जत की बात समझी जाती है। नयी नौकरी ने

जहाँ मुझमें आत्मविश्वास पैदा किया, वहीं कनॉट प्लेस की जीवन शैली ने मुझे उन लोगों को दिखाया, जिनके बारे में मैं कल्पना करता या फिल्मों में देखा करता था। इस नये अनुभव से मैं तेजी से सीखने लगा। यहाँ मैंने डेढ़ बरस काम किया। मैं घर के लिए वैसा ही था। अपनी तनख्वाह लाकर मैं सीधे माँ के हाथ में रख देता। सेल्समैन होने के नाते ऊपर के दो–चार रुपये कभी मिल जाते, तो वही मेरा जेब खर्च होता। जिन्दगी इसी तरह चल रही थी कि एक घटना घटने से माँ– पिताजी में तकरार हो गयी। पिताजी ने माँ पर बल प्रयोग किया, तो मेरा आक्रोश, कुंठा, घुटन फूट पड़ी और मैंने पिताजी के हाथ को पकड़कर रोक दिया। यह पिताजी के लिए बहुत बड़ी घटना थी। घर में मिले संस्कारों के कारण मैंने सिर्फ पिताजी के हाथ को ही रोका। दूसरी कोई बात न की। परन्तु घर के लिए यह क्रान्तिकारी घटना थी। बाद में ऐसा तनाव पैदा हो गया कि मुझे घर छोड़ने का निर्णय लेना पड़ गया। अगर मैं घर न छोड़ता तो कोई अनहोनी घट सकती थी। मैंने माँ से सौ रुपये लिए, दो जोड़ी कपड़े उठाए और माँ के पैर छूकर व बहन के सिर पर हाथ फेरकर नयी दिल्ली रेलवे स्टेशन आ गया। मैंने किसी पत्रिका में पढ़ा था कि मद्रास में हर किसी को काम मिल जाता है। मद्रास की ट्रेन उस वक्त न थी और मैं दिल्ली में जरा भी रुकना न चाहता था। बम्बई की ट्रेन कुछ समय बाद थी। बिना कुछ सोचे समझे मैंने बम्बई का टिकट लिया और ट्रेन में बैठ गया। सफर भर मैं रोता रहा। सफर में ही एक हमउम्र युवक से बातचीत हुई। उसे सच बताया, तो उसने दिलासा दिया। उसका एक साथी बम्बई में है, जो किसी होटल में काम करता है। वह मदद करेगा, पर मैं उसके पते पर एक दिन बाद आऊँ।

जब मैं बम्बई सेन्ट्रल पर उतरा, तो मेरे पास तेईस रुपये थे और साथ में था मेरा अटूट आत्मविश्वास, जीवट व कुछ कर गुजरने की लालसा। नयी जगह की आशंकाओं से भरकर, मैं बाहर निकला। एक आदमी से किसी धर्मशाला के बारे में जानना चाहा तो उसने हँसते हुए, तरस खाते हुए कहा, किसी पुलिस स्टेशन में जाओ। तनाव, डर, व परेशानी से समझ नहीं आ रहा था, रात कहाँ निकालूँ? मैं यूँ ही रोड पकड़कर आगे बढ़ा, ग्रांट रोड पर शेरे पंजाब होटल है। उसके सामने फुटपाथ पर एक बूढ़े का बिस्तरा लगा था। हिम्मत जुटाकर उसके पास गया और रात काटने का ठौर पूछा। बूढ़े ने ध्यान से मुझे देखा और कहा–'हीरो' बनने तो नहीं

आये? कितने रुपये लेकर आये हो? मैंने उसे सच बताया और कहा मेरे पास तेईस रुपये, दो जोड़ी कपड़े व एक छोटा ट्रांजिस्टर है। उसने रात काटने की जगह दे दी। उस रात मुझे भूख की परिभाषा समझ आयी व फुटपाथ का मतलब भी।

अगले रोज मैं उस ट्रेन में मिलने वाले दोस्त के पास गया। उस दोस्त ने बातचीत की, पर काम की कोई उम्मीद नहीं बनी। उसने मेरी एक सबसे बड़ी परेशानी का हल निकाल दिया, उसने एक इंड्रस्टियल स्टेट के बाहरी फुटपाथ पर मेरे सोने का इन्तजाम कर दिया। बम्बई के फुथपाथ ने मुझे जगह देकर कबूल किया। फुटपाथ के लोगों ने मेरा दिली स्वागत किया। अब मेरे लिए लक्ष्य था, किसी भी काम को पाना। मैंने होटल, फैक्ट्री सभी जगह काम की तलाश की। लेकिन कोई तकनीकी अनुभव न होने से काम नहीं मिला। होटल में जमानत पहले पूछते। तेईस रुपये में मैंने नौ दिन निकाले। मैं लोकल स्टेशनों के स्टॉल पर जाता, सात आठ पाव लेता व एक बटाटा वड़ा। साथ में जो चटनी का पानी मिलता, वह मेरी सब्जी होती।

काम न मिलने से मैं टूटने लगा था। इस वक्त में फुटपाथ के साथियों ने ही सहारा दिया। वे मेरी साफगोई व जीवट से बड़े प्रभावित थे। बिहार के एक लड़के ने मुझे खाना देते रहने का विश्वास भी दिया, पर मुझे यह मंजूर न था। मैं उसके साथ बूट पालिस के काम पर जाने लगा। ट्रांजिस्टर बेचकर इतना पैसा मिल गया कि बूट पॉलिश का सामान आ गया। दादर स्टेशन पर मैं उसके साथ बैठने लगा। कुछ ही दिन हुए कि एक सम्भ्रान्त से दिखने वाले इंसान से, बूट पॉलिश वाले दोस्त की तकरार हो गयी। उस आदमी ने उसे अपशब्द कह दिया था। मैं उठकर खड़ा हुआ और उसे उसकी गलती का ज्ञान दिलाया। मेरी बात सुनकर वह बोला–'तुम पढ़े–लिखे लड़के लगते हो, यह काम क्यों करते हो? मैंने उसे बताया, मुझे किसी ने काम ही नहीं दिया। मेरी बात बताने पर उसने अपना कार्ड दिया और ऑफिस में आने को कहा। वह इंसान मुझे साक्षात देवदूत लगा। मैं उसके ऑफिस गया तो पता चला, वह आर्मी का रिटायर्ड कैप्टन है और दादर में अपनी प्राइवेट सुरक्षा एजेंसी चलाता है। उसने मेरा सच जानकर, विश्वास के साथ मुझे सुपरवाइजर की नौकरी दे दी। जबकि उसके छोटे भाई ने कहा भी, यह फुटपाथ पर रहता है, कहीं वर्दी ही लेकर गायब न हो जाये। कैप्टन ने मुझे आठ रुपये रोज की नोकरी

दे दी। यह 1981 की बात है। उसने बीस रुपये एडवांस भी दिये।

नौकरी पाकर मुझे लगा कि दुनिया मिल गयी हो। मेरी रोटी की चिन्ता हल हो गयी थी। अब मैं खुद अपने पैरों पर खड़ा हो सकता था कैप्टन ने जिस जगह मुझे भेजा, वह कोलाबा में कफ परेड का एरिया था। जहाँ धन **कुबेर** रहते हैं। मुझे एक 28 मंजिला इमारत में भेजा गया। मैंने अपने काम पर पूरी जान लगा दी और सीखने में बिना रुके सात ड्यूटी कर डाली। सोसाइटी मैनेजर मेरे काम को देखकर खुश हुआ। मेरी प्रार्थना पर उसने एक गैरेज में मुझे सोने की इजाजत भी दे दी। जाली मेकर की इस इमारत में काम पाकर एक नयी दुनिया मेरे सामने उद्घाटित हुई। यहाँ की दुनिया रात में अपने पूरे शबाब पर होती। इसी इमारत के पहले तल पर प्रसिद्ध चित्रकार एम. एफ. हुसैन रहते हैं। अपनी सौम्यता व सीधेपने के कारण मेरी मित्रता वहाँ के ड्राइवरों व नौकरानियों से हो गयी। पहले पहले यह जानकर मेरा मानसिक पक्षाघात होते–होते बचा, कि मैडम या मेमसाहब का कुत्ता, ताज होटल की बनी एक विशेष आईसक्रीम खाता हैं। मैं सोचता, यह कुत्ते मुझसे कितने खुशनसीब हैं। फिर तो उन्होंने धीरे–धीरे वे राज खोले कि मुझे दुनिया घूमती मालूम पड़ी। नौकरानियों के लिए मैं मनोरंजन का साधन था। पहले तो मैं उन्हें ही मालकिन की लड़की समझ बैठा। इन नौकरानियों ने पहली बार मुझे स्त्री की परिभाषा कई अर्थों में समझाई। वह मुझे घर का खाना बड़े प्रेम से देती, जो मैंने न कभी खाया था, न देखा था। कहना न होगा कि इसमें कुछ अनुचित सम्बन्ध भी बने। हाँ इनके लिए मैंने किसी झूठ फरेब, विश्वासधात का सहारा नहीं लिया। मैं बड़ी तेजी से इन कुबेरों की दुनिया को देखने–समझने में जुट गया। घर को मैंने पत्र लिखकर बता दिया था कि मैं यहाँ पर ठीक से हूँ। चार माह में मैंने इतना पैसा बचा लिया था कि घर जा सकूँ। मुझे घर की बड़ी याद आती रहती थी। मैंने कैप्टन से घर जाने की छुट्टी ली और घर गया। बम्बई की हवा और माहौल ने मुझे बदल दिया। मुझमें यह आत्मविश्वास आ गया था कि मैं खुद बिना किसी सहारे के खड़ा हो सकता हूँ। माँ–पिताजी ने मुझे गले से लगाया और घर में ही रहने को कहा, लेकिन मैंने किसी की नहीं सुनी। क्योंकि मैं खुद के बलबूते पर कुछ बनना चाहता था। बहन का प्यार भी मुझे रोक न पाया। छुट्टी खत्म होने पर मैं बम्बई वापिस आ गया।

वापिस आने के बाद मैंने अपनी नौकरी पकड़ी व ट्रेन में मिले साथी

के साथ पार्ट टाईम पर एक 'बड़ा पाव' का ठेला भी खोल दिया जिस पर मैं ड्यूटी के बाद काम करता। फिर एक घटना घटी और मेरी दुनिया ही बदल गयी। बम्बई के एक मेरे साथी ने एक जगह लूट की सोने की चेन ली और मेरे पास आकर सो गया। उसने मुझे सच बता दिया। मैंने सोचा कि काम तो इसने किया है, उसके पास सोने में मुझे क्या परेशानी। बाद में पुलिस आयी और उसके साथ मुझे भी ले गयी। केस में मुझे भी प्लानर के रूप में डाल दिया गया। मेरी दुनिया अँधेरे में डूब गयी। मैं न तो घर बता सकता था और बम्बई में मेरा कोई सहारा न था। मुम्बई पुलिस और पुलिस लॉकअप से मेरा पहला वास्ता था। मैं रात–दिन रोता रहता कि इस अँधेरे से कैसे निकल पाऊँगा। कोई उम्मीद नजर न आती।

मैंने खुद को हालातों के सहारे छोड़ दिया। पुलिस लॉकअप की नयी दुनिया मेरे सामने थी। इस दुनिया की अपनी कार्यशैली व जीवनशैली होती है। मैं उसके साथ अपना तालमेल बिठाने लगा। कुछ दिनों में ही मुझे उसकी भाषा और नियम का ज्ञान हो गया। मुझे लॉकअप में रहते दो महीने हो गये, मैं वहाँ भी सायं को रोज कसरत करता और आरोपियों के भत्ते को सुबह–सायं लिखने का काम करता। इससे मुझे एक आदमी का भत्ता मेहनताने में मिलता।

एक दिन लॉकअप में बड़ी हलचल हो गयी। समद आया है, समद आया है का रपेट मच गया। सभी आरोपी उचक–उचक कर जाली से बाहर देखने लग गये। मैं भी उनके साथ देखने लगा। बाहर एक 21–22 साल का गोरा–चिट्टा तन्दरुस्त युवक एक पुलिस अफसर से बड़े दोस्ताना अन्दाज में बातें कर रहा था। थोड़ी देर बाद वह लॉकअप में आया तो लॉकअप के सूरमाओं ने बड़ी इज्जत के साथ, उसे जगह दी। वह आकर लेट गया और सो गया। आरोपी आपस में बात करने लगे, करीम लाला का लड़का आया है। मैंने सोचा, जरूर यह किसी लाला व्यापारी का लड़का होगा, तभी इसे इतना सम्मान दिया जा रहा है। मैंने एक आरोपी से पूछा, यह करीम लाला कौन है? इस पर उसने मुझे इस तरह देखा, जैसे इस मुम्बई में मुझ से बड़ा बेवकूफ कोई न हो। बाद में उसने बताया, करीम लाला अपराध जगत का सूरमा है। सायं को मैं अपने रूम में कसरत कर रहा था। समद मेरे रूम में आया। यह रूम डायर खोली कहलाता है, जो पाखाने से सटा होता है। इस रूम में वे लोग रहते हैं, जो लॉकअप में सबसे बेवकूफ समझे जाते हैं।

समद ने बाथरूम जाने के लिए पूछा, क्या साबुन और तौलिया मिलेगा? मैंने उसे बताया, मेरे पास कुछ नहीं है। मैंने एक विदेशी आरोपी का तौलिया व साबुन लेकर उसे दिया। हाथ–मुँह धोकर आने के बाद उसने सिगरेट की तलब बतायी। मैंने उसी विदेशी मित्र से एक सिगरेट लेकर उसे दे दिया। उसने मेरा नाम पूछा और चला गया। कुछ घंटे बाद समद के परिचित आये और उसके लिए कपड़े–बिस्तर, खाना, सिगरेट लेकर आये। समद ने एक आरोपी के हाथ कुछ खाना व 555 का एक पैकेट सिगरेट मेरे लिए भिजवाया। मैं सिगरेट पीता नहीं था। खाने को देखकर मैं चकित रह गया, वह शुद्ध अफगानी पठान का खाना था। ऐसे खाने को मैं पहली बार देख रहा था। मैंने सपने में कल्पना भी नहीं की थी, अपराधी इस तरह का खाना खा सकते हैं। शुद्ध अफगानी खाना था। मैंने उस आदमी को साथ लिया और समद के पास जाकर बोला–'मैं सिगरेट पीता नहीं, विदेशी भी यह पैकेट न लेगा। खाना है, इसे रहने दीजिए। समद ने आग्रह किया, खाना तुम लोग खा लो, सिगरेट विदेशी मित्र को धन्यवाद के साथ दे दो। मैंने उसकी बात मान ली। उसने मेरा नाम पूछा, अगले दिन भी सलाम–दुआ ही हुई। खाने के वक्त पर उसने मुझे जरूर याद किया। वह लॉकअप के तीसमार खाँ से घिरा था।

उसी रात को डेढ़–दो का वक्त रहा होगा, फुसफुसाहट से मेरी आँख खुल गयी। देखा चार–पाँच तेज तर्रार बन्दी, तीन लोगों, एक अधेड़ व दो नवयुवकों को घेर के खड़े हैं और उनकी जेबों से पैसे निकाल रहे हैं, जिसका वे लोग दबा विरोध कर रहे हैं। मैं खड़ा हुआ और उन लड़कों से बोला कि यह जबरदस्ती ठीक नहीं है। तुम लोग पैसे नहीं निकालोगे। इस पर वे मुझसे उलझ पड़े। मैं भी भिड़ गया। शोर शराबा हुआ। समद भी जग गया। उसने बात पूछी। मैंने उसे सच बताया, झगड़े की वजह क्या है। सुनकर उसने उन बन्दियों को डाँट लगाई। तब उसने बैठकर मुझसे मेरे केस के बारे में पूछा। मैंने उसे कहा–लूट की योजना का केस है। अगले दिन उसने मुझसे विस्तार से पूछा। उसे बताते बताते मुझे रुलाई फूट पड़ी। उसने मेरा ढ़ाढस बन्धाया और बोला–यह तो मामूली केस है। मैं तुम्हें जमानत पर छुड़ा देता हूँ। समद के इन शब्दों को सुनते हुए मुझे लगा कि यह कोई देवदूत है। मैंने उसके हाथों को थाम लिया और रुँधे स्वर में बोला–समद भाई अगर ऐसा हो गया, तो मैं उम्र भर आपको भूल नहीं पाऊँगा।

उसी दिन सायं को समद को राष्ट्रीय सुरक्षा कानून के तहत, अकोला जेल भेज दिया। इसका अनुमान समद को भी नहीं था। मैं यह सुनकर गश–सा खा गया। जीने की किरण नजर आकर भी गायब होने जा रही थी। मैं समद के पास गया। वह मेरी शक्ल देखकर सब कुछ समझ गया। खुद ही बोला–शर्मा, तुम परेशान न होओ। मैं अकोला जाकर भी तुम्हें बाहर निकाल दूँगा। मैंने भर्राए गले से उसका आभार व्यक्त किया। समद के जाने के बाद मैं गहरी निराशा व अन्धकार में डूब गया। मुझे लगता अगर समद मुझे भूल गया तो? मुझे फिर से अन्धकार नजर आने लगा। दो या तीन दिन गुजरे होंगे। रात के 2–3 बजे वही कहानी शुरू हो गयी। आवाजें सुनने पर नींद खुली तो देखा, पाँच–छह बन्दी तीन आदमियों की जेब से पैसे निकाल रहे हैं और वे उनका प्रतिरोध कर रहे हैं। मैं भन्ना उठा और उनसे भिड़ गया। बीच बचाव हुआ। मालूम पड़ा कि वह एक मझगाँव डाक के इलैक्ट्रिक विभाग के प्रमुख जी. डी. मलिक हैं। दो नवयुवक उनके दूर के भतीजे। मलिक साहब ने मेरा आभार माना और मुझसे केस के बारे में पूछा। मैंने उन्हें बताया कि मैं किस तरह अँधेरे में हूँ। मैंने उन्हें समद के बारे में भी बताया। सारी बातें सुनकर मलिक साहब ने कहा–'शर्मा, मैं तुम्हारी जमानत करवा दूँगा, तुम फिक्र नहीं करना। सुबह मेरा वकील आयेगा। हम चले जायेंगे। दो दिन में मैं तुम्हारी जमानत करवा दूँगा।'

मुझे यह अविश्वसनीय लगा। एक बड़ा सरकारी अफसर एक अनजान बन्दी, जिस पर लूट की योजना का अभियोग हो, उसे जमानत क्यों देगा? उसे क्यों छुड़वाएगा। सुबह मलिक साहब का वकील आया और कुछ घंटों में वह चले गये। मलिक साहब की कुलाबा में जगह थी, भाड़े वाले से झगड़ा होने के कारण उन्हें लाया गया। मलिक साहब की बात पर ज्यादा विश्वास न होते हुए भी मैं एक उम्मीद से भर गया। दो दिन बाद सुबह पुलिस वाले ने मुझे आवाज दी। दरवाजे पर आया, तो मलिक साहब वकील के साथ खड़े थे। उन्हें देखते ही मुझे लगा, जैसे मुझे फिर से नया जीवन मिल गया हो। मलिक साहब मेरी जमानत के पेपर लेकर आये थे। पुलिस ने मलिक साहब को बहुत समझाया कि इसकी जमानत मत कराओ। पर मलिक साहब ने मुझे आजाद करवा दिया। मैं मलिक साहब के पैरों पर गिर पड़ा। मलिक साहब मुझे अपने घर ले गये और 14 दिन तक घर में ही रखा। मलिक साहब ने मुझे यह भी कहा कि अगर मैं

काम करना चाहूँ तो वह मझगाँव डाक में मुझे काम पर लगा देंगे। मुझ पर समद का भूत सवार था। मैंने उन्हें सच बताया और कहा–मैं समद के पास काम करूँगा।

मुझे समद खान की कोर्ट की तारीख मालूम थी। मैं कोर्ट में जाकर समदः से मिला। मुझे आजाद देखकर उसने समझा, उसके आदमी ने मेरी जमानत करा दी है। वह बड़े प्यार से मिला। पूछने पर मैंने उसे बताया कि मुझे मझगाँव डाक के एक अधिकारी मलिक साहब ने निकाला है। जानकर वह अपने आदमी पर बहुत बिगड़ा कि वह शर्मा को पहले क्यों नहीं निकाल पाया। मैंने समद को बताया, मैं उसके पास काम करना चाहता हूँ। समद ने अपने आदमी को कहा–शर्मा को ऑफिस में रख देना। छोटे बाबा से कहना कि शर्मा को मैंने रखा है। उस आदमी ने मुझे कहा, तुम 'डोंगरी' ऑफिस में आ जाना। मैं डोंगरी ऑफिस गया, तो बहादुर खान ने समद के पिता से कुछ बात की और आकर मुझे कहा–शर्मा, तुम यहाँ पर ही रहना। काम के बारे में पूछा, तो उसने कहा, तुम्हें सिर्फ यहाँ बैठना या खड़ा होना है। मैंने कृतज्ञता प्रकट की और नये काम पर खड़ा हो गया।

'डोंगरी' में काम मिलने पर, मैं एक उस नयी दुनिया से परिचित हुआ, जो बड़ी रहस्यमयी व हैरतअंगेज थी। मैं यह सोचकर परेशान था, सिर्फ खड़े या बैठने का ऑफिस का कौन–सा काम है? तीन–चार दिन में ही वातावरण ने मुझे समझा दिया। 'करीम लाला' नाम की शख्सियत है जरूर, मैं अपने काम को बड़ी ईमानदारी व तेजी से सीखने लगा। ऑफिस में जो हट्टे–कट्टे पहलवान थे, उनसे मैं काम को सीखता गया। मैं छरहरा फुर्तीला युवक था। घर के संस्कारों की छाप मुझ पर थी। इसलिए मेरे काम का तरीका ही दूसरा होता था। बहुत जल्द मैंने अपनी साख बना ली। 'डोंगरी' आने पर पता चला, समद खान के पिता रहीम खान हैं। रहीम खान का व्यक्तित्व किसी बड़े राजकीय अफसर जैसा था, जबकि करीम खान को देखते ही आदमी समझ जाता था, वह वाकई में किसी डान से बात कर रहा है। मैं करीम खान की नम्रता, दयाशीलता और सच्चाई से बड़ा प्रभावित हुआ।

सुशीला जी, यह 82–83 की बात है, तब मुम्बई का अपराध जगत का रंग रूप अलग ही था। तीन चार जो बड़े सूरमा थे, वहाँ पर एक हद तक सिद्धान्त थे। मैंने बहादुरी, मदद व स्त्रियों का सम्मान करना डोंगरी में करीम खान के पास सीखा। करीम खान को कोई लड़का न था। उसने

छोटे भाई रहीम खान के लड़के को गोद ले लिया था। करीम खान ने 70 से पहले पूरी बम्बई में अपना दबदबा बना रखा होगा। यह बात मैं समझ गया। 60 के बाद उसने खुद सक्रिय हिस्सा नहीं लिया। उसके दबदबे का ही कमाल था कि सभी अपराधी सूरमा उसे दिल से इज्जत देते थे। समद मुझसे एक–दो साल बड़ा ही होगा। वह बड़ा ही तेज तर्रार अपराधी था, दूसरे अपराधियों से एकदम अलग।

डोंगरी में रहने से एक नयी दुनिया मेरे सामने उद्घाटित हुई। 'करीम लाला' रहीम खान की सामाजिक इज्जत, रुतबा था। क्योंकि मैं उनका नौकर था, इसलिए वह बाहर किसी भी पार्टी समारोह में जाते तो मुझे जाना ही पड़ता था। यही मेरी नौकरी थी। मैं यह देखकर दंग रह गया, बड़े–बड़े व्यापारी, फिल्म स्टार उसके करीबी मित्र थे। दिलीप कुमार, अमजद खान, कादर खान, संजीव कुमार, शत्रुघ्न सिन्हा, जीनत अमान, जगदीप, फिरोज खान उसके पारिवारिक दोस्त थे। समद अपने ज्यादा केसों के चलते ज्यादातर जेल में ही रहा। मुझे उसने अपना पी. आर. ओ. बना लिया था। मैं जेल में उसे मिलने चार–पाँच बार जाता था व दूसरी जेल में भी गया। इससे जेल व्यवस्था, पुलिस राजनेता–सभी की खूबी खराबी समझ आती गयी। यह मेरे लिए बड़ा हैरतअंगेज था। सुशीला जी, 1987–88 के बाद, मुम्बई के अपराध जगत का रूप ही बदल गया। आज जो माफिया डॉन हैं, तब वे समद खान के नाम से ही काँप जाते थे। बल्कि मैं उन्हें टुच्चा, घटिया डॉन समझता हूँ। 'डोंगरी' यह जगह है, जहाँ आज भी अपराध के नियम बनते हैं और वह पूरी मुम्बई पर लागू होते हैं। डोंगरी में रहते हुए मैंने पत्र–पत्रिकाएँ पढ़ने की आदत डाली और पत्र मित्र भी बनाये। मैं तब 20 वर्ष का नवयुवक था। क्या आप यकीन करेंगी कि मेरी पत्र मित्र भले घर की लड़कियाँ भी बनीं, जिनमें आई.ए.एस., आई.पी.एस. की बेटियाँ भी थीं। वे कॉन्वेंट शिक्षित थीं। मजे की बात यह कि मेरे सब सच को जानते हुए भी वे मेरी मित्र बनीं थीं।

एक बरस बाद, जब मैं घर गया, तो मेरा पूरा हुलिया ही बदला हुआ था। बातचीत, व्यवहार में गजब का आत्मविश्वास आ गया था। मैं आत्मविश्वास से लबालब भरकर, किसी भी दुखी के पक्ष में खड़ा हो जाता। इसके लिए कई बार मैंने खूब नुकसान भी उठाया। मैं घर गया तो माँ पिताजी मेरा आत्मविश्वास देखकर दंग रह गये। कहाँ दबा सहमा सा सुधीर और अब ये उग्र व निडर सुधीर। आस–पड़ोस, नाते–रिश्तेदार

यह देखकर गद्‌गद् थे कि मैं उनका आदर–सम्मान ज्यादा करने लगा हूँ। सरिया के आतंक मुझसे बात किये बिना ही नम्र हो गये। मैंने उनसे सच ही कहा कि मैं चोरी, ठगी, फरेब नहीं करता। मेरा मालिक एक कुख्यात आदमी करीम लाला है। मैं उसके पास नौकरी करता हूँ। वह जहाँ लड़ने को कहता है, लड़ता हूँ।

माँ–पिताजी यह जानकर खुश न थे, पर क्या करते? उन्होंने मुझे बहुत कहा, 'बेटे अब मुम्बई मत जाओ, दिल्ली में ही कुछ काम देख लो।' मुझे आजादी निडरता व अपराध के आकर्षण ने मदमस्त किया हुआ था। मैंने उन्हें साफ बताया, मैं मुम्बई में ही काम करूँगा। वे मन मार कर रह गये। इसका मूल मनोवैज्ञानिक कारण यह था कि बचपन से अठारह बरस की उम्र तक मैं कड़े नियमों में पला। भिरारी जोश होते हुए भी, मुझे हँसने से भी मना था। ऐसे युवक को मुम्बई में आजादी, इज्जत, स्वाभिमान के साथ जीने को मिल रहा था, वह भला इसे क्यों छोड़ता? घर की मैंने बहुत–सी सड़ी–गली मान्यताओं, नैतिकता को नकार दिया था और बाद में जब भी घर जाता, नकारता रहता। मैंने माँ–पिताजी को यह समझाने की भी कोशिश की, 'वे मेरी छोटी बहन को स्वाभाविक हँसी हँसने दें।' मैंने खुद भी बहन को यही कहा कि वह इंसानों को पढ़ना सीखे। वह मुझसे ज्यादा समझदार थी।

'डोंगरी' में मुझे अपराध जगत के साथ–साथ और भी बहुत–सी नयी दुनिया का पता चला। मैं यह देखकर हैरान रहता कि मुम्बई के समाज में एक स्तरीय अपराधी को मान्यता मिल जाती है। यह भी मजे की बात है कि हिम्मत, दुस्साहस, जोश होते हुए भी, पैसे कमाने की हवस नहीं बनी थी। मैं आठ रु. रोज पर काम करता था। जब उससे दस गुना रोज इज्जत से मिलने लगा, तो मुझे यही बहुत होता था। मुझे सिर्फ सिगरेट की लत लगी थी। बाकी चीजों से मैं दूर था। वैसे भी 20–21 साल की उम्र में अक्ल, गम्भीरता, कहाँ होती है। मैं 'डोंगरी' में साढ़े तीन बरस रहा। फिर वक्त ने अचानक पलटा खाया और समद की हत्या हो गयी। उसकी हत्या से मेरे दिमाग को लकवा मार गया। कारण मैं हद से ज्यादा उसके साथ जुड़ गया था। मेरी समझ में नहीं आया था कि मैं क्या करूँ? समद का एक इंडोनेशियन मित्र था, जो ब्राऊन शुगर का लती था। वह मेरा भी मित्र बन गया। उसने मित्रता में मुझे अक्सर इस्तेमाल किया। मेरी मनःस्थिति देखकर वह एक दो बीयर मँगाता। मैंने उसे कहा–मेरे बीयर मेरे

गम को भुलाएगी नहीं, तब यह ब्राऊन शुगर काम आ सकती है। उसने बड़े प्यार व विश्वास से हाँ कहा। मैं अपनी मूर्खता के चलते, उसके साथ ब्राऊन शुगर पीने लगा। मुझे माल खरीदने में भी परेशानी न थी। मैंने यह सोचकर ब्राऊन शुगर को गले लगाया था कि यह भी शराब, सिगरेट, चरस, गाँजा, जैसा नशा होगा, जिसे जब चाहे परे हटा दो।

इन दिनों के आगे ही मेरी एक पत्र मित्र का प्यार मुझसे टूट गया। वह लड़की उच्च शिक्षित व राष्ट्रीय फुटबाल खिलाड़ी थी, मुझसे बहुत संयमित और विवेकशील। मेरा तो अधकचरा प्यार था। मैं अपनी लत के साथ, उसके भाई से हाथ माँगने कोटा चला आया था। उसके भाई ने मुझे बेइज्जत करके नकार दिया। इस झटके से मैं पहले ही व्यथित था, समद की हत्या ने मुझे विवेकशून्य कर दिया। नासमझी और उससे बड़ी अत्यधिक भावुकता ने मुझे अन्धकार में धकेल दिया था। मैं ब्राऊन शुगर का लती बन गया। जब एहसास हुआ तो पता चला, यह शराब, गाँजा, चरस जैसी चीज नहीं है। इसे छोड़ने के लिए नया जन्म चाहिए। मैं ब्राऊन शुगर का गुलाम बनता चला गया। ब्राऊन की शरण लेने पर मैं समद, प्रेमिका तो क्या, खुद को ही भूल गया। मैंने सबसे पहले 'डोंगरी' छोड़ी।

अब ब्राऊन शुगर ही मेरी जिन्दगी बन गयी थी। मैं दोस्तों, परिचितों से कटकर ब्राऊन में ही खोया रहता। 'डोंगरी' छोड़ने के बाद मैं जिस जगह पर आया, वह जगह कुख्यात 'बहरामपाड़ा' थी। (डोंगरी व 'बहरामपाड़ा' दोनों ही अपराध व मुस्लिम धार्मिक कट्टरता के लिए जाने जाते हैं।) 'बहरामपाड़ा' बान्द्रा में एक बड़ी घनी स्लम बस्ती है। यहाँ के घर व गलियाँ इस तरह की हैं कि साईकिल भी अन्दर नहीं जा सकती। अपने एक दोस्त के जरिये, मैं 'बहरामपाड़ा' से परिचित हुआ। यहाँ के हर घर में अपराध को मान्यता प्राप्त है। यहाँ के अपराधी पैसा तो कमा लेते थे, पर वजन पैदा नहीं कर सकते थे। मैं 'डोंगरी' से पास होकर आया था। इस बात को कुछ लोग जान गये। बाकी को मैंने समझा दिया। वे लोग इज्जतदार अपराधी बनने की खूबियों को मुझसे पूछते रहते। 'बहरामपाड़ा' में आने के बाद, मुझे उन अपराधों को देखने का मौका मिला, जिनके बारे में 'डोंगरी' में सिर्फ सुना करता था।

अपना खर्चा चलाने के लिए मुझे विशेष श्रम न करना पड़ता। धीरे–धीरे 'बहरामपाड़ा' ने मुझे कबूल लिया। शायद ही कोई ऐसा घर हो, जिसने मुझे प्यार से घर में न बुलाया हो। मैंने एक जुआघर खोल लिया, पुलिस की

मर्जी से। पुलिस यह देखकर हैरान थी कि इस बस्ती में एक शर्मा सिर उठाकर रहता था। बहरामपाड़ा के लड़के जब भी चोरी, लूट, राहजनी के मामलों में फँसते, तो उनके घर वाले मेरे पास आते और लड़के को बचाने को कहते। मैं पुलिस से साफ–साफ बात करता और मामला सुलटा देता।

अब मैं ब्राऊन शुगर का लती इस तरह का हो गया कि मुझे हर दो घंटे बाद, 'प्राण वायु' की तरह इसकी जरूरत पड़ती। नशे की दुनिया की, उससे जुड़े अपराधों की हैरतअंगेज भयावह दुनिया मेरे सामने खुलती गयी। नशे की दुनिया के तौर–तरीके दूसरी आपराधिक दुनिया से अलग थे। कितनी अजीब बात है कि नशे के उस अँधेरे में, मुझे इसी के पाप से कभी प्रकाश की किरण भी दिखाई देती। समाज के सभी वर्गों के इंसान इसके शिकार थे। नशे की लत की बात मेरे घर भी मालूम पड़ गयी थी, जिसे मैंने छुपाया नहीं, किसी से भी नहीं।

मैं इस मामले में खुशकिस्मत रहा कि माँ–पिताजी की इज्जत को कभी मेरी नशे की लत से आँच नहीं आयी। मुझे परिचितों का वैसा ही स्नेह प्राप्त रहा। मुम्बई के सामाजिक ढाँचे की बात और है, अगर आप में कुछ अच्छाई हो, तो आप अपराधी होने के बाद भी स्वीकारे जाते हैं। मैं खुद अपनी बाबत यह बात कह रहा हूँ। मेरे सभी परिचित मेरी इस कमी को जानते थे, इसके बाद भी मुझे सामाजिक लोगों का स्नेह और विश्वास मिला। बल्कि कई सामाजिक संस्थाएँ मुझसे अनुरोध करती थीं कि मैं उनकी सदस्यता ले लूँ। ऐसा नहीं है कि इस नशे को छोड़ने की मेरी इच्छा न हुई हो। दरअसल कभी–कभी तो मैं इसकी ग्लानि से जान देने को तत्पर हो जाता। मैंने दो तीन बार इसे छोड़ने की कोशिश भी की। लेकिन बड़ी भीषण दिमागी व बदनी पीड़ा झेलने के कुछ दिन बाद, मैं इसकी शरण में लौट जाता।

सुशीला जी, यह मेरी दृढ़ इच्छाशक्ति की कमी थी। इस बात का गुनहगार मैं हूँ। क्योंकि मेरे सामने सैकड़ों में से पाँच–छह दोस्तों ने ब्राऊन शुगर को त्याग दिया था। मतलब! उन्होंने यह पीड़ा झेलने की इच्छाशक्ति दिखाई थी। मैं ब्राऊन शुगर को छोड़ने की लाख कोशिश करता, पर एक दिन भी इसके बिना न रहता। वक्त निकलता गया और मैं नशे के और गहरे दलदल में डूबता चला गया। इस तरह मैं अपने पारिवारिक फर्जों को भी पूरा नहीं कर पाया।

नशे के इस अन्धकार में मैं सात बरस रहा, गिरफ्तार होने तक। आज

सोचता हूँ, अगर मैं गिरफ्तार न हुआ होता, तो शायद अब तक मर भी गया होता। शिव ने अच्छा किया, जो मैं आज जिन्दा हूँ। नशे के ये सात बरस मैंने अराजक जीवन जिया। आज लगता है, उन अराजक जीवन के अनुभवों से ही कुछ कमी को पूरा कर सकूँगा। मेरे जीवन का एक महत्त्वपूर्ण हिस्सा नशे की लत व अब सजा में नष्ट हो गया है। इस बात का एहसास है मुझे। मैं इसी गुत्थी को सुलझाने में लगा रहता हूँ, इस हानि की भरपाई किस प्रकार कर पाऊँगा। ब्राऊन शुगर के अन्धकार ने मुझे वह सबक दिये हैं, जो व्यावहारिक जीवन के लिए अमूल्य साबित होंगे।

सुशीला जी, यह जो हमारे समाजशास्त्री हैं न, इन्होंने भी अभी गम्भीरता से मुम्बई के अपराध जगत पर शोध नहीं किया है, न ही पत्रकार गहराई तक जा पाते हैं। मुझे विश्वास है, अगर इस पर गम्भीरता के साथ लिखा जाये, तो चौंकाने वाले नतीजे आयेंगे।

मैं आपको अपना पत्र और भी विस्तार से लिखता, लेकिन पत्र पहले ही इतना लम्बा हो गया है और मुझे सिलसिलेवार, अर्थपूर्ण ढंग से लिखना नहीं आता। आप मनोविज्ञान की गहरी जानकार हैं, मेरे इन ऊबड़–खाबड़ शब्दों से ही आप मुझे और मेरे अतीत को समझने की कोशिश करना। मैं आपको नशे के जीवन के बारे में और भी लिखता। मुझे इस अँधेरे दलदल में एक–दो मोती भी मिले हैं।

अब सजा कट रही है। मैं अपना मूल्यांकन करता रहता हूँ, क्या–क्या खो दिया? और जेल से आजादी के बाद मैं क्या कर सकता हूँ? आजादी के बाद माँ–पिताजी की सेवा करना ही मेरा लक्ष्य रहेगा। बहन पति के साथ जिन्दगी जी रही है। अपनी आत्मग्लानि, शर्म मुझे दंश मारती रहती है। शायद इसीलिए मैं पीड़ा का सौन्दर्यशास्त्र समझ सका। एक लम्बे शून्य में रहा हूँ और रह रहा हूँ। आजाद होने के बाद, शून्य से ही मुझे शुरुआत करनी पड़ेगी। अभी सजा के तीन बरस बाकी हैं। भविष्य क्या मोड़ लेगा, कहा नहीं जा सकता। आजाद होने के बाद सबसे पहले मैं आर्थिक रूप से मजबूती चाहूँगा। अब जीवन के कई अनमोल अनुभवों के साथ, मैं अपने पैरों के लिए जगह तलाशूँगा। मैं जानता हूँ, जमीन पाने में मुझे ज्यादा परेशानी नहीं होगी। बस! मुझे मानसिक रूप से मजबूत रहते हुए, सजा का बाकी वक्त निकालना है।

सुशीला जी, बहुत बक–बक कर ली मैंने। आपने इसे सहा, इसके लिए आभारी हूँ। न जाने क्यों? आपको यह सब बताने से दिल हल्का

हो गया। एक निवेदन है आपसे, आपको जब भी वक्त मिले, तभी पत्र लिखना। मैं तो यहाँ खाली रहता हूँ। आप जैसी विदुषी महिला को मैं ढेरों पत्र लिख दूँगा। लेकिन आपके पास समय की तंगी रहती है, मैं इस बात को समझता हूँ। आपने अभी तक जो पत्र लिखे हैं, सिर्फ उन्हीं पर अपना अनुसन्धान करके, मैं सजा का बाकी वक्त निकाल सकता हूँ। आपको जब सहूलियत हो, तभी अपनी कुशलता की खबर दीजिएगा। परिवार व सहकर्मियों में सभी को यथायोग्य अभिवादन कहें। आपकी खुशी व सेहत की शुभकामनाओं के साथ।

आपका सुधीर

1–1–2000
नागपुर

प्रिय सुधीर,
नववर्ष, नयी सहस्राब्दी मंगलमय हो।

आपके दोनों पत्र एक साथ मिले। एक पत्र से जहाँ खुशी मिली, वहीं दूसरे पत्र ने गहरे सोच में डुबा दिया। 28 दिसम्बर को लिखे पत्र को पढ़ते हुए मैं बहुत अचम्भे और संशय में थी कि आप कैसे कहाँ से कहाँ पहुँच गये? इसे संयोग कहें या दुर्भाग्य कि आपने अपराधों की कीचड़ से भरी दुनिया को नजदीक से देखा और उसमें रहकर जिया।

आपने अपने पिछले पत्रों में अपनी इस बात को दोहराया था कि–'जेल से निकलने के बाद आप फिर से अपराधों की दुनियाँ में ही जाना चाहेंगे।' तब मुझे भय–सा लगा था कि मैं सिर्फ कैदी नहीं, अपराधी के साथ पत्र व्यवहार कर रही हूँ। मेरी सहकर्मी एक प्राध्यापिका सहेली ने एक बार मुझसे यह कहा था–'अपराध की दुनिया से लौटा व्यक्ति कभी विश्वास योग्य नहीं होता, कम से कम उसके लिए तो बिल्कुल नहीं, जो कभी ऐसे प्रपंचों में न पड़ा हो।'

आपके पत्रों से आपकी सहजता, भावुकता और ईमानदारी को लगातार पढ़ते हुए मुझे पूरा विश्वास था कि आप ऐसे नहीं हैं। आप एक अच्छे व्यक्ति हैं, नशे की लत के कारण जेल गये हैं, जो आपके लिए एक बड़ी सजा बन गयी है। ब्राउन शुगर की लत और उसके परिणामों के विषय में मैं जानती हूँ। लम्बी सजा देने का भी यही कारण है कि जेल में रहकर यह आदत छुड़ाई जाये। आपकी यह लत छूटी है या नहीं, पता

नहीं। जेल से बाहर आने के बाद, अवसर मिलते ही, कहीं आप फिर से इसे शुरू करने की न सोचें? या थोड़ा सा दुख, अपमान या ऐसा कोई बहाना खोजकर, फिर से इस अँधेरी दुनिया में लौटने का विचार सहजता से न करने लगें?

अनेक घटनाओं से भरे 12 पृष्ठ के इस पत्र को पढ़ते हुए, 11 वें पृष्ठ तक मेरे मन में बार–बार यह विचार आ रहा था कि जेल से छूटकर आप क्या करना चाहेंगे? असाधारण जिन्दगी को जीने के बाद, साधारण जिन्दगी पसन्द नहीं आती है। सामान्य, सरल, रेंगता हुआ जीवन, जिसे सहज सामाजिक जीवन कहते हैं, वह क्या आपको सामान्य बनकर, जीने देगा? यदि आपने कोशिश भी की, तो कब तक आप उस जीवन पर या अपने आप पर नियन्त्रण रख सकेंगे? कहीं ऐसा तो नहीं, कि फिर से किसी डॉन के चक्कर में पड़ें और अपराधियों की गन्दी बस्तियों में अपना शेष जीवन बिताने की बात आसानी से कबूल कर लें? कहीं ऐसा तो नहीं, जिस अँधेरी दुनिया में फिर से जाने की बात आप सहजता से कहते हैं, वह मेरी दुनिया से बिल्कुल अलग है।

मैं सोचती रही कि कैसे आपके माता–पिता ने आपकी ऐसी जिन्दगी के विषय में जानकर भी, आपको उससे बाहर नहीं निकाला? आपको फिर से मुम्बई क्यों जाने दिया? क्या इसके पीछे बड़ी कमाई का लालच था, या घर खर्च की जरूरत थी? 11वें पृष्ठ का अन्तिम भाग और 12वें पृष्ठ को पढ़ने के बाद थोड़ा अच्छा लगा कि–'जेल से छूटने के बाद आप दिल्ली में रहकर माता–पिता की सेवा करना चाहते हैं, अपना जीवन शून्य से शुरू करके, अपने पैरों के लिए जमीन तलाशना चाहते हैं।' ऐसा सोचना अच्छी बात है मगर उसको निभाने के लिए बहुत बड़े दृढ़संकल्प की जरूरत है।

सुधीर जी, आपने इस पत्र में अपने स्वयं के विषय में जो कुछ लिखा है, ऐसा किसी को लिख देना व्यवहार की सच्चाई है। आपने मुझपर पूरा विश्वास करके, अपने जीवन की सच्चाई बतायी है। आपने स्वयं महसूस किया है कि मुझे यह सब बताकर आपका दिल हलका हो गया है। यह अनुभूति विश्वास और ईमानदारी से ही मिलती है।

एक जिन्दगी की सच्चाई से भरे लम्बे पत्र को पढ़ना, बोझ या कष्ट सहने जैसा नहीं होता। हाँ, मेरा मन बोझिल जरूर हो गया है, इस चिन्ता के कारण कि आप अपने घर लौटेंगे या नहीं? समद खान का अन्त आपने

बहुत नजदीक से देखा है। अपराध की दुनिया में जिन्दगी का क्या मूल्य है और कितनी सुरक्षा? आप इसे अच्छी तरह समझ गये हैं। क्या आप अपने जीवन का कोई मूल्य नहीं मानते हैं? कृपया इसका जवाब अपने पत्र में जरूर लिखें।

आप ऐसा न सोचें कि मेरे पास वक्त की इतनी कमी है कि मैं आपके पत्र भी न पढ़ पाऊँ। आप पत्र जरूर लिखते रहें। कभी लिखकर और कभी पढ़कर इंसान अपनी सच्चाई को ज्यादा समझ पाता है। अज्ञेय जी की एक पंक्ति है–'मैं अपना सच लिखता हूँ, लिख लिखकर सब झूठा करता हूँ।' सच जरूर लिखिए और सच के काले पक्ष को मिटाकर सत्य–शिव–सुन्दर में बदलने का निश्चय करते रहिए। मेरा विश्वास है, 3 वर्ष के बाद आप दिल्ली ही लौटेंगे। एक अच्छी जिन्दगी के लिए संघर्ष भी करेंगे और परिश्रम भी करेंगे।

आपके शान्त सुखी और सुरक्षित भविष्य की कामना के साथ।

नये वर्ष का ग्रीटिंग कार्ड शुभकामनाओं के साथ भेज रही हूँ। आप अँधेरे से प्रकाश की ओर बढ़ें, मृत्यु से जीवन की ओर चलें। वरदान के रूप में मिले इस जीवन को सही रूप में जिएँ, सार्थक रूप में जिएँ। शेष शुभ।

सुशीला टाकभौरे

10–1–2000

केन्द्रीय कारागार, गोवा

आदरणीय सुशीला जी,

हार्दिक अभिवादन,

आपकी कुशलता की कामना करता हूँ। आज का दिन मेरे लिए सहस्राब्दी साल का विशेष उपहार वाला दिन साबित हुआ, जब आपका मंगल कामना कार्ड, पत्र मुझे दिया गया। पत्र की पते की लिखाई को देखते ही मन उत्साह व उल्लास से भर गया। आँखें चमक उठीं। बड़े जोश व खुशी के साथ पत्र को खोला, नये साल का बधाई पत्र मुस्कुरा कर स्वागत कर रहा था। पत्र के बाह्य आवरण को देखते ही महसूस हुआ, जैसे जीवन की सुगन्ध रूह से टकरा गयी हो। खुले रीते आकाश ने पूरे वजूद को हलका कर दिया। मैंने अपनी उम्मीदों को लबालब किया और उस मासूम, अबोध खेत कबूतर को निहारने लगा, जो इस विश्व को

शान्ति, उम्मीद, खुशी का सन्देश दे रहा था। कुछ पलों तक मैं जीवन के इस ताजा झोंके से झूमता रहा। फिर कार्ड को पलटा। अन्दर मेरी उम्मीद के मुताबिक आपका पत्र था। इस दूसरे मूल्यवान उपहार को मैंने पुलक कर जेब में रखा और आपके मंगलकामना पत्र की पंक्तियों को पढ़ने लगा। न जाने क्यों मुझे आभास मिल गया कि मुझे जीवन की वास्तविक खुशियाँ व उमंग मिलने वाली हैं। पंक्तियों को पढ़ते हुए मैंने अपने को पहले की अपेक्षा शान्त व गम्भीर महसूस किया।

आपकी मंगल कामनाओं ने पूरे वजूद को खिला दिया। मैं जीवन के नये जोश व उम्मीद से भर उठा। आपने दो पैनों का प्रयोग करते हुए, जिस कलात्मकता से शब्दों को लिखा, उससे हृदय में जीवन की तरंगें प्रवाहित हो गयीं। मैं थोड़ी देर तक आपके बधाई कार्ड की गहराई में तैरता रहा। बधाई पत्र इतने जीवन्त व असरदार भी हो सकते हैं, सोचा न था। यह बधाई पत्र अपनी प्रिंटिंग, रंग–सयोजन कलात्मकता में उत्तम दरजे का था। जिस भी कलाकार ने इस कार्ड के चित्र को बनाया, वह बड़ा दृष्टिसम्पन्न व महा कल्पनाशील होगा। आकाश की विराटता का एहसास चित्र करा देता है। चाँद की शीतलता भी महसूस होती है, व फूटती किरणें नयी उम्मीद जगाती हैं। इस परिदृश्य में वह श्वेत धवल पक्षी अपनी मासूमियत व कोमलता से सचमुच शान्ति का सन्देश देता प्रतीत होता है। ऐसे सुन्दर व अर्थवान बधाई पत्र को भेजने के लिए मैं आपका विशेष रूप से शुक्रगुजार हूँ। बधाई पत्र की खुशबू से महकने के बाद, मैंने बड़ी उत्कंठा, जिज्ञासा व रोमांच से भर कर आपके पत्र को खोला और अपने को पत्र पर केन्द्रित कर दिया।

जैसे–जैसे मैं पत्र में उतरता गया, समझ आने लगा–सुधीर, डॉ. सुशीला जैसी इंसान ही तुम्हें यह जीवन–दृष्टि, जीवन–अर्थ समझने लायक विवेक और समझ दे सकती थी। गहरे वैचारिक मन्थन में रत रहते हुए मैंने पत्र को बड़ी देर में पूरा किया। और फिर से तीन बार इसे पढ़ा। हर बार चेतना में नये विस्फोट होते चले गये। मैं जीवन के गहन व गम्भीर सवालों के चक्रवात में डूबने–उतरने लगा। आपके इस महत्त्वपूर्ण पत्र ने कई बार मेरा 'अग्नि स्नान' करा दिया। मैंने मन ही मन आपको कई बार नमन किया। कुदरत को भी कृतज्ञता जताई, जो उसने ऐसी जीवनदायी, जगाने वाली शुभचिन्तक मुझे दी।

सुशीला जी, इस बीच मेरे दिल में न जाने क्या आया और मैंने आपके

ग्रीटिंग कार्ड को लेकर फिर से देखना शुरू कर दिया। मुझे आपकी मासूमियत उतनी ही धवल और शुभ्र लगी, जितनी नीले स्वच्छ आसमान में तैरता चमकता वह श्वेत पक्षी। आपके शब्दों से गुजरते हुए आपके कलात्मक दस्तखत को भी जेहन में सुरक्षित किया। आपने दक्ष चित्रकार की तरह सु के आखिर को ट का रूप दिया है। कार्ड के आखिरी सफे पर छपे 'हैल्प ऐज इंडिया' पर ध्यान दिया और ऊपर छपे चित्र को भी देखा, संस्था के नीचे छपे शब्दों पर ध्यान दिया, तो अपने ऊपर बड़ी लज्जा आयी। आपके लिखे बधाई शब्दों की खुशी, जोश, उत्साह में पहले मैंने संस्था के छपे इन शब्दों पर ध्यान नहीं दिया। मुझे लगा, सुशीला जी को यह बात ऐसे ही लिख देनी चाहिए। संस्था के छपे शब्दों को पढ़कर मेरा सुख और गहरा गया। मुझे लगा इससे मूल्यवान ग्रीटिंग कार्ड भी कोई हो सकता था? आपने कार्ड भेजने में भी अपनी सार्थकता साबित कर दी। आपके इस कार्ड ने मुझे आपकी नयी कोमलता का परिचय दिया कि आप हर बात में कितनी संजीदा रहती हैं। आखिर शिक्षिका हैं न! आप व्यावहारिक जीवन में भी सच्ची शिक्षिका हैं, जो अपने व्यवहार से भी गहरी शिक्षा दे सकती हैं।

आपको शायद याद हो, आपका प्रथम पत्र पाने पर मैंने लिखा था, आपका किरदार कुछ इस तरह का है, जो मेरी सोच व दृष्टि क़ो बड़े गहरे से प्रभावित करेगा। मैंने ठीक ही कहा था, आपके हर पत्र के साथ वह सच मजबूती पाता जा रहा है। आप मेरे लिए शिव का एक बड़ा वरदान साबित हो रही हैं। आपके इस पत्र ने मेरी आत्मा को झकझोर दिया। मैं इस पर हर रोज गहन चिन्तन–मनन करूँगा। इससे मेरी आत्मचेतना जागृत होगी, इस बात का विश्वास है। आपको मेरे दोनों पत्र मिल गये, जानकर तसल्ली मिली। पत्रों ने आपको छुआ, आपने मेरे पत्रों की तारीफ की, इसका शुक्रगुजार हूँ।

मेरी इस बात पर कि 'मैं अपराध की दुनिया में ही जाऊँगा', आपको इस बात से भय लगा कि आप एक कैदी नहीं, अपराधी के साथ पत्र व्यवहार कर रही हैं। आपको यह भय लगना स्वाभाविक था। क्योंकि मैं आपको पहले ही यह बात साफ तौर पर लिख रहा था। सुशीला जी, मैं आपको सच ही लिख सकता हूँ। ढोंग मुझसे न होगा। लेकिन फिलहाल तो मैं कैदी हूँ, आप मुझे कैदी ही समझिए। कैद में रहते हुए मैं अपराध कैसे कर सकता हूँ? इसलिए अभी आप मुझे अपराधी न समझिए। मैं आपकी नाराजगी का खतरा नहीं उठा सकता। हाँ, अपराधी की परिभाषा

आपकी नजर में क्या है? यह मैं जरूर जानना चाहूँगा। यह बड़ा गूढ़ विषय है। अपराधी से मेरा आशय चोर, ठग, राहजन, हत्यारे, तस्कर जैसों को छोड़कर है। ये लोग अपराधी हैं, मैं जानता हूँ, लेकिन इनके अलावा भी अपराधी होते हैं, जो इंसान की शक्ल में भी शून्य होते हैं। मैं आपको विश्वास दिलाता हूँ कि इंसान के रूप में मैं एकदम शून्य न निकलूँगा।

आपकी सहकर्मी सहेली ने आपको एक बार कहा था कि–'अपराध की दुनिया से लौटा व्यक्ति कभी विश्वास के योग्य नहीं होता। कम से कम उसके लिए तो बिल्कुल नहीं, जो कभी ऐसे प्रपंचों में न पड़ा हो।'' सुशीला जी, आपकी सहेली का यह विचार शत प्रतिशत सच नहीं है। माफ कीजिएगा, आप यह न समझना कि मैं अपराधियों की तरफदारी कर रहा हूँ। मैं व्यावहारिक रूप में अपराधियों के बीच रहा हूँ। दस प्रतिशत लोग मुझे ऐसे भी मिले, जो पेशेवर अपराधी रहे और जब अपराध जीवन को छोड़ा, तो उधर झाँककर भी नहीं देखा। मैं खुद कइयों का बड़ा सम्मान करता था। आप अपनी उन सहेली मोहतरमा से कहिए कि–अपराध की दुनिया में वे दस प्रतिशत लोग भी हैं, जो उनके विचार के उलट हैं। दरअसल आपराधिक दुनिया में अपराधों की कई तरह की कैटिगिरी है। बहुत से छोटी सजा वाले अपराध ऐसे भी हैं कि कुछ समय तक करने के बाद उन्हें लोग छोड़ देते हैं क्योंकि वे दाल रोटी वाले काम का स्थायी जुगाड़ कर लेते हैं। यह दुनिया बड़ी हैरतभरी है। उन सहेली मोहतरमा को यह भी बता दीजिएगा कि वे फिल्मी बातें आपराधिक दुनिया में नहीं हैं कि गैंग या काम छोड़ने पर मौत स्वीकारनी पड़ती है, एक या दो प्रतिशत मामलों को छोड़कर।

सुशीला जी, आप अच्छे दिल व दिमाग की महिला हैं, इसलिए हर किसी को अच्छा समझती हैं। मैं तो जरा भी अच्छा आदमी नहीं हूँ। आप मुझे बेकार में अच्छा आदमी समझती हैं। हाँ, आपके, आप जैसों के स्पर्श से इतना जरूर हो गया है कि एक आध बात वह जिन्दा हो गयी है, जो शायद आपके अच्छे आदमियों के अन्दर भी नहीं हो। आपने सही लिखा है कि–'मेरी नशे की लत की यह सजा बड़ी सजा बन गयी है।' लेकिन मैं कानून की इस बात को नहीं मानता कि एक नशेड़ी को नशे की इतनी कम मात्रा रखने पर, दस–ग्यारह बरस की सजा दी जाये। काश! यह सजा पाँच साल तक की होती, तो मैं इसे शिव का वरदान मानकर दिल से स्वीकार लेता। कानून में नशेड़ी व व्यापारी के लिए समान सजा है।

यह बड़ी विडम्बना वाली बात है। खैर, छोड़िए...यह अजब चकरघिन्नी है।

आपने लिखा है कि–'पता नहीं अब मेरी नशे की आदत छूटी है या नहीं, और जेल से बाहर आने के बाद, अवसर मिलते ही कहीं मैं फिर से इसे शुरू करने की न सोचूँ? या थोड़ा या दुख, अपमान या ऐसा ही कोई बहाना खोजकर, फिर से इस अँधेरी दुनिया में लौटने का विचार न करने लगूँ?' सच में! सुशीला जी, बड़ा अच्छा लगा आपका इस तरह पूछना। एक बड़े विवेकशील मित्र की तरह जिस सहजता के साथ आपने यह पूछा है–उससे महसूस हुआ, कोई तो अपना है, जो मेरी इस तरह चिन्ता करता है, समझाता है। और ज्यादा अच्छा लगता, जब आप जरा डाँटते हुए पूछतीं।

सुशीला जी, ब्राऊन शुगर की लत को छोड़ना बड़ा यातनादायक होता है। लेकिन एक बार दो महीने तक आदमी इससे दूर रहे, तो फिर उसके ऊपर है कि वह इसे अपनाता है या त्यागता है। यह मेरी दृढ़ इच्छाशक्ति की कमी थी कि मैं इसकी गुलामी से छुटकारा न पा सका। जबकि मेरे सामने कुछ लड़कों ने अपनी दृढ़ इच्छाशक्ति के बल पर इसे त्याग दिया था। वे कोई आसमान से तो उतरे न थे। हाँ, यह अलग बात है, ब्राऊन शुगर के नशेड़ी इसे छोड़ने के लिए मानसिक रूप से तैयार नहीं होते।

आप निश्चिन्त रहिए, मेरी ब्राऊन शुगर की लत गिरफ्तारी के बाद चन्द महीनों में छूट गयी थी। उसके बाद मैंने ब्राऊन शुगर के नतीजों का गहन दिमागी अध्ययन किया और आज तक करता आ रहा हूँ। आखिर ब्राऊन शुगर ने मेरे जीवन के स्वर्णकाल के हिस्से को खा लिया है। कभी कभी दिल करता है, इस नशे के ऊपर ही कुछ लिखूँ, जो यकीनन बड़ा तथ्यपरक होगा। ब्राऊन शुगर के दिनों को याद करता हूँ, तो मेरी आत्मा काँप उठती है। ब्राऊन शुगर के प्रति मेरे मन में गहरी घृणा है। आपको एक मजे की बात बताता हूँ, तीन बरस पहले छह इजराइली युवक नशे केस में आये थे। उनके पास तीन–तीन, चार–चार किलो चरस मिली थी। यह युवक खाते–पीते घर के थे। उनके घर वाले हरेक को माह का एक हजार यू. एस. डालर खर्चे के लिए उन्हें देते। वह इस पैसे को जेल में रहकर खर्च करते। उनमें से पाँच युवक ब्राऊन के लती थे। उनमें व्यक्ति विशेष की भावना थी, इसलिए मेरी मित्रता नहीं होनी थी।

उनमें से दो युवक मेरी बैरक में आये। उन्हें बैरक में नशा करना था, इसलिए वे सबसे पहले मुझसे निकटता जताने लगे। मैंने उन्हें वजह

बताकर नकार दिया कि उनकी मानसिकता मुझसे मेल न खाएगी। वे दोनों युवक दिल खोलकर नशा करते व भारतीय साथियों को भी करवाते। उन्होंने मुझसे भी बड़े मीठे शब्दों में कहा था–'शर्मा, तुम जब चाहो, जी भरकर हमारे साथ ब्राऊन पी सकते हो। या तुम्हें अलग से चाहिए, तो ले सकते हो।' तब मैंने उन्हें बड़ी गम्भीरता से कहा था–'मैं ब्राऊन का नशा त्याग चुका हूँ, अब न करूँगा।' मेरी दृढ़ता पर वे भौंचक थे, क्योंकि दूसरे बन्दी पाँच सौ रुपये देकर उतने माल को प्राप्त करते। कहने का मतलब ये है सुशीला जी, कि मैं ब्राऊन शुगर का नशा जीवन में फिर न करूँगा। करना या चखना होता तो मुझे दस महीने तक वे बन्दी पूछते रहे थे, तब जरा भी इच्छा नहीं हुई कि उसे चखा जाये।

आपको यह सच भी बता दूँ कि यहाँ के तोप साथी जब कुछ प्रोगाम करते हैं, तो पैसे बहाकर दारू व गाँजा मँगा लेते हैं। तब उनके इसरार पर मैंने दारू व गाँजा को जरूर चखा है। आप इस बात से भी निश्चिन्त रहिए कि जेल से आजादी के बाद, मैं कोई बहाना बनाकर ब्राऊन को तो कभी छुऊँगा भी नहीं। और नशे से भी मैं दूर रहूँगा। क्योंकि मुझे समझ आ गया है कि नशे का सहारा लेकर आप किसी चीज से नहीं लड़ सकते। कोई भी नशा इंसान के दिमाग को नकारा कर देता है। वह झूठी तसल्ली देता हुआ पतन के गर्त में डुबाता जाता है। आन्तरिक शक्ति, आत्मबल, विवेक ही इंसान को विपरीत हालातों में सहारा देकर खड़ा करते हैं। इन्हीं से इंसान अपने दुख–अपमान या किसी भी परेशानी से पार पा सकता है। ब्राऊन के भयावह अँधेरे ने ही मुझे यह प्रकाश दिया है कि मैं इस नशे की हकीकत को जान सकूँ। इस हकीकत को देखकर ही, मैंने ब्राऊन न चखने का निर्णय लिया है। मैं आपको विश्वास देता हूँ कि मैं आजीवन ब्राऊन को अपने से बहुत दूर रखूँगा।

आपने एक और सवाल से दिमाग को मन्थन पर लगा दिया। आपने लिखा है–'असाधारण जिन्दगी जीने के बाद, साधारण जिन्दगी पसन्द नहीं आती है। सामान्य, सरल रेंगता हुआ जीवन, जिसे सहज सामाजिक जीवन कहते हैं। क्या वह मुझे सामान्य बनकर जीने देगा? यदि मैंने कोशिश भी की, तो कब तक मैं उस पर नियन्त्रण रख सकूँगा? कहीं ऐसा तो नहीं कि फिर किसी डॉन के चक्कर में पड़े और अपराधियों की गन्दी बस्तियों में अपना शेष जीवन बिताने की बात आसानी से कबूल लें? कहीं ऐसा तो नहीं।'

सुशीला जी, आपकी इन बातों ने मेरी आत्मचेतना को झंकृत कर

दिया। यह विचार अब हर रोज मेरा आत्मपरीक्षण कराते रहेंगे। आपने बिल्कुल सही कहा है कि असाधारण जिन्दगी जीने के बाद, सामान्य सरल जीवन जीना बहुत मुश्किल होता है। यह इंसान की स्वाभाविक प्रवृत्ति है। असाधारण के बाद कौन रेंगता सा जीवन जीना चाहेगा? सुशीला जी, अब मुझे समझ आ गया है कि एक सफाई कर्मचारी भी चाहे तो अपने जीवन को असाधारण बना सकता है। सिर्फ अपराध की दुनिया तो असाधारण नहीं है। और भी बहुत से जीवन क्षेत्र असाधारण हैं, जहाँ इंसान अपनी प्रतिभा को खपा सकता है? लेकिन इसे जीवन की दिनचर्या में अमल लाना किसी सच्चे साधक का काम है।

मुझे अपराध के जरिये असाधारण बनने की कोई ललक, कोई इच्छा नहीं है। एक बार दाल रोटी का स्थायी बन्दोबस्त कर लेने के बाद, मुझे अपराध की दुनिया से कुछ लेना देना नहीं रहेगा। मैं तो किसी ठेठ गाँव में जीकर, असाधारण करना चाहूँगा। इस बात से आप बेफिक्र रहिए कि मैं किसी डॉन का मोहरा बन कर जियूँगा। आपराधिक सोच ने भी गम्भीर बना दिया है। कृपया मेरी बात पर हँसिए नहीं। मेरा यह दर्शनशास्त्र हवा में नहीं है, बल्कि बड़ा जटिल है। विश्वास रखिए, मैं आपको दी हुई बात पर हमेशा और हर हाल में कायम रहूँगा। रिहा होने तक आत्मचिन्तन करके मैं अपनी सोच व दृष्टि को और शुद्ध व परिष्कृत कर लूँगा।

आपने लिखा है कि–'मेरे माता–पिता ने मेरी ऐसी जिन्दगी को जानकर मुझे उससे बाहर क्यों नहीं निकाला? मुझे मुम्बई क्यों जाने दिया? क्या उन्हें घर खर्च की जरूरत थी?' मैंने आपको अपने लम्बे पत्र में लिखा था कि माँ–पिताजी ने मुझे घर पर रोकने की लाख कोशिश की और करते रहे, लेकिन मेरी जिद के आगे वे क्या करते? मैं उनकी यह बात सुनने को ही तैयार न था कि मैं दिल्ली में रहकर काम करूँ। मैं उनके हाथ से निकल चुका था। अपनी मूर्खता व नासमझी से मैंने माता–पिता की बात पर ध्यान नहीं दिया। इसका दोषी सिर्फ मैं और मैं हूँ। सुशीला जी, मेरे माता–पिता इतने सीधे और सरल हैं कि वह मेरे एक रुपये को हाथ लगाने से डरते थे। मेरे पिताजी ने पहले ही कह दिया था कि वह मेरा एक पैसा भी न लेंगे, न उन्होंने लिया। मैं बड़ी मुश्किल से बहन के नाम पर कुछ पैसे दे पाता था। वे मेरी लाई चीज तक तो नापसन्द करते थे। लम्बी बहस के बाद मैं उन्हें समझा पाता था कि यह पैसा चोरी, ठगी, लूट का नहीं है।

आपको यह जानकर अच्छा लगा कि मैं छूटने के बाद दिल्ली में अपने माता–पिता की सेवा करना चाहता हूँ। सच में, मेरी बस यही हसरत है, यही मेरा संकल्प है। मैं उनकी सेवा कहीं भी रहकर कर सकता हूँ। इस बात पर मैं यहाँ पर गहन चिन्तन–मनन करता रहता हूँ कि भविष्य में किस तरह अपने माँ–पिता, बहन व उसके बेटे को खुशियाँ दे पाऊँगा। मैं आपको अपनी यह सब रामकहानी लिख देता हूँ। आप इसे वक्त देती हैं और देती रहेंगी, इस बात के लिए कृतज्ञ हूँ। यह सही है कि आपको अपना दुख लिख देने से मेरा दिल हलका हो जाता है। लेकिन इसका यह मतलब तो नहीं कि मैं अकारण आपको लम्बे–चौड़े अर्थहीन पत्र लिखता रहूँ। आपके इस भावनात्मक सहारे के लिए मैं ताउम्र आपका ऋणी रहूँगा।

मेरा पत्र पढ़कर आपका मन बोझिल हो गया कि आजादी के बाद मैं अपने घर लौटूँगा या नहीं। सुशीला जी, आप चिन्तित न हों, जेल से आजादी के बाद मैं अपने माता–पिता के चरण छूने दिल्ली जाऊँगा। वहाँ मेरा घर है। मैं तो अब जिन्दा ही इसलिए हूँ कि अपने माँ–पिता के पैर छूकर उनसे अपनी गलतियों की माफी माँग सकूँ। मैं जीवन यापन के लिए कहीं भी रहूँ, किसी भी हाल में रहूँ, अपने माता–पिता के सुख–दुख का ख़याल रखूँगा। मैं उनका बहुत बड़ा गुनाहगार हूँ। अब उनकी खुशियों का ध्यान रखकर ही मैं अपने पापों–गुनाहों का प्रायश्चित कर सकता हूँ। मेरी इस बात को आप पत्थर की लकीर समझें।

आपने मुझे अपराध की जिन्दगी से चेताया है व समद खान के अन्त का उदाहरण दिया है। मैं आपकी बात से पूरी तरह सहमत हूँ कि अपराध की दुनिया में जिन्दगी का क्या मूल्य है? और क्या सुरक्षा? सच में वहाँ मूल्य व सुरक्षा का सवाल सिर्फ बड़ा शून्य है। आपने जिस संजीदगी से मुझसे यह बात पूछी है, उसके स्पर्श से इस अपराध जीवन की भयावहता का अन्दाजा मुझे लग गया है। आपने एक और सवाल दिलो–दिमाग को झकझोरने वाला किया है–'क्या आप अपने जीवन का कोई मूल्य नहीं मानते हैं?'

सुशीला जी, आपके इस जज्बात ने आपको मेरी नजरों में और श्रद्धेय बना दिया है। आपकी इस बात का क्या जवाब दूँ? इसका जवाब तलाशते मेरी रूह झनझना गयी, आत्मचेतना में नया संचार हो गया । यह बात मुझे अब रात–दिन कोंचती रहेगी। जाहिर है, इसका जवाब भी

मैं तलाशता रहूँगा। यह प्रक्रिया मुझे अपना आत्मनिरीक्षण करने के लिए मजबूर करती रहेगी। तब जीवन मूल्य समझने का विवेक ही कहाँ था। मैं तो सिर्फ ब्राऊन शुगर के लिए जिन्दा रहता था। पिछले दो–तीन साल से ही मुझे पता चला, जीवन का कोई मूल्य भी होता है। अभी मैंने इस बात पर विचार करना शुरू किया है। ईमानदारी से कहूँ तो अब तक मेरे जीवन के सुनहरे वर्षों को मैं ब्राऊन के नशे व उसकी सजा की भेंट चढ़ा चुका हूँ। इन वर्षों की कोई भरपाई नहीं है। इतने लम्बे समय तक बेमकसद का जीवन जीने के बाद, मैं आपको किस मुँह से कह सकता हूँ कि मेरे जीवन का कोई मूल्य भी है? मैं बेहद ही लज्जित हूँ कि मेरा जीवन बिना मूल्य का रहा है।

हाँ, एक बात का विश्वास मैं आपको दे सकता हूँ, मैं कैसा भी जीवन क्यों न जिऊँ, मेरा जीवन मूल्यहीन न रहेगा। सुशीला जी, आपके इस स्पर्श ने दिमाग में तूफान मचा दिया है। मैं आपका आभारी हूँ कि आपने मुझे जीवन के मूल्य की तरफ विचार करने के लिए प्रेरित किया। आपकी इस बात ने मुझे फूट–फूटकर रुला दिया। मैं चाहता था, उस अनुभूति को विस्तारं से लिखूँ, लेकिन पत्र पहले ही बहुत लम्बा हो गया है। आपने इसे वक्त दिया, इसके लिए शुक्रिया।

घर में व अपनी सहकर्मियों, उन साहिबा सहकर्मी सहेली को भी, सभी को अभिवादन कहें। आपकी खुशी व सेहत की कामना के साथ।

आपका सुधीर

(टीप : यह पत्र मुझे सही समय पर नहीं मिल पाया था, बहुत बाद में मिला था; कारण मुझे पता नहीं। शायद घर में ही किसी ने कहीं रख दिया होगा। शायद इसके बाद के पत्र भी आये होंगे, जो मुझे नहीं मिले।)

(सुशीला टाकभौरे)

28–1–2000
नागपुर

प्रिय सुधीर,

नमस्कार,

आपका पत्र नहीं मिला। लगता है आप नाराज हुए हैं कि मैंने आपसे एक ही बार में बहुत ही कड़वी बातें की हैं। आपका दिल दुखाना मेरा उद्देश्य नहीं है। मैंने शुरू से एक सामान्य जीवन जिया है। आपके जीवन

के घटनात्मक उतार–चढ़ावों को पढ़कर, मेरे मन में अनेक प्रश्न एक साथ उठ खड़े हुए और मैंने आपको दुखी किया। सुधीर जी, आपने मेरे पत्र में लिखी लगभग सभी बातों और प्रश्नों का उत्तर अपने पत्र में लिखा है। लेकिन अन्तिम एक बात छोड़ दी है। उस बात को शायद आपने बाद में पढ़ा हो या समझा हो। मैं उसी बात के उत्तर की प्रतीक्षा में हूँ।

मैंने लिखा था–'कभी लिखकर और कभी पढ़कर इंसान अपनी सच्चाई को ज्यादा समझ पाता है।' ये अज्ञेय की पंक्तियाँ हैं, जो मैंने भोपाल के 'भारत भवन' के एक कक्ष की दीवार पर लिखी हुई पढ़ी थीं–'मैं अपना सच लिखता हूँ, लिख लिखकर सब झूठा करता हूँ।' उन पंक्तियों को पढ़कर मैं अज्ञेय जी की भावनाओं से प्रभावित हुई थी। सुधीर जी, अपना सच जरूर लिखिए और सच के काले पक्ष को मिटाकर, सत्य–शिव–सुन्दर में बदलने का निश्चय करते रहिए। मेरा विश्वास है कि तीन वर्ष के बाद आप अँधेरे से प्रकाश की ओर लौटेंगे। आपके विवेक, ज्ञान–चिन्तन–मनन और सूक्ष्म दृष्टि को ध्यान में रख, मैं यह आशा करती हूँ कि आप मेरी इस बात को गहराई के साथ जरूर समझेंगे। सुधीर जी, जिस ईमानदारी और विश्वास के साथ आपने अपनी सच्चाई मुझे बतायी है, आपकी यह बात मुझे बहुत अच्छी लगी है। शेष कुशल। आर्थिक सहयोग जनवरी में नहीं भेज पायी, फरवरी में जरूर भेजूँगी।

सुशीला टाकभौरे

18–2–2000
नागपुर

प्रिय सुधीर,
सादर नमस्कार,

बहुत दिन हुए, आपके पत्र नहीं आये। आप नाराज हैं, मेरे पिछले पत्र की बातों से। नाराज क्यों हो? आपने पत्र जरूर लिखना था। मेरी वह एक बात का जवाब भी आपने नहीं दिया है, अज्ञेय की बात–'मैं अपना सच लिखता हूँ, लिख लिख कर सब झूठा करता हूँ'–क्या यह गलत है? पत्र जरूर लिखें।

'हंस' जनवरी–फरवरी विशेषांक (2000) में मेरी कहानी 'साक्षात्कार' छपी है। 'हंस' शायद आप तक पहुँची हो, अपनी प्रतिक्रिया जरूर लिखें। हो सके तो 'हंस' में पत्र–प्रतिक्रिया के माध्यम से अपने विचार पाठकों

तक पहुँचाएँ। केवल तारीफ की बात नहीं, जो उचित लगे।

2 फरवरी को मैं हैदराबाद गयी थी। वहाँ 3 दिन का सेमिनार था, 'सन 1970 के बाद के उपन्यासों पर चर्चा' का यह कार्यक्रम अच्छा रहा। आपको एक विशेष बात लिखनी है। हैदराबाद से लौटने के बाद, 'अम्बेडकर विचारधारा' के एम.ए. पार्ट I के छात्रों के साथ मैं 'नागपुर सेन्ट्रल जेल' गयी थी। एक विजिट के रूप में हमने वहाँ की जानकारी ली। वहाँ के डी.आई.जी. स्वयं हमारे साथ घूमे, जेल के कैदियों से मिलवाया, वहाँ की पूरी जानकारी दी। वहाँ के उद्योग–धन्धे, वहाँ का किचन, भोजन, सब कुछ देखा। रोटी, सब्जी, दाल, चावल खाकर देखा। सब कुछ ठीक लगा। जेल में 1700 के करीब कैदी हैं, जिनमें 40–45 महिलाएँ भी हैं। कुछ लम्बी सजा वाले कैदी हैं, कुछ कम सजा वाले।

एक अफ्रीकन महिला थी, उम्र होगी 35–36 वर्ष। उसे साढ़े दस साल की सजा मिली थी। नशे की लत के कारण जेल हुई। उसकी सजा के 3 साल बाकी हैं। उसे जेल के कैदियों और सभी जरूरत के कपडों की सिलाई का काम सौंपा गया है। सुबह 8 बजे से, भोजन अवकाश के बाद शाम 5 बजे तक, वह अपना काम ईमानदारी और लगन से करती है। कुछ पुरानी कैदी महिलाएँ सब्जियाँ काटती हैं, अनाज साफ करती हैं। पुरुष कैदी खाना पकाते हैं। पुरुष और महिला कैदी लूम पर चादरें, दरी, टॉवेल आदि बुनते हैं। कुछ लोग लकड़ी से कुर्सी–मेज, टेबल, स्टूल बनाते हैं। कुछ लोग टीन की चादरों से कोठी, अनाज रखने के ड्रम आदि सामान बनाते हैं। सभी लोग बहुत ही अनुशासित, शान्त, कार्यरत और निपुण लगे।

मुझे उन लोगों को देखते हुए, हर क्षण आपका ही ख़याल आता रहा। डी.आई.जी. साहब ने बताया कि वे कैदी यहाँ रहकर जो काम करते हैं, उनके पारिश्रमिक के रूप में उनके नाम काम के हिसाब के अनुसार रकम जमा होती रहती है, जिसे वे चाहें तो अपने लिए निकाल कर खर्च कर सकते हैं। कुछ लोग बगीचे में काम करते हैं, कुछ साफ–सफाई का काम भी करते हैं।

वहाँ की व्यवस्था देखकर मुझे ऐसा लगा कि हम आप सामान्य जीवन में उतने अनुशासित नहीं रहते, जितना वहाँ देखने में आया। वहाँ के अधिकारियों ने बताया कि ये सभी अच्छे लोग हैं। किसी क्षण के उन्माद के कारण वे भूलवश गलती कर बैठे हैं और अब पश्चात्ताप भी कर रहे हैं। अधिकतर कैदी हत्या केश के लिए, कुछ मारपीट आदि के केश में हैं।

अधिकांश कैदी दलित समाज के थे। कुछ महिलाएँ झोपड़पट्टियों में रहने वाली थीं, जो आपसी झगड़ा, मारपीट या ऐसे ही अपराध के कारण वहाँ थीं। गरीबी और सामाजिक विषमता के कारण अन्याय भी, व्यक्ति को अपराधी बना देते हैं। कुछ भूख, कुछ बेरोजगारी भी कारण हैं। मैंने कुछ कैदियों से बातें की थी। महिलाएँ कैदी सिर झुकाए खड़ी रहीं।

वहाँ की दीवारें बहुत ऊँची थीं, जैसी हर जेल में होती हैं। इसी से वह जगह जेल कहलाती है। दीवारों के भीतर तो सब कुछ सामान्य जैसा ही लगा था। इस सामान्य के भीतर कितना दुख, सन्ताप, पश्चात्ताप, धधक रहा होगा, यह मैं आपके पत्रों से समझ सकती हूँ।

आशा है, आप कुशल होंगे। पत्र लिखते रहें।

आपकी शुभचिन्तक

सुशीला टाकभौरे

22–2–2000
केन्द्रीय कारागार, गोवा

आदरणीय सुशीला जी,
हार्दिक अभिवादन,

आपकी कुशलता की कामना करता हूँ। तीन–चार दिन से बड़ी बेचैनी के साथ आपके पत्र की इन्तजारी में था। फिर सोचा कि यह एक कैदी की अतिरिक्त भावुकता या अतिरिक्त जुड़ाव हो। एक हद तक यह सही भी है, लेकिन इसे महज कोरी भावुकता भी आप न समझें। आपकी इंसानियत, करुणा व अपनत्व के चलते मैं भावनात्मक तौर पर आप से गहरे जुड़ गया हूँ, जिनका अपना आधार व विचार है। इसी अनुभूति के चलते मैं आपके पत्र की इन्तजारी में था। आखिर आप जैसी विदुषी, मददगार, संवेदनशील शुभचिन्तक के पत्र का इन्तजार किसे न रहेगा, खैर...। मैं अपने पक्ष में इतने मजबूत मनोवैज्ञानिक पक्ष रखूँगा कि उन्हें आसानी से खारिज न किया जा सकेगा। बस आप यह समझिए कि आपका यह शिष्य आपके जीवनदायी पत्र की इन्तजारी में रहता है।

आज जब आपके खत (28–1–2000) को देखा तो हृदय खिल उठा। लगा जैसे बड़ी सौगात मिल गयी हो। बड़ी खुशी व जोश के साथ मैंने पत्र को निकाला और उल्लास से भरकर पत्र को पढ़ना शुरू किया।

पहली पंक्ति ने ही सारी खुशी व जोश को ठंडा कर दिया। आपको

मेरे पत्र नहीं मिले, यह जानकर बड़ी पीड़ा हुई। शायद कुदरत भी मुझसे खफा है, वरना वह मेरे साथ दिल्लगी न करती। सुशीला जी, आपका नववर्ष का बधाई पत्र पाने के बाद, मेरा यह चौथा जवाब है, जिसमें इससे पहले का लिखा एक इनलैन्ड पत्र है, जो मैंने 'साक्षात्कार' (कहानी) पढ़ने के तुरन्त बाद लिख दिया था। बाकी पत्र लम्बे–लम्बे थे। खुदा का शुक्र है कि आपके सभी पत्र मुझ तक पहुँच रहे हैं। इस बात के लिए मैं कुदरत का शुक्रगुजार हूँ। मुझे यह जानकर बड़ी पीड़ा पहुँची कि मेरे पत्र आप तक पहुँच नहीं पाते हैं। क्योंकि उनमें मैंने आपसे वैचारिक भावनात्मक विमर्श किया था। आप जैसी भली और अच्छी लेखिका को कौन पाठक पत्र न लिखेगा? मैं तो आपकी इंसानियत, सहनशीलता का नाजायज फायदा उठाकर लम्बे–लम्बे ऊबड़–खाबड़ पत्र लिखता रहता हूँ। कह सकती हैं, मैं आपको पत्र लिखने का बहाना खोजता रहता हूँ। कृपया यह न समझें कि मैंने आपको पत्र नहीं लिखे।

मैं और आपसे नाराज होने लगा? दुनिया में इससे बड़ा मजाक न होगा। सुशीला जी, आपके पत्रों की बातों, सवालों, विमर्श पर पत्र लिखना मैं अपनी खुशकिस्मती समझता हूँ। इन पर कैसी नाराजगी? आपके पत्र मेरे लिए कितने चेतनाशील व जीवनदायी होते हैं, यह मैं कभी न कभी जरूर व्यक्त करना चाहूँगा, ताकि हमारे साहित्यिक मठाधीश भी जानें कि एक दलित लेखिका और जुझारू स्त्री, एक कैदी को किस प्रकार चेतनशील बनाती है, जो हमारे नामी लेखक न कर सके। कृपया मेरी इस बात को हँसी में न टालिएगा। आपसे ही मैं वह विस्फोटक धरातल ग्रहण कर रहा हूँ। आपके पत्र मुझे हमेशा चिन्तनशील रखते हैं। इसी प्रक्रिया में कभी–कभी ईमानदारी भरा आत्मनिरीक्षण हो जाता है। मैं इसे अपना इंसानी विकास समझता हूँ।

सुशीला जी, आप मेरी बक–बक से बोर तो नहीं हो जातीं न? आपको पत्र लिखकर मैं भावनात्मक रूप से हलका हो जाता हूँ। एक कैदी पाठक के लिए यह कष्ट आप उठाना। मैं जानता हूँ कि आप जीवन के कई मार्चों को एक साथ जीती हैं। वक्त की तंगी बनी रहती है। आप मुझे अपना जो कीमती वक्त देती हैं, उसके लिए मैं हमेशा आपका ऋणी रहूँगा। आपकी इस संवेदना का मैं बहुत ही आदर सम्मान करता हूँ। यह आपकी शख्सियत को विराट बना देती है।

आपने 'अज्ञेय' की पंक्ति–'मैं अपना सच लिखता हूँ, लिख लिख कर

सब झूठा करता हूँ', पर लिखने के लिए कहा है। मैंने 'अज्ञेय' की इस पंक्ति पर, एक पत्र में विस्तार से लिखा था। सुशीला जी, अज्ञेय की इस पंक्ति पर पूछने के बाद से ही, अज्ञेय की पंक्ति के साथ आपका किरदार मेरी चेतना पर प्रहार करता रहता है। दिमाग में खलबली मची रहती है। जिस पत्र में मैंने इस पंक्ति की बाबत लिखा था, वह शायद आप तक नहीं पहुँचा। ऐसे दो पत्रों में मैंने अज्ञेय की इस पंक्ति के बारे में लिखा था। अज्ञेय ने यह पंक्ति काले कोयले से लिखी थी। शायद काले कोयले के बिना इसे सार्थकता नहीं मिलती। मैंने अपने पहले पत्र में लिखा था, अज्ञेय की यह बात अपनी क्षमता के हिसाब से, तलाश खोजबीन सकता है।

यह पंक्ति ऐसी अनुसन्धान शाला है, जिसमें से गुजरकर हर लेखक को अपनी आत्मा का रंग रूप मालूम पड़ जाता होगा। अब ऐसी गूढ़ बात पर मैं मामूली कैदी, क्या बोल या लिख सकता हूँ? सुशीला जी, अज्ञेय की यह पंक्ति मुझे आपकी आत्मा की आवाज लगती है। सच में! आप बहुत ही ईमानदार, स्वच्छ और विद्रोही लेखिका हैं। आप मेरी आदर्श लेखिका व नायिका हैं, जो किसी भी शोषित, कमजोर के लिए तनकर खड़ी हो जाती हैं। अज्ञेय की इस पंक्ति को आपने जिस तरह आत्मसात किया है, उसे मैंने भी महसूस किया है। सुशीला जी, अज्ञेय की यह पंक्ति एक खास सच है। यह पंक्ति अज्ञेय की आत्मा के साथ 'भारत भवन' के उस कक्ष की दीवार पर छप गयी है। यह दीगर बात है कि इसे पढ़ने वाला किस दृष्टि से देखता और महसूस करता है।

मेरे अपने ख़याल से लेखक जो ईमानदारी से लिखने का दम रखता है, अज्ञेय की इस पंक्ति को पढ़कर सहम जायेगा। क्योंकि लेखन की मर्यादा की आड़ व दूसरी कई बातों का सहारा लेकर लेखक कभी–कभी स्वयं कहता है, यहाँ पर थोड़ा फेर बदल किया है। तब यही बात हो जाती है कि लेखक जब वहाँ पर ईमानदारी से लिख ही नहीं रहा, तब वह लिख–लिख कर अपने सच को खुद झूठा करता है। सुशीला जी, अज्ञेय की इस पंक्ति के विचार मन्थन ने यह सवाल खड़ा कर दिया–'सुधीर, यह जो विश्व प्रसिद्ध या साधारण लेखक अपनी जीवनी या संस्मरणों को लिखते हैं, उनमें कितना सच और कितना झूठ होता होगा? क्या जीवन के सभी सचों को मूल रूप से लिखने का साहस रचनाकार कर पायेंगे?'

आत्मकथा लिखने में सच–झूठ का अनुपात मिलाना पड़ता है? मेरे

विचार से कोई भी महान या साधारण लेखक, जब यह दावा करता है कि उसने रचना को पूरी ईमानदारी व सच के साथ लिखा है या लिख रहा है, तब उसकी आत्मा उससे पूछेगी ही, यह कितना और कहाँ का सच है? तब उसे खुद ही महसूस होता होगा कि वह अपने सच को लिख–लिख कर झूठा कर रहा है। यह अग्निपरीक्षा कितने लेखक को पास करती होगी? खुदा ही जाने। लेकिन लेखक का अन्तर्मन, आत्मा उसे जरूर कचोटती रहेगी कि तुम ढ़ोंग कर रहे हो। तब स्वयं ही अपने खोखलेपन का एहसास खाता रहेगा। अज्ञेय का यह ब्रह्म वाक्य हमेशा के लिए मेरे दिलो–दिमाग पर अंकित हो गया है। इस पंक्ति को मैंने पहले भी एक दो बार पढ़ा था। तब इतना वैचारिक मन्थन नहीं हुआ। इस वैचारिक मन्थन का श्रेय आपको जाता है। अगर आप मुझे इस पंक्ति का इस तरह परिचय न देतीं तो इस मन्थन का होना सम्भव न था। मैंने इस पंक्ति के बारे में पहले पत्र में थोड़ा विस्तार से लिखा था। मेरा दुर्भाग्य है कि वह पत्र आपको नहीं मिला।

मैंने आपकी रचना (आपके 18–2–2000 के पत्र के अनुसार) 'साक्षात्कार' को 'हंस' में पढ़ लिया है। रचना अच्छी है। उन दूषित पत्रकारों के चेहरे को उधेड़ती है, जो साक्षात्कार के नाम पर किसी लेखिका का सानिध्य सुख या विशेष मित्रता का हाथ पाना चाहते हैं। आपने दक्षता के साथ 'साक्षात्कार' को रचा है। बल्कि मुझे तो यह रचना आपका ही कोई अनुभव लगती है। इस रचना का अन्त आपने बड़े ही विस्फोटक अन्दाज में किया है। यह अन्त पाठक को 'साक्षात्कार' की आत्मा से स्पर्श करा देता है। कथा नायिका की नजरें ही पत्रकार महोदय को शालीन भाषा से उसकी औकात बता देती हैं। यह आपकी अच्छी रचना मानी जा सकती है, परन्तु मुझे आपसे कुछ बड़े विस्फोट की उम्मीद थी। क्योंकि वह कूवत और क्षमता आपके अन्दर है। इस रचना से वे उम्मीदें पूरी नहीं हुईं। मेरी बात का बुरा न मानियेगा। मैंने साक्षात्कार को पढ़कर आपको एक इनलैण्ड लिखा था, जो आपको मिला होगा।

आप हैदराबाद में '1970 के बाद के उपन्यास' की संगोष्ठी में शामिल हुईं, जानकर बड़ी खुशी मिली। वहाँ पर आपने क्या विचार व्यक्त किये? जरा सी झलक देंगी तो मुझे भी 1970 के बाद के उपन्यासों के बारे में जानने को मिलेगा। जब आपने उसमें शिरकत की होगी, तो समा बँध गया होगा। क्योंकि आप एक अच्छी वक्ता होंगी ही।

हैदराबाद से लौटने के बाद, आप 'डॉ. अम्बेडकर विचारधारा' के एम.ए. पार्ट–1 के छात्रों के साथ 'नागपुर सेन्ट्रल जेल' के जन जीवन को पढ़ने गयीं, जानकर मैं विस्मय और रोमांच से भर गया। यह 'नागपुर सेन्ट्रल जेल' जाकर बन्दियों को पढ़ने का विचार कैसे आया? सुनने में यह अजीब–सा जरूर लगता है, पर इसके गहरे दूरगामी परिणाम होंगे, इसका मैं थोड़ा सा अन्दाजा लगा सकता हूँ। आपने नागपुर सेन्ट्रल जेल में जाने का क्रान्तिकारी कदम उठाया, इसके लिए बधाई। आप इतनी गहरी 'समाज विज्ञानी' भी होंगी, सोचा न था। काश! हमारी जेल में भी आ पातीं। लेकिन यहाँ आपको इतने विविध प्रकार के कैदी व अपराधी देखने को न मिलते। आपको डी.आई.जी. साहब ने इतना सहयोग दिया, जानकर अच्छा लगा। आपने बहुत से कैदियों का जिक्र करके मुझे जानकारी दी है। सुशीला जी, उन कैदियों के बारे में जानकर बड़ा अच्छा लगा।

आपने नागपुर जेल की सरसरी जानकारी देकर महत्त्वपूर्ण काम किया है। सुशीला जी, नागपुर ने कैदियों के लिए कई तरह के काम खोल रखे हैं, जिससे बन्दी पेट भरने लायक हुनर सीख सकता है। यह बड़ी अच्छी बात है। इससे कैदी अपने दिमाग, बदन को कुछ देर के लिए लगा सकता है। उनकी बहुत सी सामान्य कुण्ठाओं का अन्त हो जाता है। भारत के सभी जेलों में काम है, सिर्फ गोवा को छोड़कर। यहाँ की जेल, सब जेल दोनों जगह के कैदी मिलाकर 125 भी नहीं हैं। सब जेल को खुले हुए चार बरस ही हुए हैं। मैं डेढ़ बरस सब जेल में भी रहा हूँ। हमारी इस 'सेन्ट्रल जेल' में कैदी आरोपी सब मिलाकर 170 के लगभग हैं। कैदियों के लिए टेलरिंग में 17–18 मशीन हैं। किचन में 12–13 कैदी को काम है व कारपेंटी में 6–7 कैदी को। बाहर घास वगैरह खोदने के लिए 4–5 कैदी रहते हैं। पखाना धोने व झाड़ू के लिए 4 कैदी। जेल में कुल जमा इतना ही और इतने ही कैदियों के लिए काम है। आठ बरस से मैं यही देख रहा हूँ। इन जगहों के लिए भी कैदियों में मारामारी रहती है। जेलर सब जेलर, अपनी पसन्द के कैदी को ही रखते हैं। जरा कुछ पूछा नहीं कि काम से निकाल दिया जाता है।

मैंने तीन बरस टेलरिंग सैक्शन में काम किया है। मुझे एक सब जेलर ने अपनी शिकायत ऊपर करने के बदले मुझे बड़े अपमान जनक तरीके से निकाल दिया था। फिर सब जेल में मैंने पाँच महीने पाखाना धोने का काम किया। यह काम मैंने माँग कर लिया था। वह इसलिए कि तीन चार

घंटे में मेरा काम खत्म हो जाता था। सब जेल से यहाँ आने पर मैंने जेल अधीक्षक से पाखाना साफ करने का काम देने का अनुरोध किया। उन्होंने दे भी दिया। फिर एक साहित्यिक पत्र के लिए काम से निकाल दिया। मैंने 25 दिन ही काम किया। अब नये अधीक्षक व मुख्य जेलर आये हैं। वह मेरे प्रति सहृदय हैं, पर पाखाना साफ करने के काम के लिए कई कैदी पहले से इन्तजार कर रहे हैं। मुझे दूसरी जगह काम दिया जा सकता है, लेकिन पता नहीं कब कोई बहाना लगाकर काम से निकाल दे। इसलिए मैं दूसरी जगह काम करने में हिचकता हूँ। यहाँ सभी कैदी 24 घंटे बन्द बैरक में रहते हैं। पगार की बात, तो पहले टेलरिंग में 1.60 रु. पर काम किया। पाखाना धोने का 3.50 रु. पर। यह 3.50 रु. भी हम कैदियों ने बड़ी मशक्कत के बाद करवाए थे। यह पगार रोज की थी। छुट्टी संडे का काम नहीं, उसका पगार भी नहीं। इस पगार का 1/3 यहाँ भी जमा होता है। गोवा की जेल का हुलिया भारत की जेलों से अलग है।

सुशीला जी, कैदियों की अन्दरूनी दुनिया बड़ी हैरतभरी व अविश्वसनीय है। बाहरी संस्थाएँ व आदमी जो जेल को देखने और कैदियों से मिलने आते हैं, कैदी व जेल प्रशासन दोनों ही जानते हैं, उन्हें कितनी देर तक के लिए अभिनय करना है। इसे वे बखूबी करते हैं। यहाँ पर भी धार्मिक प्रवचनों के लिए ब्रह्म कुमारियाँ, ईसाई साध्वियाँ आती हैं। बन्दी उनके जाने के बाद उनके उरोज, नितम्ब, होंठों को लेकर घंटों बातें करते रहते हैं। इसमें सभी वर्ग आयु के बन्दी शामिल हैं। मजे की बात यह है कि ये बन्दी, फिर जब उन ब्रह्म कुमारियों–ईसाई साध्वियों से मिलते है, तो ऐसे बात करते हैं, जैसे गौतम बुद्ध के शिष्य बन गये हों। मैं इन प्रवचनों में नहीं जाता। तब भी ये कुमारियाँ मुझे बैरक में आकर शुभकामना देती हैं। मजे की बात यह है कि मैंने अधिकतर के सम्मुख इन्हें यह बात साहस के साथ बतायी और न आने की वजह बतायी। सुनकर वे भौंचक रह गयी थीं।

सुशीला जी, बहुत बक–बक कर दी, माफ करना। घर में सभी को अभिवादन कहें। पत्र का उत्तर जरूर दें। आपकी खुशी व सेहत की दुआ के साथ।

आपका सुधीर

25–2–2000
केन्द्रीय कारागार, गोवा

आदरणीय सुशीला जी,
हार्दिक अभिवादन,

आज मुझे जब गेट पर बुलाया गया तो मैं यह सोचते हुए गेट पर गया कि किस रचनाकार का पार्सल होगा? पोस्टमैन ने शक्ल देखते ही मुस्कान फेंकी और कहा–शर्मा तुम्हारा मनीऑर्डर है। मनीऑर्डर सुनते ही आप दिमाग में कौंध गयीं। मेरा अन्देशा सही था। यह आपका ही भेजा मनीऑर्डर था। भावनाओं से लरजते हुए मैंने दस्तखत किये। मेरे चेहरे पर छाए भावों को देखकर, ड्यूटी जेलर ने बड़े अदब से कहा–'शर्मा यह मनीऑर्डर डॉ. सुशीला का है, जरूर यह भी साहित्यकारा होंगी? तुम्हें यह बड़े–बड़े लोग अच्छा पाठक मानकर, इतना स्नेह देते हैं। इस पर हमें देखकर भी यकीन नहीं होता।' मनीऑर्डर पाने के बाद मेरे भीतर तूफान मचा था। मैंने जेलर की इस सद्भावना की मौन कृतज्ञता प्रकट की। फिर उससे व पोस्टमैन से आपकी इंसानियत की चर्चा की और इजाजत लेकर बैरक में आ गया।

साथियों की उत्सुक निगाहें मेरी ओर उठ गयीं। उन्होंने मेरे हाथों को देखा, वहाँ पत्र–पत्रिका न थी। कुछ देर बाद एक साथी ने पूछा–'शर्मा भाई, क्या रजिस्टर्ड पत्र आया है?' मैंने काँपते स्वर में धीरे से कहा, नहीं। तब उनकी आँखों में और हैरानी व जिज्ञासा उभर आयी। मैंने उन्हें कुछ पल देखा और कहा–'सुशीला जी ने मनीऑर्डर भेजा है।' धीरे से कही इस बात को, दूसरे साथियों ने भी पकड़ लिया। सुनकर उनके चेहरों पर आश्चर्य मिश्रित खुशी छा गयी। मैंने उनकी तरफ अपनी नजर घुमाई और मिलने पर बड़े अदब से मौन हामी भरी और भावनाओं के तूफान में डूबते उतरते खामोश अपनी जगह पर आ गया।

सुशीला जी, दो दिन पहले ही मैंने आपको पत्र लिखा है। वह पत्र अभी आप तक नहीं पहुँचा होगा। इसलिए यह पत्र लिखते हुए झिझक हो रही थी। मेरे पत्रों की रफ्तार को देखते हुए आप सोचेंगी, इस पाठक कैदी के पास क्या दूसरा काम नहीं है? लेकिन आपके मनीऑर्डर ने मेरे भीतर भावनाओं का ज्वार इस तरह पैदा कर दिया कि मेरी झिझक उसमें बह गयी। फिर आपके मनीऑर्डर प्राप्ति की सूचना देना मेरा नैतिक फर्ज है। सोचा, अपनी सुशीला जी चाहे मुझे कितना भी मूर्ख व अधीर समझें,

मनीऑर्डर प्राप्ति की सूचना देना मेरा फर्ज है। मुझे पत्र लिखना ही चाहिए।

सुशीला जी, आप मुझे जो मदद कर रही हैं, उस पर चिन्तन–मनन करते हुए, मेरा वजूद थरथरा जाता है। आप मुझे एक–दो माह बाद भी यह मदद करतीं, तब भी मेरा काम चल जाता। लेकिन आपने तो समय से पहले ही मुझे फिर से बड़ी रकम भेज दी। एक गुजारिश है, अब कम से कम कुछ महीने तक मुझे पैसों की जरूरत नहीं पड़ेगी। आपकी भेजी यह रकम मेरी सारी परेशानियाँ दूर कर देगी। मैं दिल से यह बात कह रहा हूँ, मेरी बात पर ध्यान दीजिएगा।

सुशीला जी, आपने पहले ही मुझे अच्छी खासी मदद कर दी है। अब आपने फिर से घ्यान रखते हुए यह रकम भेज दी है। इसे स्वीकार करते हुए मेरी आत्मा में विस्फोट–सा हुआ। मेरी आत्मा ने खुद मुझसे कई सवाल कर दिये। एक–दो बार तो ठीक है, लेकिन बार–बार मैं आपकी मदद को किस आधार पर स्वीकार करूँ? मेरा जमीर इस बात के लिए मुझे धिक्कारता है। सौ–दो सौ रुपये तक की बात होती, तो ठीक है। पर आप इस तरह मदद करेंगी तो मेरी आत्मा पर एक बोझ बनता जायेगा। यह पैसा आपके कड़े श्रम का है। इस पर आपके साथ आपके परिवार का अधिकार पहले है। आप अपनी खुशियों, सुखों को मारकर, मुझे यह पैसा भेजती हैं। यह बात मेरी आत्मा को कोंचती रहती है। आखिर यह सत्य शिव है, मैं इससे मुँह नहीं चुरा सकता।

सुशीला जी, यह विचार श्रृंखला मेरे दिलो–दिमाग को मथती रहती है। आप मुझ अपरिचित के लिए यह कुर्बानी कर रही हैं। यह देखकर मेरी आत्मा काँप उठती है। सुशीला जी, अपनी तमाम कमियों, खराबियों के बाद भी आपकी यह इंसानियत मेरी आत्मा को झिंझोड़कर जगा देती है। आत्मा के जगने पर मैं खुद को बड़ी लज्जा में पाता हूँ। मैं अपने इन अन्तर्द्वन्द्वों को किस तरह लिखूँ? समझ नहीं पा रहा। आप बहुत ही अच्छी व दक्ष मनोविज्ञानी हैं, मेरी बात को समझ सकती हैं। आप तो मदद कर देती हैं, पर मैं इसे इतने बड़े रूप में कैसे स्वीकार करूँ? आभार व कृतज्ञता लिखना बहुत ही छोटी बात होगी। मेरा रोम–रोम आपका ऋणी है और रहेगा। आपके इस ऋण से मैं ऊऋण हो सकूँगा, शायद कभी नहीं। तब मैं आपके लिए क्या कर पाऊँगा, यही मेरी चिन्ता का विषय है।

आप कोई व्यवसायी साधन कुबेर महिला नहीं हैं, जो पैसों की रेल–पेल में इस रकम पर ध्यान न दें, या जिसे इस रकम से कोई फर्क न

पड़े। आप अध्यापन जैसे मानसिक श्रम से जुड़ी हैं, उस श्रम के अर्जित पैसों में से आप मुझे यह मदद कर रही हैं। देखा जाये तो आप अपने परिवार की खुशियों, जरूरतों में कटौती करके, यह सहारा मुझे दे रही हैं। इस बात के एहसास से मैं एक अपराध बोध से भर जाता हूँ। मुझ पाठक कैदी और खराब आदमी के लिए आप यह कुर्बानी क्यों दे रही हैं? सुशीला जी, मैं आपकी इस कुर्बानी के लिए सही पात्र नहीं हूँ। मुझे सहारा देकर आपको परिवार की नाराजगी भी झेलनी पड़ रही होगी। इस बिन्दु पर भी मैंने बड़ी गहराई से सोच–विचार किया। इस सब, मन्थन कशमकश में आपका जो किरदार उभर कर आता है, उसके तेज से मैं चुंधिया जाता हूँ। डॉ. सुशीला की विराटता व व्यापकता का एक अंश मुझे समझ आता है और मैं हृदय से उसके सम्मुख नतमस्तक हो जाता हूँ, या कहिए मैं उसमें विलीन हो जाता हूँ।

सुशीला जी, मेरी बात बहुत लम्बी हो गयी है। आप भी कहेंगी, कैसे अजीब पाठक से पाला पड़ गया, जो कुछ भी बातों को लिखता रहता है। आपको शायद याद हो कि मैंने आपके पहले पत्र के जवाब में लिखा था–'आपसे संवाद का बनना, मेरे जीवन की एक बेहद महत्त्वपूर्ण घटना है।' मेरी बात अक्षरशः सच साबित हुई। कृपया यह न समझें कि मैं आपकी चापलूसी कर रहा हूँ। आप जैसी लेखिका, शिक्षिका व बेहतर महिला ही मुझ इंसान को जीवन के नये बोध दे सकती थी। इस बात पर याद आया कि दो–तीन प्रतिष्ठित सम्पादकों ने मुझसे पूछा था कि–'तुम यह राय कैसे बना रहे हो कि महिला लेखकों के आचरण ने ही तुम्हारे अन्दर अतिरिक्त बदलाव किया है।' तब मैंने यूँ ही अपनी रौ में बहकर, न जाने क्या क्या लिख दिया। मजे की बात यह है कि मेरी उबड़ खाबड़ बातों से वह एक हद तक सहमत हो गये।

सुशीला जी, मैं आपको परेशान करता हूँ, आप इसे हँसकर सहन कर लेती हैं। आपके इस बड़प्पन व सहृदयता को मैं महसूस करता हूँ, दिल से शुक्रगुजार हूँ। आपका कॉलेज कार्य कैसा चल रहा है। क्या आपके कॉलेज में मनोविज्ञान की प्राध्यापिका है? तो उनसे मनोविज्ञान की किताबें लेकर भेजिएगा। मुझे मनोविज्ञान विषय को पढ़ने की इच्छा है।

अपने परिवार व अपनी सहेलियों को मेरा अभिवादन व शुभकामना कहें। आपकी खुशी व सेहत की शुभकामना के साथ।

आपका सुधीर

10–4–2000
केन्द्रीय कारागार, गोवा

आदरणीय सुशीला जी,
हार्दिक अभिवादन,

आपकी कुशलता की कामना करता हूँ। आपके अन्तिम पत्र, जिसमें आपने नागपुर जेल के बन्दियों के बारे में लिखा था, का जवाब मैंने तुरन्त ही दे दिया था। उम्मीद करता हूँ, आप तक पहुँचा होगा।

इतनी जल्दी, फिर से अकारण ही मेरा पत्र पाकर, शायद आपको अटपटा–सा महसूस हो। कहेंगी, इस पाठक को और कोई काम नहीं, जो यह बिना बात के पत्र लिखता रहता है। या फिर यह एक कैदी की अत्यधिक भावुकता होगी, यह स्वाभाविक ही है।

बीच में, शायद मेरे कुछ पत्र आप तक नहीं पहुँचे। इससे यह भी मन में आया कि अगर वक्त ही मुझसे नाराज हो और मेरा जवाब आप तक न पहुँचा हो, अपने इसी भ्रम को आधार बनाकर मैं यह पत्र लिखने बैठा। अपनी पत्र लिखने की इस अधीरता पर मैं खुद में शर्मिदा हूँ।

'अज्ञेय' की जिस पंक्ति का उल्लेख आपने दो–तीन पत्रों में किया था, उसके बारे में मैंने तीन पत्रों में उस विराट पंक्ति की अनुभूति को लिखा था। उम्मीद करता हूँ, उन लिखे पत्रों में से आपको एक तो मिला होगा–'मैं अपना सच लिखता हूँ, लिख–लिख कर झूठा करता हूँ'–मुझे निरन्तर मथती रही है। अज्ञेय की इस पंक्ति का उल्लेख करके, आपने मुझे खुद को शोधित करने की ऊर्जा दे दी है। आप व अज्ञेय की यह पंक्ति हमेशा मेरे जेहन में मौजूद रहकर, मुझे अज्ञेय की पंक्ति का मन्थन कराती रहती है। अज्ञेय की यह पंक्ति मेरे दिलो–दिमाग में इसलिए स्वयं बस गयी कि इसे आप जैसी विदुषी ने मेरी चेतना में रोपा है। यह पंक्ति इंसान को इतना निखार सकती है, यकीन नहीं होता। जब मैं अज्ञेय की इस पंक्ति के मन्थन में रत रहता हूँ, तब दिल होता है कि जो बात आत्मा के अन्धकार में कौंधी है, उसे आपको लिख दूँ। दिक्कत यह है कि यह कौंध सोते–खाते कभी भी कौंध जाती है। आप जैसी इंसान ही अज्ञेय की यह पंक्ति मुझे विचार–पुंज बनाकर दे सकती थीं।

सुशीला जी, आप एक साथ कई मोर्चों पर जीवन को जीती हैं। मेरे कई तरह के अटपटे पत्रों को पाकर, आपको खीझ हो जाती होगी, इसके लिए माफ कर दीजिएगा। दरअसल आपका व्यक्तित्व मुझे उद्वेलित करता

रहता है और मैं भावनाओं के अतिरेक में कुछ भी ऊबड़–खाबड़ लिख देता हूँ। मेरे ऊबड़–खाबड़ पत्रों को पढ़कर आप असमंजस में भी पड़ जाती होंगी। इस ऊबड़–खाबड़ को आप एक कैदी की भावुकता समझिए, जो आपसे भावनात्मक सहारा पाता है। आप नागपुर जेल में जिन कैदियों से मिली थीं, क्या उन्होंने आपसे पत्र व्यवहार रखा है? 'आम्बेडकर विचारधारा' के तहत आपने क्या अध्ययन किया? जानना चाहूँगा। काश! आप जैसी कोई विदुषी हमारी जेल में आकर, हमारी भी आत्मचेतना को जागृत करती। यहाँ तो जो साध्वियाँ आती हैं, वे सिर्फ और सिर्फ भगवान की क्रियाओं का बखान करती हैं, या उसकी आरती के गीतों को याद करने को कहती हैं। दूसरी कोई बात न कैदी करते हैं, न वे करती हैं। मुझसे आते–जाते जब कभी उनका टकराना होता है, तो मैं ही उनसे दूसरे विषयों की बात करता हूँ। वे आश्चर्य और रुचि के साथ बात करती हैं। फिर समय से बेबस होकर, प्रवचन स्थल की ओर चल देती हैं, जहाँ दूसरे बन्दी प्रवचन सुनने के लिए जमा होते हैं।

आप बताइए, और आपकी क्या गतिविधियाँ रहीं। आपको तो संगठन के कार्य के लिए भी बहुत श्रम करना पड़ता होगा। अब कॉलेज की परीक्षाओं की तैयारी चल रही होगी। इससे भी आपकी व्यस्तता में इजाफा होगा। इस व्यस्त जीवन शैली, दिनचर्या में आपको दिमागी आराम या मनोरंजन की जरूरत महसूस नहीं होती? शायद कर्म ने आपको कठोर बना दिया होगा।

मैं आपको लम्बा खत लिखता, लेकिन बहुत–सी बातों को सोचकर रुक रहा हूँ। घर में और अपनी सहकर्मियों में मेरा यथायोग्य अभिवादन और शुभकामना कहें। आपकी खुशी व सेहत की कामना के साथ।

आपका सुधीर

5–5–2000
केन्द्रीय कारागार, गोवा

आदरणीय सुशीला जी,
हार्दिक अभिवादन,

आपकी कुशलता की कामना करता हूँ। मेरे पत्रों की रफ्तार को देखकर जाने आप क्या सोचें कि यह कैदी पाठक क्यों बेवजह आपको पत्र पर पत्र लिख रहा है। आपका सोचना जायज है, आखिर पत्र लिखने की कोई वजह तो होनी चाहिए।

बहुत दिन हुए, आपकी खैरियत की खबर नहीं मिली। आपने कोई पत्र नहीं लिखा। क्या आप मेरी किसी नादानी से नाराज हैं? वरना आप मेरे पत्रों का जवाब जरूर देतीं। मैं आपके कोमल, स्नेही स्वभाव को जानता हूँ। आप अपने पाठकों के प्रति बहुत संवेदनशील हैं। मैंने दो पत्र आपको लिखे हैं। लेकिन मुझे किसी का भी जवाब नहीं आया। आपके जवाब के न मिलने से दिलो–दिमाग में कई संशय उभर आये कि कहीं मेरी किसी बेवकूफी पर नाराज होकर तो आपने पत्र लिखना बन्द नहीं कर दिया।

मैं जज्बातों के ज्वार में बहकर, अपनी पाठकीय मर्यादाओं को भूल जाता हूँ। विशेषकर आप जैसी अदभुत इंसान का स्पर्श पाने के बाद। जरूर मैंने अपने पत्र में पाठकीय सीमाओं को तोड़ा होगा, जाहिर है इससे आपको बुरा महसूस हुआ होगा। मुझे लगता है, इसी से नाराज होकर आपने पत्र लिखना बन्द करके मुझे सबक दिया है। वरना आप पत्र जरूर लिखतीं। अगर मेरी मूर्खता से कुपित होकर आपने यह सजा दी है, तो मुझे कबूल है। लेकिन क्या यह सजा ज्यादा नहीं है? मुझे लगता है, यह सजा बहुत ही सख्त है। मेरी गुजारिश है, आप इस पर फिर से विचार करें और दूसरी अपेक्षाकृत कम सजा दें। सुशीला जी, अगर मेरी किसी नादानी, बेवकूफी से आपका दिल दुखा हो, तो प्लीज मुझे क्षमा कर दीजिएगा। मैं आपका दिल दुखाने की सोच भी नहीं सकता। इससे बड़ा पाप मेरे लिए दूसरा न होगा। आपके पत्र के न आने से कई तरह के संशय मेरे दिलो–दिमाग को दंश मार रहे हैं।

मेरी इन सब बातों से आपको कोफ्त भी होगी कि यह किस कैदी से पाला पड़ गया, जो इसे जरा–सा स्नेह और आत्मीयता क्या दे दी, यह अपनी पाठकीय सीमाओं को भूल गया। ऐसा नहीं है, सुशीला जी। आपका स्थान मेरे हृदय में क्या है, मैं ही जानता हूँ। आप मेरे लिए शिव का एक अनुपम वरदान हैं, जिसने चमत्कार की तरह प्रकट होकर, मुझे जीवन संघर्ष की जिजीविषा से भरा है। आप अगर मेरी किसी मूर्खता से नाराज हैं, तो कृपया अपनी नाराजगी बताइयेगा, ताकि मैं अपनी मूर्खता को जान सकूँ, उसे दूर कर सकूँ। आप मेरी गुरु हैं, क्या अपने शिष्य को सीख नहीं देंगी? आपके हृदय को मैं अच्छी तरह जानता हूँ। आप मुझ कैदी पाठक के प्रति इतनी कठोर नहीं हो सकतीं। मेरी मूर्खता को आप अपनी विराटता में समोकर, मुझे माफ कर देंगी।

मैं आपको लम्बा पत्र लिखता, पर अजीब–सी मनःस्थिति है, इसलिए

चाहते हुए भी नहीं लिख रहा हूँ। अपने बारे में लिखिएगा, क्या–क्या गतिविधियाँ रहीं। कुछ नया लिखा या नहीं। और किस विषय पर आप काम कर रही हैं? शिव आपको महफूज और सलामत रखे, यही दुआ करता हूँ। अपनी सहेलियों व परिवार में मेरा अभिवादन कहें। आपकी खुशी की कामना के साथ।

आपका सुधीर

28–5–2000
केन्द्रीय कारागार, गोवा

आदरणीय सुशीला जी,
हार्दिक अभिवादन,

आपकी कुशलता की कामना करता हूँ। बहुत दिन हुए, आपने अपनी कुशलता की खबर नहीं दी। मैंने बीच में आपको दो पत्र लिखे थे, मिले होंगे। मैं यह भी न जान सका कि मेरे पत्र आप तक पहुँचे या नहीं? सुशीला जी, क्या बात है, जो आपने अपनी खैरियत की खबर देने में भी कोताही की। आप महफूज तो हैं न! मैं हरदम यही कामना करता हूँ कि आप खुशी के साथ रहें।

कहीं ऐसा तो नहीं कि अतिव्यस्तता के कारण आपको पत्र लिखने का वक्त न मिल पाया हो। स्कूल–कॉलेजों की परीक्षाओं की वजह से भी अतिरिक्त काम आ गया होगा। फिर आप तो कई सामाजिक संगठनों से सक्रिय रूप से जुड़ी हैं। उनकी भाग–दौड़ भी बनी रहती होगी। ऐसे में वक्त निकालना बहुत मुश्किल हो जाता है। इन सब बातों का एहसास मुझे है। लेकिन इसके बाद भी मैं अपने स्वार्थ के चलते, यही सोचता हूँ कि आप मुझे एक पत्र लिखने का वक्त तो निकाल ही सकती थीं। आपके पत्र के न आने से यह भय भी डंक मारता है कि आप स्वस्थ व खुशमिजाजी के साथ तो होंगी न? मैं इसके लिए दुआ करता हूँ।

सुशीला जी, न जाने क्यों मुझे लगता है कि आप मेरी किसी गलती पर नाराज हैं। वरना आप मेरे पत्रों को पाने की सूचना अवश्य देतीं। यह पत्र भी मैं बहुत ही झिझक के साथ लिख रहा हूँ। मेरे इस तरह पत्र लिखने को पता नहीं आप क्या समझें? मैंने पहले के पत्र में भी लिखा था कि अगर आप मेरी किसी बात पर नाराज हैं, तो भी मुझे पत्र लिखकर बतावें। आखिर मुझे भी तो अपनी गलती का एहसास हो। मैं अपनी गलती

को खुले दिल से कबूल कर, माफी माँग लूँगा। आप जैसी इंसान की क्षमा पाकर भी धन्य हो उठूँगा।

अगर मेरी गलती है, तो उसे बताना भी आपका फर्ज है, एक लेखिका व बड़ी इंसान होने के नाते। आप शिक्षिका हैं, एक कैदी को भी जीवन की सीख दे सकती हैं। आपने मुझे जीवन की ऐसी मूल्यवान सीखें दी हैं। लेकिन यह मुझे गवारा न होगा कि आप बिना बताये इस तरह नाराज हो जायेंगी। अपनी गलती जान लेने से मेरी आत्मा को सकून तो मिलेगा। लगता है, आपने पत्र न लिखने से ही मुझे सीख देनी चाही है कि–कुछ पत्रों को लिखने के बाद जब मुझे कोई जवाब नहीं मिलेगा, तो खुद व खुद मेरा जमीर मुझे धिक्कारेगा–'सुधीर, जब जवाब ही नहीं मिल रहा, तो तुम सुशीला जी को क्यों पत्र पर पत्र लिख रहे हो? तब आखिर आत्मसम्मान जगेगा ही, और मैं समझ जाऊँगा।' सुशीला जी, इस हद तक कुपित हो गयी हैं कि पत्र तक नहीं लिखना चाहतीं। अगर ऐसा है तो आपके विश्वास की सौगन्ध, आप मुझे जरा–सा संकेत दे दीजिए, मैं फिर कभी पत्र लिखकर आपके दिल को नहीं दुखाऊँगा। आपसे मैंने अनमोल मानवीय तत्त्व ग्रहण किये हैं। मैं वैसा कुछ भी नहीं कर सकता जिससे आपको बुरा महसूस हो।

अब मेरी प्रार्थना है कि आप पत्र लिखकर अपनी नाराजगी जरूर बतायें। विश्वास रखिए मैं आपकी नाराजगी व अपनी गलती के आत्ममन्थन से कुछ न कुछ सार्थक ग्रहण करूँगा। घर में व अपनी सहेलियों को मेरा अभिवादन कहें, आपकी खुशी व सेहत की कामना के साथ।

आपका सुधीर

3–6–2000
नागपुर

प्रिय सुधीर,
सादर नमस्कार,

आपके दोनों पत्र मुझे मिले हैं और मैं पूर्णतः स्वस्थ व सानन्द हूँ। पत्रोत्तर देने में विलम्ब हुआ है। यह तो हमेशा की बात है और कोई बात नहीं है। आप चिन्ता न करें और बुरा भी न मानें।

आपके पत्र आने से मुझे कोई परेशानी नहीं होती है, बल्कि अच्छा लगता है कि आप कितने साफ हृदय से, अपने मन की भावना और विचार किसी के भी सामने रख सकते हैं, यह आपके हृदय की ईमानदारी है।

गोवा के इस 'शिक्षा घर' में रहकर आपने बहुत कुछ सीखा है। उम्र का कच्चापन दिया है, तो परिपक्वता भी पायी है। अपने साथियों के साथ या माहौल के अनुसार, आप कुछ देर के लिए वाचाल भले ही हो जायें, लेकिन यथार्थ में आप गम्भीर हैं। कुछ ही दिनों की बात है, फिर आपको अपना जीवन स्वतन्त्र रूप से जीना है। इस विषय में गम्भीरता के साथ विचार करते रहना आपके लिए जरूरी है। आप क्या सोचते हैं, यदि मैं जान सकूँ तो आप अवश्य लिखें, बार–बार लिखें, लिखते रहें। अपने माता पिता के विषय में अवश्य लिखें।

कुन्ता राजपूत हैं, आपको पत्र लिखती हैं? आपके कुछ साथियों ने मुझे अपने सम्मिलित हस्ताक्षर के साथ एक पत्र भेजा था। बहुत दिन हुए, मैं उस पत्र का जवाब नहीं दे सकी, क्षमा करें। पत्रोत्तर देने में विलम्ब हो जाता है। आप सबके लिए मेरी हार्दिक शुभकामनाएँ हैं। पिछले कुछ दिनों से परीक्षाओं की तैयारी में व्यस्त थी। 4–5 दिन पचमढ़ी यात्रा में बीते। 6 जून का हैदराबाद जाने का प्रोग्राम अचानक बन गया है। 30 जून तक छुट्टियाँ हैं। इसके बाद, कॉलेज शुरू होने के बाद छुटियों की समस्या होती है। आप पत्र भेजें। जवाब मिलते रहेंगे।

वहाँ आपके शायद 2 या 3 वर्ष बाकी हैं। इन दिनों आप क्या करते हैं? और आगे के दिनों में क्या करना है ताकि समय सदाचार और सद्भावना के साथ बीते? यह जानने की बहुत उत्कण्ठा है।

आपने मेरे विश्वास की सौगन्ध खाकर, आश्वासन देने की बात लिखी है। आप मेरे विश्वास की कद्र करते हैं, जानकर अच्छा लगा। आप पर न तो मेरा कोई अधिकार है और न ही कोई बन्धन। फिर भी यकीन है कि सुधीर शर्मा मुझसे कभी झूठ नहीं बोलेंगे। इसी विश्वास के साथ आपके पत्रों के जवाब मैं देती हूँ। शेष कुशल।

सुशीला टाकभौरे

10–6–2000

केन्द्रीय कारागार, गोवा

आदरणीय सुशीला जी,

हार्दिक अभिवादन,

आज जब मुझे आपका पत्र मिला तो मैं सुखद आश्चर्य से भर उठा, रूह खिल उठी और पत्र को डूबकर पढ़ डाला। कुछ देर जज्बातों के

तूफान में बहने के बाद मैंने फिर से पत्र को कई बार पढ़ा। यह पत्र सुशीला टाकभौरे नाम की शख्सियत के किरदार की कई अनछुई परतों को नये अन्दाज में खोल गया।

यह जानकर सकून व तसल्ली मिली कि आप खुशमिजाजी के साथ अपनी दिनचर्या में व्यस्त हैं। आपका यह पत्र काफी दिनों के बाद मिला। इससे मुझे लगा कि सुशीला जी मेरी किसी मूर्खता पर कुपित हो गयी हैं। अब आपका पत्र पाने के बाद मुझे अपने भ्रम पर बड़ी हँसी आयी। दरअसल आपके हद से ज्यादा स्नेह व आत्मीयता ने मुझे स्वार्थी बना दिया है। मैं सिर्फ अपना ही पक्ष देखकर अपेक्षा करने लगता हूँ कि आपके पत्र मुझे तुरन्त मिल जायें। जबकि यह अपेक्षा रखना न तो न्यायसंगत है, न ही विवेकपूर्ण। मेरे लिए सबसे बड़ी शर्म की बात यह है कि इस बात को जानते–समझते हुए भी मैं आपसे, मन में यह अपेक्षा रखता हूँ कि आपका पत्र मुझे शीघ्र से शीघ्र मिले। इसकी वजह एक कैदी का भावनात्मक सहारा पाना है। इस स्पर्श को पाने की ललक में मैं निहायत मतलबी बन जाता हूँ और सुशीला टाकभौरे के पक्ष पर ध्यान देने की जरूरत ही नहीं समझता। खैर...यह आपकी सहृदयता और बड़प्पन है, जो आप मुझ पाठक के लिए अपना समय व श्रम खर्च करती हैं। भावनाओं के अतिरेक के चलते मैं आपको दनादन पत्र लिख देता हूँ, बिना कुछ सोचे–समझे। आप इसे अपनी दयाशीलता व करुणा के चलते, अपनी विराटता में समेट लेती हैं। इन्हीं गुणों से तो आप अपनी अलग पहचान रखती हैं।

यह जानकर सुखद आश्चर्य हुआ कि आप किसी परीक्षा की तैयारी में व्यस्त थीं। क्या मैं जान सकता हूँ कि आप कौन–सी परीक्षा की तैयारी कर रही हैं? इतना कुछ सार्थक कर लेने के बाद भी, अभी तक आपके अन्दर कुछ नया करने का जोश व उत्साह है, जानकर अच्छा लगा। मेरा विश्वास है कि आप हर क्षण जीवन में कुछ न कुछ नया खोजती रहती हैं। आपकी ऊर्जा व उत्साह को देखकर मैं दंग हूँ। जब मेरा यह पत्र आप तक पहुँचेगा, आप अपने हैदराबाद प्रवास से लौट आयी होंगी। लिखिएगा, हैदराबाद में आपने क्या शिरकत की। जानने की इच्छा है।

आपकी इस बात से मैं सहमत हूँ कि–'गोवा के इस 'शिक्षा घर' से मैंने बहुत कुछ सीखा है। वह शिक्षा, जो दुनिया के किसी भी विश्वविद्यालय में नहीं मिलती और जिसके ऊपर किताबों में भी कुछ खास ज्यादा नहीं लिखा गया। जीवन जीने की यह कला, सिर्फ जेल में ही विकसित होती

है।' हालाँकि मैं तो हर पल इसी टीस में रहता हूँ कि जीवन के मूल्यवान वर्ष मैंने सजा काटने में गुजार दिये। पर क्या किया जा सकता है। इस सजा की पीड़ा से कुछ सीखा जायेगा, तभी तो सजा के इन वर्षों की भरपाई का सन्तोष किया जा सकता है।

आपकी इस पंक्ति ने मुझे जीवन दर्शन की गूढ़ बात बताकर, बड़ी मजबूती दी कि 'उम्र का कच्चापन दिया है, तो परिपक्वता भी पायी है।' सुशीला जी, आपने मुझे गम्भीर माना, जानते हुए भी कि मैं गम्भीर नहीं हूँ, मुझे पुलकित कर गया। काश! मुझ में गम्भीरता आ जाती। मैं बहुत ही उग्र व मुँहफट इंसान हूँ। यह आपके हृदय की कोमलता है, जो मुझ ऊबड़–खाबड़ उग्र इंसान को आप गम्भीर मान रही हैं।

सुशीला जी, आपके इस पत्र ने मेरे अन्दर बड़ा भीषण तूफान खड़ा कर दिया। है। आपने मेरे आजाद होने के बाद, मेरा भविष्य के लिए क्या कदम होगा, जानने की इच्छा प्रकट की है व इन दिनों मैं क्या कर रहा हूँ, यह भी जानना चाहा है। इन दिनों की बात अलग है। जेल जीवन में क्या किया जा सकता है? लेकिन आजाद होने के बाद की बात बिल्कुल अलग है, तब मैं अपनी आजादी से अपना काम कर सकता हूँ।

इन दिनों जिस तरह मैं अपनी सजा काट रहा हूँ, इस बात को मैंने अपने पहले के पत्र में विस्तार से लिखा था। उसी तरह दिन अब भी कट रहे हैं। अब मेरी सजा के ढ़ाई बरस ही रह गये हैं। मैं किताबों, पत्रिकाओं की दोस्ती में ही अपना दिन निकालता हूँ। इनसे संवाद, विचार विमर्श करना मुझे अच्छा लगता है, क्योंकि वैचारिक अन्तरंगता किसी बन्दी से नहीं है। इसलिए मैं जरूरत भर की ही बात करता हूँ या फिर जब मुझे मानव मन या मनोविज्ञान का किसी विशेष बात पर जानना–समझना हो, तो मैं साथी बन्दियों की रुचि–क्षमता को जानकर, उनसे रोचक अन्दाज में बात करता हूँ। वैसे भी साथियों को फिल्म, अपराध, खेल, राजनीति संगीत या दूसरी किसी बात पर कुछ अतिरिक्त जानना होता है, तो वे अदब के साथ मेरे पास ही आते हैं। लेकिन उनकी सोच व क्षमता कुछ मिनटों में ही चुक जाती है और वे चुप हो जाते हैं। दूसरी आलतू–फालतू बात करने की हिम्मत ही नहीं करते। वैसे भी छिछोरे व हल्के आचरण के बन्दी सलाम के बाद जल्दी से नजर घुमा लेते हैं। क्योंकि वे जानते हैं कि शर्मा पता नहीं कब, क्यों, तेजाब उगलना शुरू कर दे।

टीवी पर जो वाहियात प्रोगाम आते हैं, उन्हें देखकर सिर पीटने को

दिल करता है। बड़ी शर्मिन्दगी महसूस होती है कि हमारे निर्माता–निर्देशक कल्पना शून्य हैं। मेरे बिस्तर के सामने ही टीवी लगा है। मैं अमूल सुरभि, छायागीत, स्वराज, न्याय, अभिमान् व अंग्रेजी का एक क्विज, सुबह आज तक, आँखो देखी–ही देखता हूँ या फिर रोजा, आँधी, परिचय, आनन्द, मेरे अपने, अचानक, प्रहार, मौसम जैसी फिल्म हो तो देखता हूँ, वरना बिस्तर के सामने टीवी चालू रहने से भी मुझे कुछ फरक नहीं पड़ता। मैं अपनी किताब, पत्रिकाओं या पत्र लेखन में ही मगन रहता हूँ। साथी भी मेरे इस जुनून पर आचम्भित रहते हैं। मेरी इन बातों से आप यह न समझना कि मैं कुछ अच्छे ढंग का कैदी हूँ। जेल जीवन के राग–द्वेष, कुण्ठाएँ, विकार, खिन्नता दूसरे कैदियों की तरह मेरे अन्दर भी हैं। मैं उन्हें काबू करने की कोशिश भी करता हूँ, पर कुछ अंश ही सफलता मिल पाती है। मेरी कोशिश यह रहती है कि ढंग से दिन निकल जायें, बेकार की सिरदर्दी व मगजमारी पैदा न हो।

आपने जेल से मेरे आजाद होने के बाद के बारे में पूछा है कि उसकी क्या रूपरेखा होगी। सुशीला जी, आपको लिखा था कि तीन बरस में विचारों में क्या परिवर्तन होगा, कहा नहीं जा सकता। इसलिए यह बात भविष्य के गर्भ में है कि तब क्या विचारधारा, मानसिकता रहेगी। मैं अब भी आपको यह लिखूँगा, तो आपको भी सहमत होना पड़ेगा। लेकिन यह सच को टालने जैसी बात होगी। मुझसे बहुत से लेखक–लेखिकाओं ने यह बात पूछी है। मैंने अधिकतर को सही जवाब दिया, क्योंकि उनके शब्दों में वह ताप न था। मुझे वह वाक्य सहज औपचारिकता भर लगते। विभूति जी, ज्ञान दा, वैज्ञानिक राणाप्रताप सिंह, मधु कांकरिया, से. रा. यात्री, किरण बेदी को इतना ही लिखा था कि मैं आपकी नजरों में अपराधी भी हो सकता हूँ, लेकिन कुछ मानवीय मूल्यों को मैं अपने अन्दर जिन्दा रखूँगा। इसके बाद उन्होंने गहराई से सवाल नहीं किया।

कुन्ता राजपूत की बात सबसे अलग है। यह वह युवती है, जिसने 7 बरस बाद मुझे मेरे घर की खैरियत की खबर दी। मैं इन सात बरसों में किस तरह तड़पा था, यह मैं जानता हूँ। रात–दिन अपने घर की खैरियत को जानने के लिए मैं तड़पता रहा। अपनी जिद के चलते घर वालों से मेरा संवाद न था। मैं मर सकता था, पर उन्हें यह नहीं बता सकता था कि मैं यहाँ जेल में अपनी सजा काट रहा हूँ। कुन्ता के बहुत जिद करने पर मैंने उसे बताया कि किस तरह वह सच–झूठ के मिश्रण से मेरे घर

की खैरियत जान सकती है। सुशीला जी, ऐसे मुझे बहुत से रचनाकारों ने लिखा था कि वे मेरे घर जाना चाहते हैं। मैंने उन्हें बताया कि यह सम्भव नहीं है। कुन्ता ने इस राज को कायम रखा और मुझे मेरे घर की खैरियत बतायी।

इस घटना के बाद कुन्ता ने संजीदगी से पूछा कि–'मैं आजादी के बाद क्या करूँगा? मैंने उसे सच बताया कि मेरे मन में क्या है। उसने मुझे आश्वासन दिया कि वह मेरी रोजी–रोटी की समस्या का भी हल निकालेगी, मैं अपराध को दिमाग में न लाऊँ। तब मैंने उसे समझाया, मुम्बई के अपराध की दुनिया कई भागों में है। मैं चोरी, लूट, हत्या, रेप, ठगी, फरेब का अपराध न करूँगा। मेरे अपराध से सिर्फ उसे ही परेशानी होगी, जो खुद बेईमान व झूठा होगा। कुन्ता मन मारकर चुप हो गयी। वह आज भी लिखती है कि मैं रोजी–रोटी की परेशानी के बारे में न सोचूँ।

कुन्ता राजपूत मेरी बड़ी करीबी दोस्त बन गयी। कुन्ता मुझसे तीन बरस छोटी है, उच्च शिक्षित आत्मनिर्भर, साहसी व परिपक्व। कुन्ता सही मायनों में राजनैतिक जीव है। वह अपनी राजनैतिक गतिविधियों में ही डूबी रहती है। कुन्ता ने बिना कहे मेरी मदद भी की है। वह मेरे लिए वह देवदूत मित्र है, जिसके ऋण, मैं मर कर भी नहीं चुका पाऊँगा। वह मेरी वैचारिक मित्र है। एक हद तक मैं उसे अपनी प्रेमिका मानकर, खुद के भीतर के कुरूप पुरुष को भी सहला लेता हूँ। कुन्ता जैसी अनूठी मित्र का मिलना मेरा सौभाग्य है।

आपने जिन शब्दों में मुझसे मेरे भविष्य की रूपरेखा के बारे में पूछा है, उसने मेरे मन की बन्द गाँठों को खोल दिया। सिर्फ आपके पूछने से मैं इतना उद्वेलित हो गया कि यह सब लिख गया। सुशीला जी, आप बड़ी सच्ची व अच्छी इंसान हैं। इतना मान–सम्मान, पद होने के बाद भी, आप मुझ मामूली कैदी के भविष्य के बारे में सोचती हैं। आपकी यह इंसानियत व संजीदगी देखकर मेरा हृदय कराह उठा। आपने लिखा है–'आपने मेरे विश्वास की सौगन्ध खाकर आश्वासन देने की बात लिखी है। आप मेरे विश्वास की कद्र करते हैं। मैं जानती हूँ, आप पर कोई बन्धन नहीं, फिर भी यकीन है कि सुधीर शर्मा मुझ से झूठ नहीं बोलेगें। इसी विश्वास के साथ मैं आपके पत्रों का जवाब देती हूँ।' सुशीला जी, आपके इन शब्दों ने मेरे दिलो–दिमाग में गहरा मन्थन किया। आपके विश्वास को हृदय में महसूस किया। इसके स्पर्श से जो अनुभूति हुई, उसे बयाँ करना मुमकिन

नहीं। मेरा सच और साफ लिखना ही आपके विश्वास की रक्षा करके, उसका आदर और सम्मान करना होगा।

सुशीला जी, तमाम परेशानियों अवसादों, खुशी, गम के बाद मैं भविष्य के बारे में सोचता ही नहीं, बल्कि इस पर गम्भीर सोच–विचार भी करता हूँ और रोज ही करता हूँ। मैं सजा के साढ़े दस साल काटकर शून्य के साथ बाहर निकलूँगा। आजादी के बाद सीधे घर जाने का मेरा कोई इरादा नहीं है। मैं घर जाने के पहले मुम्बई जाऊँगा। दो या तीन महीने वहाँ रहने के बाद, मैं सीधे माँ–पिताजी के पैर छूने घर जाऊँगा। सुशीला जी, मुझे कोई तकनीकी काम भी नहीं आता है कि मैं कहीं हुनर से पेट भर सकूँ। सजा काटते हुए मैंने हर दिन इस बात पर दिमाग खपाया है कि ढंग का अपराधी कैसे बना जाये। मुम्बई के अपराध की दुनिया वहाँ की खूबी–खराबी का खूब विश्लेषण, अध्ययन–मनन किया। उन सम्भावनाओं पर शोध किया कि किस तरह के अपराध से शान्ति के साथ जिया जा सकता है।

मैं जानता हूँ, मेरी इन बातों को पढ़कर आपको बड़ा दुख होगा, लेकिन आपसे झूठ बोलना या ढ़ोंग करना सबसे बड़ा पाप होगा। इसलिए सीधे साफ तौर पर अपनी बात लिख दी है। सुशीला जी, साढ़े दस बरस सजा काटते हुए इंसान थोड़ा सख्त हो जाता है। आप कहेंगी कि इतनी समझदारी की बात करने के बाद, मेरे दिमाग में अपराध की दुनिया ही क्यों आती है? सजा काटने के बाद मैं सकारात्मक जीवन व सोच के ऊपर विचार क्यों नहीं करता? सुशीला जी, साहित्य व आप जैसी इंसानों के स्पर्श ने मुझे वह सकारात्मक दृष्टि व सोच भी दी है कि मैं आजादी के बाद सार्थक जीवन जिऊँ। मैं इस पर भी कभी–कभी बढ़ी गहराई से विचार करता हूँ लेकिन निर्णय नहीं ले पाता।

मुझे नौकरी मिली भी तो क्या इससे मैं माँ–पिताजी, अपनी व बहन के प्रति जो जिम्मेदारियाँ बनती हैं, उन्हें पूरा कर पाऊँगा? मेरा आशय सिर्फ दाल–रोटी व कपड़े से है। मुझे नहीं लगता, मैं किसी नौकरी की पगार से भरपेट खाना खा सकूँगा। आजादी के बरस के भीतर मुझे माँ की खुशी के लिए व अपनी भी जरूरत के लिए विवाह करना ही पड़ेगा। मेरी माँ की तो यह सबसे बड़ी हसरत होगी, मैं जानता हूँ। इन सब बातों को ध्यान में रखकर मुझे कदम उठाना पड़ेगा। नौकरी मुझे संतुष्ट नहीं कर पायेगी। क्योंकि मुझे इतना पगार नहीं मिल पायेगा। फिर मेरी शिक्षा

या अनुभव भी ऐसा नहीं है कि मुझे ढंग के पगार की नौकरी मिले। मैं जानता हूँ, मैं चने बेचकर नौकरी से ज्यादा कमा लूँगा। इस तरह मैं अपने परिवार को पाल सकता हूँ क्योंकि आजकल चने बेचने वाला अपने दिमाग व कला का प्रयोग करे, तो वह अच्छा कमा सकता है, खासतौर से मुम्बई जैसी जगह पर।

सुशीला जी, ऐसी सकारात्मक बातें भी दिमाग में आती हैं। यह आन्तरिक व मानसिक द्वन्द्व मुझे कभी–कभी परेशान भी करता है। तब मैं यह सोचकर इसे झटक देता हूँ कि आज के वक्त में गरीब व कमजोर इंसान आत्मसम्मान व स्वाभिमान के साथ नहीं जी सकता। इसके लिए आर्थिक रूप से मजबूत होना जरूरी है। आज के वक्त में पैसा ही भगवान है। लेकिन न जाने क्यों कभी–कभी अन्तस में सवाल उठता है, क्या इस चमक–दमक से अलग सीधा शान्त जीवन सही मायनों में जीवन नहीं है? तब दिल करता है, किसी अपने हमदर्द के साथ, उसी शान्ति में जीवन जिया जाये। लेकिन इसे अपनाने में जो कठिनता है, उसे देखकर मन दूसरी तरफ चला जाता है।

आपको एक अविश्वसनीय, चौंकाने वाली बात बताऊँ, इस सबसे कभी–कभी यह विचार भी आता है–'सुधीर जब तुम आजादी पाओगे, तो 40वाँ साल चल रहा होगा। भविष्य को शान्त रखने के लिए, क्यूँ नहीं किसी विधवा, तलाकशुदा से शादी कर लेते, जो तुम्हारी हमउम्र हो और तुम्हें सुरक्षित भविष्य दे सके। मतलब तुम्हें ऐसा रोजगार मुहैया करा सके कि तुम उससे शान्ति के साथ जीवन जी सको।' आप इसे मेरे भीतर के पुरुष की मक्कारी समझेंगी। लेकिन ऐसा नहीं है। मैं ईमानदारी के साथ, सब बातों के साथ यह कह रहा हूँ। हालाँकि यह मेरी प्रकृति से ताल मेल नहीं खाता। लेकिन भविष्य को बनाने के लिए मैं यह समझौता भी कर लूँ, ऐसा मेरे दिमाग में आता है।

भविष्य के बारे में मेरे माता–पिता क्या चाहेंगे? मेरा उनसे संवाद ही नहीं है और ढ़ाई बरस और नहीं रहेगा। आजादी के बाद, मैं उन्हें खुशियाँ देना चाहता हूँ। वे कभी नहीं चाहेंगे कि मैं अपराध से वास्ता भी रखूँ। मैं उनके सामने ऐसी कोई हरकत करूँगा भी नहीं। खैर...छोड़िए। मैं पत्र में न जाने क्या–क्या लिख गया।

सभी साथी आपको सलाम कहते हैं। अपने घर में व मित्रों को मेरा अभिवादन कहिएगा। आपकी खुशी व सेहत की दुआ के साथ।

आपका सुधीर

(टीप : इस पत्र में तारीख नहीं थी, मगर यह 3–6–2000 के मेरे पत्र के उत्तर में लिखा गया है। इसलिए इस पत्र की तारीख लगभग यही या इसके आसपास है।)

25–6–2000

केन्द्रीय कारागार, गोवा

आदरणीय सुशीला जी,

हार्दिक अभिवादन,

मेरा एक पत्र आपको मिला ही होगा कि अब यह दूसरा भी हाजिर हो गया। पहले वाले पत्र को लिखते हुए मैं इतना उद्वेलित था कि ढंग से उसे लिख नहीं पाया। जज्बातों की उथल–पुथल में सूझा ही नहीं था कि किस तरह आपको पत्र लिखूँ। बड़ी बेतरतीबी से अपनी भावनाओं को बस लिख दिया था। हालाँकि अब यह पत्र लिखते हुए भी मैं आपके पत्र के असर से उबर नहीं पाया हूँ। उससे उबरा भी कैसे जा सकता है। आपके सवाल मेरे रिहा होने की घड़ी तक मुझे मथते रहेंगे। आप शायद यकीन न करें, लेकिन यह सच है कि आपके पूछे सवाल व जिज्ञासा मुझे हर पल कुरेदते रहेंगे।

भविष्य के लिए मेरी रूपरेखा क्या होगी, इस पर सोच–विचार तो जारी रहेगा ही, किन्तु साथ साथ, आपने यह सवाल पूछा, यह भी मेरे दिलो–दिमाग में अपनी तरह का अलग मन्थन, चिन्तन–मनन जारी रखेगा। इसकी गहराई व तीव्रता इस तरह न होती, अगर आपके शब्द इतने निश्छल, गहराई व अपनत्व की भावना लिए न होते।

सुशीला जी, मैं भले ही कैदी व अपराधी दिमाग का इंसान हूँ, लेकिन निश्छल व अपनत्व की भावना से भरे शब्द मेरे भीतर के कलुष को धो पोंछ देते हैं। उनकी इस भावना ने मुझे विचलित कर दिया। कुन्ता राजपूत ने जब यह जानने की जिज्ञासा जताई थी, तब मुझे जवाब देते इतना आन्तरिक व मानसिक द्वन्द्व नहीं झेलना पड़ा था, जितना आपके सवालों को पढ़कर झेल रहा हूँ। कुन्ता से मेरी मित्रता ही 'पत्र मित्र स्तम्भ' के जरिये हुई थी। वह मेरी हमउम्र मित्र है। इसलिए उसे मैंने बड़ी सहजता से लिख दिया था। विचलित तो उसकी इंसानियत, उसकी भावना ने भी

किया था। पर शायद चूँकि हमारी मित्रता बड़े ही खुले तौर पर हुई थी, इसलिए उसे मैंने अपनी बात आसानी से लिख दी थी।

सुशीला जी, भविष्य के लिए मेरी क्या रूपरेखा होगी, यह तो भविष्य की बात है। मुझे यह बात बड़ी बेचैन किये है कि एक सम्मानित विदुषी व्याख्याता जो जन जागरण के कई कार्यों से जुड़ी है, ने मुझ मामूली पाठक कैदी के भविष्य के प्रति इतनी संजीदगी से चिन्ता जतलाई है। मैं जानता हूँ आपके शब्द मात्र एक औपचरिकता निभाने भर को नहीं हैं। इनके मूल में एक कैदी के भविष्य के प्रति हार्दिक सद्भावना भरी है कि वह एक अच्छी व बेहतर जिन्दगी जिए। आपकी इस भावना ने मेरे दिल व आत्मा दोनों को स्पर्श किया है। आपके इसी स्पर्श ने मेरे भीतर अलग तूफान खड़ा कर दिया है। आखिर आपको क्या पड़ी है जो आप एक अनजान कैदी के लिए चिन्तित हो? भई मैं भी एक पाठक ही हूँ। आपको ऐसे साधारण पाठक और कैदी के लिए यह सोचने की जरूरत भी क्या है? यह आप जानें या शिव, मैं आपकी इस भावना के स्पर्श से, अपने भीतर थोड़ी इंसानियत जरूर जिन्दा रखूँगा।

आपने मेरे भविष्य की रूपरेखा के बारे में जानना चाहा है। मैं आपको इस पर क्या बताऊँ? यह सही है कि अपनी तमाम पीड़ाओं, जेल जीवन के कठोर व खुरदुरेपन, उससे अपने तनाव, कुण्ठा अवसाद, राग–द्वेष के बाद भी, रिहा होने के बाद की रूपरेखा के बारे में हर दिन ही सोचता हूँ।

पहले वाले पत्र में मैंने इस बारे में बेतरतीबी से लिखा था। मुझे लगा आपके इस सवाल पर मैं फिर से लिख सकता हूँ और लिखता रह सकता हूँ। सुशीला जी, यहाँ से रिहा होने के बाद मैं सिर्फ बदन के कपड़े के साथ बाहर की दुनिया में कदम रखूँगा। मैं सीधे अपने घर दिल्ली न जा पाऊँगा। मैं मुम्बई जाऊँगा और अपनी रोजी–रोटी की जमीन को तलाशूँगा। अपने अतीत में ब्राऊन का नशेड़ी होने के बाद भी, मेरी अपनी साख कायम थी, जो अमूमन ब्राऊन शुगर के कैदी गँवा देते हैं। इस वजह से मुझे रोजी–रोटी की जमीन तलाशने में ज्यादा परेशानी नहीं होगी। जमीन के लिए खोज एक महीने में ही पूरी हो जायेगी। इसके बाद मैं दिल्ली माँ–पिताजी के पैर छूने जाऊँगा। उन्हें सारा सच बताऊँगा। घर के हालातों का जायजा लूँगा। और फिर रोजी–रोटी के लिए बम्बई वापिस आ जाऊँगा। चूँकि मैं माँ–पिताजी की खुशियों का ध्यान रखूँगा व अन्य दूसरी बातों का भी। इसलिए रोजी–रोटी कमाने के जरिये पर मैं

बड़ी गहराई से सोच–विचार करके, उसके हर अच्छे–बुरे पहलू को भी जाँचूँगा कि कोई ऐसी बात पैदा न हो, जो मेरे माँ पिताजी को मेरे रहते, किसी दूसरे का मोहताज बना दे। सजा काटते हुए इस आत्मग्लानि को मैंने हर पल जिया है।

मुम्बई में थोड़ी मेहनत के बाद मुझे ऐसी रोजी–रोटी का जरिया मिल जायेगा, इसका मुझे दृढ़ विश्वास है। मैं अगर चाहूँ तो वह रास्ता भी चुन सकता हूँ, जिससे मुझे आनन–फानन में आर्थिक मजबूती मिल जायेगी। लेकिन मैं उन आपराधिक रास्तों को नहीं चुनूँगा, जिसे मेरी आत्मा ही कबूल न करे। मेरी इस बात पर आपको बड़ी हैरानी होगी कि यह सुधीर ऐसा कौन–सा अपराध करेगा? जिसकी गवाही इसकी आत्मा देगी। सुशीला जी, बहुत से अपराध ऐसे ही हैं, जिनके लिए मेरी आत्मा गवाही देगी। मुम्बई के अपराधों की दुनिया बड़ी अजब व हैरतअंगेज है। मैंने उस दुनिया की परतों का गहरा विश्लेषण किया है। आपको वह सब लिखने बैठूँगा, तो एक पोथा तैयार हो जायेगा और तब भी आप मेरी बात को समझ नहीं पायेंगी। कहने का लब्बोलुआब यह कि मैं अपराध की दुनिया में से ही अपनी जमीन को खोजूँगा।

आपको यह पढ़ते हुए बहुत बुरा महसूस हो रहा होगा। मैं जानता हूँ, लेकिन मैं आपसे झूठ नहीं बोल सकता न। आप एक छोटी बात से मेरी बात को समझने की कोशिश कीजिए। कोई मेरा या मेरे परिचित का हक मारेगा, तो मैं उसे पाने के लिए किसी भी हद तक जाऊँगा। या मैं फुटपाथ पर विदेशी सामान को बेचता हूँ, तो वह भी अपराध ही है न। मुम्बई में अपना जायज हक पाने वालों की संख्या बड़ी तादाद में है। मैं उन्हें अपने साहस, दुस्साहस, दिमाग से उनका हक दिलाकर अपना मेहनताना लेने को भी बुरा नहीं मानता। लेकिन मैं सिर्फ जायज हक को पाने की, दिलवाने की बात कर रहा हूँ। आप मेरी बातों से दुविधा में न पड़ें। मैंने कहा न, मुम्बई महानगरी की आपराधिक दुनिया बड़ी अजीबोगरीब व हैरतअंगेज है।

सुशीला जी, आपके दिलो–दिमाग में यह बात जरूर जरूर उठेगी कि यह सुधीर अपने पत्रों में तो बड़ा अच्छा और समझदार होने का नाटक करता है और जब व्यावहारिकता की बात आयी, तो अपराध की दुनिया में से ही जमीन खोजने की बात करता है। क्या इसके लिए इतनी बड़ी दुनिया में कोई और जमीन है ही नहीं? तब इसका, इतना साहित्य पढ़ने का क्या अर्थ? और आप जैसी अद्‌भुत, अनूठी अच्छी इंसानों की मदद

करना भी इसको व्यर्थ नहीं? आपके अन्दर ऐसे सवालों का उपजना स्वाभाविक और तर्कसंगत है। आप यह मत समझिए कि मुझे इन सब बातों का एहसास नहीं है। मुझे इन सब बातों का बड़ी गहराई से एहसास है और मैं इस पर खूब चिन्तन–मन्थन–मनन भी करता हूँ। मन्थन की यह प्रक्रिया निरन्तर जारी रहती है। इसी मन्थन से मैं उन अपराधों को नकार देता हूँ, जो मुझे घटिया और आत्मा की गवाही देने वाले न लगते हैं। दूसरी तरफ मैं इस बात से भी अपने अपराध बोध को हल्का करने की, अपने को दिलासा देने की कोशिश करता हूँ कि साहित्यकारों की मदद से जो संस्कार मेरे अन्दर पैदा हुए हैं, उनसे मैं अपराधों में ज्यादा इंसानियत से पेश आऊँगा।

सुशीला जी, अपराध की अपनी अलग–अलग परिभाषाएँ हैं। यह इंसान के ऊपर निर्भर है कि वह किस सोच व दृष्टि के साथ अपने अपराध को देखता और तोलता है। मेरे ख़याल से तीन या चार प्रतिशत अपराधि ही ऐसे होंगे, जो इस तरह का नजरिया रखते होंगे। मेरी बात को आप इस तरह समझिए कि आपने, आपकी मदद ने एक अपराधी सोच वाले कैदी को थोड़े घटिया अपराधियों से अलग सोच का अपराधी बनाया है। अपराधी कौन नहीं होता? कोर्ट, कचहरी, पुलिस की नजर से हटकर भी अपराध व अपराधी होते हैं। आस्था, विश्वास, भावनाओं के साथ छल कपट, बलात्कार करने वाले क्या अपराधी नहीं होते? ऐसे अपराधियों का सही चेहरा अधिकतर उजागर ही नहीं होता। खैर, छोड़िए। मैं कहाँ से होता हुआ कहाँ आ गया।

सुशीला जी, आपके विश्वास की सौगन्ध, ऐसा नहीं है कि अपराध की दुनिया के अलावा मेरे भीतर जरा सकारात्मक सोच नहीं है। मेरे अन्दर सकारात्मक सोच भी है। लेकिन आज के वक्त में जो व्यवस्था व प्रशासन का ढर्रा है, जिस तरह की सामाजिक विषमता है व लोगों की संवेदनहीनता है, उसमें एक सीधा शान्त इंसान अपने आत्मसम्मान व स्वाभिमान के साथ नहीं जी सकता। आज के वक्त में कानून को खरीदा जा सकता है। संविधान के साथ संसद भवन के सामने ही बलात्कार किया जा सकता है। बस! पैसे की खनक होनी चाहिए। माफ कीजिएगा, आप यह न समझें कि मैं ऐसा करने के लिए पैसे वाला बनना चाहता हूँ। मेरी ऐसी घटिया सोच भी नहीं है। लेकिन अपने साथ हुए अन्याय, अपने जायज हक के लिए मैं कानून और संविधान का मुँह नहीं ताकता रहूँगा। मैं जानता हूँ,

यह कमजोर, गरीब की रक्षा नहीं कर सकते। कल को कोई मेरी बहन को अकारण ही परेशान करता है और समझाने पर भी वह नहीं समझता, पुलिस भी उसे नहीं समझा पाती–तो, तब मैं अपने तरीके से समझाऊँगा। क्या करूँ? मैं ऐसी ही प्रकृति का हूँ।

सुशीला जी, मेरे कहने का मतलब यह है कि किसी नौकरी से मुझे इतनी आर्थिक सुरक्षा न मिल पायेगी कि मैं स्वाभिमान के साथ जी सकूँ। फिर मुझे कोई भी तकनीकी काम नहीं आता। न ही मैं इतना शिक्षित हूँ कि ढंग की नौकरी पा सकूँ। ढंग से मेरा मतलब है अच्छे पगार की। मुझे पाखाना साफ करने की नौकरी करने में भी कोई गुरेज नहीं है। आज के वक्त में तब मुझे क्या नौकरी मिल पायेगी? अपने किसी परिचित, रिश्तेदार, माँ–पिताजी की मदद मुझे किसी भी हालत में मंजूर नहीं होगी। मैं खुद ही अपने बल बूते खड़ा होऊँगा। भले ही मुझे फिर से अपने जीवन को दाँव पर लगाना पड़े। मेरी अपनी यह अलग ही जटिल मानसिकता है। शायद सजा की कठोरता ने मुझे ऐसा सनकी बना दिया हो।

मैंने अपने पहले वाले पत्र में एक चौंकाने वाली बात लिखी थी कि–'मैं उस किसी भी हमउम्र विधवा या तलाकशुदा से ब्याह भी रचा सकता हूँ, जो मुझे इस तरह की रोजगार सम्बन्धी सुरक्षा दे कि मैं अपने माँ–पिता की देखभाल अच्छी तरह से कर सकूँ।' यह पढ़कर आपके दिलो–दिमाग में बड़ी हैरानी हुई होगी। आपने यह भी सोचा हो कि 'यह सुधीर इतना नपुंसक हो गया है, जो हाथ–पाँव, दिमाग के सलामत रहते हुए, जीने का इतना घटिया रास्ता खोज रहा है। यह तो बड़ी आत्मसम्मान व स्वाभिमान की दुहाई देता रहता है। अब इसका आत्मसम्मान व स्वाभिमान कहाँ चला गया। क्या यह इतनी कमीनी सोच का हो गया कि किसी विधवा या तलाकशुदा के आँचल में अपने जीने का सहारा खोजने लगा? इसे अपने पर जरा भी विश्वास न रहा? इसका सारा पुरुषत्व कहाँ घुस गया?' इस तरह के कई सवालों का आपके दिलो–दिमाग में उठना स्वाभाविक है। शायद वो कई प्रतिमान टूट गये होंगे, जो आपने मुझे लेकर बनाये थे।

सुशीला जी, सबसे पहले तो मैं आपको बता दूँ, मैंने इन सब बातों पर आपको पत्र लिखने से गौर किया था। इन सब सवालों के जवाब में मेरा कहना है, यहाँ पर रिहा होने के बाद के वक्त पर मैं कभी–कभी घंटों सोच–विचार करता रहता हूँ। कभी–कभी सोचता हूँ, क्या मैं आम इंसान की तरह उनके साथ नहीं जी सकता? अपराध वाली जमीन से बहुत दूर,

आम आदमी की जमीन पर, जहाँ मेरे माँ–पिता को मेरे प्रति एक सकून भरी जिन्दगी मिले। रिहा होते वक्त मेरा चालीसवाँ साल चल रहा होगा। मेरी माँ मुझे शादी करने के लिए जरूर कहेगी, क्योंकि मैं अविवाहित हूँ। शादी करने की इच्छा मेरी भी है। अपनी दैहिक जरूरत के चलते भी व भविष्य के बारे में सोचकर भी। तब मुझे बत्तीस से चालीस वर्ष की महिला में से ही चुनना होगा। पच्चीस–तीस बरस की लड़की से मैं वैसे भी शादी नहीं करूँगा। मेरी माँ इस बात के गणित को नहीं समझेगी कि मैं पैंतीस–सैतीस साल की महिला से ही क्यों शादी करना चाहता हूँ।

जब मुझे पैंतीस–चालीस साल की महिला से शादी करनी ही है, तो क्यूँ न किसी तलाकशुदा या विधवा से अपने जीवन को जोड़ा जाये? यह ख़याल मेरे जेहन में कौंधता है। अगर वह मुझे समझकर रोजगार भी दे दे, तो उसे अपनी पत्नी मानने–बनाने में क्या हर्ज है। मैं उसे सब सच बताकर कहूँगा कि मैं फिर से अपराध की जमीन को नहीं खोजना चाहता हूँ। अगर वह मुझे पालतू पति न समझकर, मुझे मेरे स्वाभिमान और आत्मसम्मान के साथ पति कबूल करेगी, तो मुझे खुशी होगी। मैं मेहनत और लगन में कभी पीछे न हटूँगा और उसके विश्वास की रक्षा भी करूँगा। मैं उस महिला के साथ पहले घंटों विचार–विमर्श करूँगा, अपनी हर कमी उसे बताऊँगा, व उसकी मदद को भी सम्मान दूँगा।

सुशीला जी, शादी का अर्थ क्या होता है, यह मैं साहित्य को पढ़ने के बाद जान गया हूँ। मुझे किसी पच्चीस–तीस वर्षीय कुँवारी युवती से ब्याह करने की कोई हसरत नहीं है। हर उम्र के अपने अलग पड़ाव होते हैं। और मैं तब चालीसवें बरस के पड़ाव पर रहूँगा। मेरे लिए हमउम्र महिला ही ज्यादा महत्त्वपूर्ण और मूल्यवान पत्नी साबित होगी। तब किसी वैसी महिला को क्यूँ न जीवन साथी बनाया जाये, जो तलाक या विधवा जैसी दुर्घटना से गुजर चुकी हो। कृपया इसे मेरी कोरी भावुकता न समझें। मैं होशोहवास में यह बात कह रहा हूँ। समाज में ऐसी बहुत सी अच्छी व गुणी महिलाएँ हैं, जिनका अपने अमानवीय पति से तलाक हो जाता है या किसी दुर्घटनावश वह विधवा हो जाती है। जब वह मुझ सजायाफ्ता कैदी को नयी जिन्दगी बनाने का अवसर दे रही है, तो मुझे उसे अपनाने में कैसा संकोच? फिर मैं कौन–सा दूध का धुला रहा हूँ, सभी पाप तो मैंने किये हैं। जब वह मेरी सच्चाई को जानकर, मुझे कबूलने को तैयार है, तो मुझे भी ईमानदारी और विश्वास के साथ उसे कबूलना चाहिए। मैं जानता

हूँ यह ख़याल मेरा अपना स्वार्थभरा है। इसे मेरा सैटल होने का आसान तरीका कह सकती हैं आप। यह ख़याल हकीकत बन जाये, कोई जरूरी नहीं। मैंने एक बात, जो कभी–कभी मन में आती है, आपको बता दी।

हाँ, इस पर आप यह जरूर कह सकती हैं कि ऐसे हालातों में अगर मेरी पत्नी कभी अपनी मदद का ताना कसेगी, तो क्या मेरा आत्मसम्मान आहत नहीं होगा? होगा, जरूर होगा। मैं निखट्टू या नकारा बने रहने के लिए उससे विवाह नहीं कर रहा हूँ, यह बात मैं उसे पहले ही संमझा दूँगा। और इसके बाद भी अगर उसका रवैया नहीं बदला, तो मैं क्या कर सकता हूँ। तब मुझे अपने आत्मसम्मान् की रक्षा करनी पड़ेगी। मैं इसके लिए और परेशानी उठाने को तैयार रहूँगा। सुशीला जी, मेरी इन बातों को पढ़कर जाने आप कैसा महसूस करें। अगर आपको पीड़ा पहुँची हो, तो माफ कर दीजिएगा।

जेल से आजादी के बाद मुझे माँ–पिताजी के लिए किसी भी काम में फूँक–फूँक कर कदम रखना पड़ेगा। चाहे अपराध ही क्यूँ न हो? एक शून्य से मुझे शुरुआत करनी पड़ेगी। अब ढ़ाई बरस ही बाकी हैं। तेजी से बढ़ती उम्र का भी मुझे अन्दाजा है। काश, मेरी उम्र तीन–चार बरस कम होती, तो मुझे व्यवस्थित होने के लिए दो साल मिल जाते। अब जैसे हालात हैं, उसी के हिसाब से मुझे चलना पड़ेगा। जिन्दगी भी क्या–क्या मोड़ लेती रहती है, देखकर अवाक हूँ। जिन्दा रहने के लिए जिस हकीकत का सामना करना पड़ता है, इस खुरदुरी हकीकत पर बहुत से सच बनते–बिगड़ते हैं। अभी ढ़ाई बरस हैं, तब तक क्या विचारधारा बदलेगी, कहा नहीं जा सकता। मैं मामूली इंसान हूँ, जिसका पिछले अट्ठारह बरसों से अपराध और अपराधियों से सम्बन्ध रहा है। जीवन के सच को जाना ही नहीं, तो उसका सामना कैसे करता? उम्र का बड़ा हिस्सा भटकाव व अराजकता में खो दिया। इसलिए दूसरी अच्छी दुनिया से वास्ता ही न पड़ा। इसलिए सोच व शैली भी अराजक हो गयी है। अब अराजकता के साथ थोड़ा कुछ व्यवस्थित भी हो, ऐसी कोशिश करूँगा।

आपको इतना लम्बा उटपटांग लिख दिया। मेरी इन बातों से आपकी उस मित्र को बोलने का मौका मिल जायेगा कि–'मैंने कहा था न, अपराधी बदलते नहीं हैं।' सुशीला जी, मैं हर बात को जेहन में सुरक्षित रखता हूँ। मेरा वादा है, अगर मैं अपराध की जमीन पर भी खड़ा रहा, तो भी मैं आपकी मित्र को व्यावहारिक तौर पर बताऊँगा कि सुधरने के अर्थ

बड़े बहुआयामी होते हैं। मैं यह अपराध करता हूँ, अगर आपकी आत्मा को लगे, यह अपराध नाजायज है, तो आप की जीत हुई। लेकिन अगर आपको महसूस हो कि यह अपराध किसी सही के लिए हुआ है, तो अपनी सुशीला जी के विश्वास और इंसानियत ने एक अपराधी के अन्दर सुधार किया है, इस बात को मान लीजिए। मुझे विश्वास है, आपकी मित्र इसे दिल से कबूल लेंगी।

घर और अपनी मित्रों को मेरा अभिवादन कहें। पत्र से कुछ बुरा महसूस हुआ हो, तो क्षमा चाहता हूँ। आपकी खुशी और सेहत की कामना के साथ।

आपका सुधीर

16–8–2000
नागपुर

प्रिय सुधीर,
नमस्कार,

आपके पत्र मुझे समय पर मिले हैं, इनके जवाब आपको समय पर नहीं मिलते, इससे आपको कष्ट जरूर होता होगा। जब कोई व्यक्ति अपनी भावनाओं को पत्र में उड़ेल कर रख दे और प्रतिउत्तर की प्रतीक्षा करता रहे, तब यह प्रतीक्षा कैसी होती है, मैं जानती हूँ।

अब सच कहूँ, कभी–कभी मैं जानबूझ कर देरी से जवाब देती हूँ, ताकि प्रतीक्षा की घड़ियों में आप खुद को बार बार देख सकें और पहचान सकें। हम स्वयं को जानें, यह सबसे बड़ी जरूरत है। तभी हम सही बात कह पाते हैं और सही कदम उठाते हैं। आपके 25–6–2000 के पत्र ने मुझे बहुत प्रभावित किया, साथ ही व्यथित भी कि कभी–कभी परिस्थितियाँ इंसान को कितना मजबूर कर देती हैं। फिर उसकी ये मजबूरियाँ उसे कितना दुखी करती हैं। एक बात जरूर है कि आपने अपनी स्थिति से दुखी या कुण्ठित होने के बदले, रास्ते तलाश करने की दिशा में विचार किया है। कभी–कभी कोई विचार अजीब जरूर लगता है, मगर समय उसे अपने साथ ढ़ालकर सामान्य बना देता है। फिर कोई बात किसी को भी अजीब नहीं लगती है।

जो बात आपने अपने जीवन साथी के चुनाव और रोजगार की व्यवस्था के विषय में लिखी है, वह किसी भी हालत में गलत नहीं कही जा सकती।

बल्कि यह प्रशंसा की बात होगी कि आप किसी विधवा या परित्यक्ता से विवाह करना चाहेंगे। इसके साथ दो बातें हैं–जो आपकी जीवन साथी बने, वह आपको और आपकी भावनाओं को अच्छी तरह समझे। दूसरी बात, आपके माता–पिता का अरमान अवश्य होगा कि विवाह के बाद आपकी अपनी कोई सन्तान जरूर हो, तब 32–35 वर्ष की आयु वाली ही आपकी जीवन संगनी बने। यद्यपि यह बाद की बात है।

मैं सोचती हूँ, जब जेल से आपकी रिहाई होगी, तब आपकी आयु 40 वर्ष होगी। इसके बाद कुछ कमाने की दृष्टि से आप पुरानी जगह पुराने मित्रों से मिलेंगे। हो सकता है, इसमें छह महीने लगे या साल भर लगे। या कोई ऐसी बात हो कि दो साल भी आपको रुकना पड़े। इसके बाद, तब आप अपने माता–पिता के पैर छूने जायेंगे। फिर माँ का सपना पूरा करेंगे, अपनी पसन्द का विवाह करके। इसके बाद मान लो, परिपक्व विचारों वाली प्रौढ़ा पत्नी से आपकी नहीं पटी या दोनों ओर अहं ज्यादा ही रहा, तब टकराव की सम्भावना ही अधिक है। तब क्यों न माता–पिता की पसन्द से विवाह किया जाये? यह भी बस एक तर्क है। समय पर क्या होगा, कोई भी कुछ नहीं कह सकता। अभी आपके ढ़ाई वर्ष बाकी हैं और इस विषय में विचार करने के लिए पर्याप्त समय है। हाँ, कुछ वर्ष या महीने की कैद माफ भी की जाती है। शायद आप ढ़ाई वर्ष से पहले रिहा हो जायें।

आपने अपने पत्र में लिखा है कि आपके पास लिखने को बहुत कुछ है और आप मुझे लगातार लिखते रहना चाहते हैं, पढ़कर अच्छा लगा। आप जरूर लिखते रहें। बाद में आपकी व्यस्तताएँ बहुत होंगी।

आप मेरी प्रशंसा में बहुत–सी बातें लिखते हैं कि मैं बहुत बड़ी कार्यकर्ता हूँ या बहुत से अभियान में काम कर रही हूँ। ऐसा कुछ नहीं है। बस थोड़ा–बहुत कार्य करती हूँ। न ही मैं विदुषी हूँ और न ही बहुत व्यस्त हूँ। आपके पत्रों में आपकी ईमानदारी होती है, मेरी भावनाओं में आपके लिए अपनत्व है। ये पत्र व्यवहार किसी लेखक और पाठक के बीच का नहीं, बल्कि इंसान और इंसान के बीच का है। जब तक आप ठीक समझें, जरूर लिखते रहें। मेरी सद्भावना और शुभकामनाएँ सदैव आपके साथ हैं।

मेरी सहेली–सहकर्मी प्राध्यापिका से आप बहुत नाराज हैं। लेकिन क्या आपको पता है? कभी–कभी इस प्रकार की नाराजगी भी ज्यादा लाभ पहुँचाती है, जब हम स्वयं को कसौटी पर कसकर, खरे उतरने का दावा

पूरा करके दिखाते हैं। देखते हैं, हमारे सुधीर भाई आगे चलकर क्या करते हैं? कितने वायदे पूरे करते हैं? जिनका विश्वास वे दिलाते हैं। शेष शुभ।

आपकी शुभेच्छु

सुशीला टाकभौरे

23–8–2000

केन्द्रीय कारागार, गोवा

आदरणीय सुशीला जी,

हार्दिक अभिवादन,

आज आपके पत्र को देखते ही आँखें चमक उठीं। मन खिल गया। आपके खत की मैं बड़ी बेसब्री से इन्तजारी में था। इसलिए नहीं कि मुझे आपने पत्र में कोई खास बात लिखी थी, बल्कि इसलिए कि आपके इस जवाब से मुझे कई बातों के नजरिये समझ आने थे।

मैंने तीव्र उत्कंठा से भरकर पत्र को पढ़ना शुरू किया। जैसे–जैसे मैं पत्र को पढ़ता गया, मुझे जीवन के प्रति कई नयी दृष्टियों की बात समझ आती गयी। बड़े जज्बाती तूफान के बीच मैंने खत को पूरा किया व उसे फिर से पढ़ा। मुझे जीवन की जटिलता व सरलता की कुछ बातें समझ आयीं। सुशीला जी, मैं आपको हर बार कहता हूँ, आपके पत्र मेरे लिए जीवन दर्शन की गुत्थियों को समझने–सुलझाने वाले दस्तावेज–से होते हैं। मैं गलत नहीं कहता और आप मेरे यह लिखने से हैरत में पड़ जाती हैं कि आखिर आपके पत्रों में ऐसा क्या होता है। यह मैं इसलिए लिखता हूँ, क्योंकि आपके पत्र मेरे अन्तर–जीवन के सकारात्मक तत्त्वों को रोपित करते हैं।

आपकी बात एक हद तक सही है कि आपका पत्र समय पर न मिलने से मेरे अन्दर एक उदासी–सी छा जाती है। मैं बड़ी बेचैनी से आपके पत्र की बाट जोहता रहता हूँ। लेकिन यह दिल की बात है। जब मैं विवेक से विचार करता हूँ तो मुझे समझ आता है, पत्र में भी देरी सहज स्वाभाविक बात है। घर और बाहर दोनों जगहों की भागम–भाग में एक तो वक्त ही नहीं बच पाता है। दूसरे, सुशीला जी भले देर से सही, तुम्हें पत्र लिखती ही हैं। अगर वे तुझे स्मृति से ही विस्मृत कर दें, तो? सुशीला जी दयाशील व बड़े हृदय की स्वामिनी हैं, इसलिए तुम्हें पत्र लिख देती हैं। वरना एक कैदी की फालतू बातों पर ध्यान देना हर लेखिका के बस की बात नहीं

है। और कोई यह करे भी क्यों? कोई साहित्यिक विमर्श की बात होती, तो एक बात थी। आपकी यह बात मेरे मन को गुदगुदा गयी कि–'कभी–कभी आप जान बूझकर जवाब देरी से देती हैं, ताकि इस प्रतीक्षा की घड़ियों में मैं खुद को वास्तव में देख सकूँ और पहचान सकूँ।' सुशीला जी, आपकी इस गहरी मूल्यवान संवेदना ने मुझे झकझोर दिया। आप बड़ी गहरी चिन्तक और मनोविज्ञानी हैं। आपका कहना अक्षरशः सच है। मैं प्रतिक्षा की इन घड़ियों में खुद को बार–बार देखता हूँ और पहचानता हूँ। इससे मुझे अपनी सही–गलत बातों को जानने समझने में आसानी होती है। यह मन्थन निरन्तर जारी रहता है। आप जिस संजीदगी से मुझ अनजान कैदी के प्रति अपनत्व भरी दृष्टि रखती हैं, वह मुझे रुला देता है। आपके पत्र मेरा इंसानी विकास किस तरह करते हैं, इस बात को जेहन में सहेज कर रख रहा हूँ। जब कभी लिखना आयेगा, तब व्यक्त होने की इच्छा है। मेरा विश्वास है कि खुद आप कल्पना नहीं कर सकेंगी कि आपके खतों ने एक मामूली कैदी पाठक का आन्तरिक बदलाव इस तरह किया है। मेरे लिए आप अपने पत्रों से ही एक पारस की तरह हैं, जो मेरी आत्मिक शुद्धि करते हैं।

आपने लिखा है कि मेरे 25/6 वाले पत्र ने आपको प्रभावित किया। यह पढ़ते हुए मेरा वजूद काँप गया। सुशीला जी, मैंने सोचा था कि आप मेरे पत्रों को पढ़कर कहेंगी कि यह सुधीर कितना नपुंसक हो गया है, जो अपने भविष्य के सहारे के लिए किसी विधवा, तलाकशुदा का आँचल तलाश रहा है। शुक्र है आपने ऐसा नहीं सोचा। अपराध मिश्रित धरातल पर जाने से बचने के लिए कभी–कभी यह विचार करने पर यह इतना बुरा भी नहीं लगता। क्योंकि हालात व उम्र के हिसाब से यह रास्ता भी खप जाता है। उम्र इसमें अहम हो गयी है। आपकी इस बात ने मुझे बड़ा संबल दिया कि कभी–कभी कोई विचार अजीब जरूर लगता है, मगर समय उसे अपने साथ ढ़ालकर सामान्य बना देता है। फिर कोई बात किसी को अजीब नहीं लगती है।

मैं जब यहाँ से कैद मुक्त होऊँगा, तब 40वें साल में रहूँगा। यहाँ से मैं मुम्बई ही जाऊँगा, तब दो–तीन माह रुक कर मैं माँ–पिताजी के पैर छूने दिल्ली जाऊँगा। आपने लिखा है कि इसमें मुझे छः महीने भी लग सकते हैं और दो बरस भी। सुशीला जी, मैं तीन–चार महीने में ही माँ पिताजी के पैर छूने दिल्ली जाऊँगा। चाहे मैं किसी भी हाल में क्यों न

रहूँ। मेरी समय रेखा चार माह ही रहेगी। मैं जानता हूँ, मुम्बई में मैं चार माह में अपनी जमीन तलाश लूँगा और खुदा न खास्ता, न तलाश पाया, तो भी मैं माँ पिताजी के पैर छूने चला जाऊँगा। इसमें कोई समझौता नहीं करूँगा। आपने कहा है कि माँ–पिताजी की पसन्द का विवाह करना तब ठीक रहेगा, क्योंकि अगर अपनी पसन्द की प्रौढ़ा पत्नी से मेरी नहीं पटी और दोनों ओर अहं ज्यादा रहा, तो टकराव की सम्भावना रहेगी। आपका कहना तर्क संगत है। मैंने आपकी बात पर गहराई से विचार किया।

सुशीला जी, अगर एक बार मैंने मुम्बई में जगह बना ली, तो अपने पैरों पर खड़े होने के बाद भी मैं किसी विधवा या तलाकशुदा से ही विवाह करने की सोचूँगा। 33–34 बरस की बहुत–सी विधवा व तलाकशुदा स्त्रियाँ मिलेंगी। बस! वह मुझे समझ सके और मैं उसे।

ऐसा नहीं है कि इस उम्र की अविवाहित स्त्री से विवाह करने में मुझे परहेज हो। लेकिन अगर किसी विधवा या तलाकशुदा को मैं चुनूँगा, तो ज्यादा बेहतर रहेगा। खैर...ये भविष्य की बातें हैं। मेरे पास अभी ढ़ाई साल का वक्त है, सोच विचार करने के लिए। इस बीच मैं पत्नी शब्द के अर्थ को भी समझने में रत रहूँगा। यह शब्द न जाने क्यों मेरे दिलो–दिमाग में रह–रहकर हलचल मचाता रहता है।

सुशीला जी, आपका कहना सही है कि कुछ कैदियों की सजा के कुछ दिन माफ कर दिये जाते हैं। अगर ऐसा होता तो मैं अब तक रिहा हो जाता। सजा में कुछ महीनों की छूट सभी कैदियों को मिलती है, सिर्फ एन.डी.पी.एस वाले यानी मादक द्रव्यों की सजा वाले कैदियों को छोड़कर। आजन्म कैद वाले कैदी को भी चौदह बरस में रिहा कर दिया जाता है, लेकिन मादक द्रव्य की सजा वाले कैदियों को अपनी पूरी सजा निकालनी पड़ती है। उन्हें कोई माफी नहीं मिलती। जबकि चोरी, हत्या, बलात्कार, ठगी, डकैती, लूट, धोखेबाजी सहित सभी कैदियों को माह में चार दिन की छूट है। चाहे उनका जेल रिकॉर्ड अच्छा रहे या खराब, कोई फर्क नहीं पड़ता, माह में चार दिन की छूट मिलेगी ही, यह देखकर मन खिन्न हो जाता है। बलात्कारी, डकैती, लूट, चोरी, धोखेबाजी, हत्या की सजा में छूट है, लेकिन एक नशेड़ी की सजा में नहीं। खैर, अब तो मेरी सजा ढ़ाई बरस से भी कम रह गयी है।

आपने मुझे कहा है कि मैं अपने विचारों, अपने दिल की बातों को आपको लिखता रहूँ। बाद में मेरी व्यस्तताएँ बहुत होंगी। सुशीला जी,

भला बाद में मेरी क्या व्यस्तताएँ होंगी? मैं अपने अकेलेपन, अपनी घुटन से जूझने वाला कैदी हूँ जो अपने बाकी दिनों को इस तरह काट रहा है। ऐसे में मेरी क्या व्यस्तताएँ हो जायेंगीं? मेरी समझ में नहीं आया। आपने मेरे पत्रों में मेरी ईमानदारी की तारीफ की है, इसके लिए आभारी हूँ। सुशीला जी, यह आपका स्पर्श है, जो मुझे अपने प्रति ईमानदारी से देखने को मजबूर करता है।

आपने लिखा है–'आप मेरी सहेली–सहकर्मी प्राध्यापिका से बहुत नाराज हैं।' जी नहीं, सुशीला जी, मैं भला आपकी उन सहेली से नाराज क्यों होऊँगा? मैं इतना बेवकूफ नहीं हूँ। आपकी सहेली जी ने एक सरल स्वाभाविक बात कही थी। अक्सर वही सच है, जो आपकी सहेली ने कहा था। लेकिन मैं उसमें थोड़ा सुधार करने की कोशिश करूँगा।

आपकी बात बिल्कुल सही है कि–'आपको पता है? कभी–कभी इस प्रकार की नाराजगी भी ज्यादा लाभ करती है, जब हम स्वयं को कसौटी पर कसकर खरे उतरने का दावा पूरा कर दिखाते हैं।' मेरे अन्तर्मन में आपकी सहेली की बात हमेशा मौजूद रहती है और मुझे कुछ ऐसा करने के लिए प्रेरित करती है कि कैद मुक्त होने के बाद, जब मैं (अगर) आपकी मित्र से मिलूँ, तो मुझे उनसे नजरें न चुरानी पड़ें। बाकी उन मोहतरमा के प्रति मेरे मन में कोई दुर्भावना नहीं है। उनकी बात अपनी जगह सही है। उन्होंने उसी सच को कहा, जो दिखाई देता है। अपनी उन सहेली को मेरा सलाम व शुभकामना कहें।

आपकी खुशी व सेहत की कामना के साथ।

आपका सुधीर

4–12–2000
केन्द्रीय कारागार, गोवा

आदरणीय सुशीला जी,
हार्दिक अभिवादन,

पिछले दिनों मैं अपनी लापरवाही के चलते अस्पताल में भर्ती रहा। मुझे कुछ दिनों से अन्दरूनी बुखार महसूस होता था। मैंने बड़ी लापरवाही की। नतीजा, बुखार फेफड़ों में घुस आया और कुछ दिन अस्पताल में रहना पड़ा। अब मैं बिल्कुल ठीक और खुशमिजाजी के साथ हूँ। आप फिक्र न करें। आपकी दुआओं के साथ मैं अब स्वस्थ और तरोताजा हूँ।

जब मैं अस्पताल में था, तो यहाँ जेल में मेरा मनीऑर्डर आया था। जेलर ने पोस्टमैन को बता दिया था कि मैं अस्पताल में भर्ती हूँ। उसने मनीऑर्डर को रोककर रख लिया और मेरे आने के बाद वह मनीऑर्डर लेकर आया। चूँकि मुझे जेलर ने पहले ही बता दिया था कि पोस्टमैन के पास मेरा मनीऑर्डर है। तब से मैं बड़ी उत्सुकता में था। किसने यह मनीऑर्डर भेजा होगा। आज पोस्टमैन के आने पर मैं बड़े रोमांच के साथ गेट पर आया। पोस्टमैन ने मुस्कुराकर मेरा स्वागत किया। हालचाल पूछा और मनीऑर्डर फार्म आगे कर दिया। मैंने तीव्र उत्कण्ठा से भरकर देखा, मनीऑर्डर कहाँ से आया है? सुशीला टाकभौरे पढ़ते ही पूरा वजूद सनसना गया। खुशी व आश्चर्य से मैं थम–सा गया। कुछ क्षणों के बाद मैंने मनीऑर्डर पाने के दस्तखत किये। ड्यूटी जेलर व पोस्टमैन ने बड़ी मिठास और आत्मीयता के साथ मनीऑर्डर भेजने वाले के बारे में जानना चाहा। मैंने काँपते शब्दों में उन्हें डॉ. सुशीला टाकभौरे के बारे में बताया। इस ड्यूटी जेलर ने आपके बारे में पहली बार जाना। उसने अपनी हैरत व अविश्वास प्रकट किया। मैं उससे इजाजत लेकर बैरक में लौट आया।

मनीऑर्डर प्राप्त करने के बाद से ही मैं सुशीलामय चक्रवात में उतर पड़ा। गेट से बैरक में आते हुए यह चक्रवात इतना तीव्र था कि मेरी आँखों से पानी छलक आया मैं फूट–फूट कर रो पड़ा। बैरक में आते आते तक मैंने अपने को संयत करने की नाकाम कोशिश की। बैरक में आने के बाद मैं जज्बातों की उथल–पुथल के साथ बिस्तर पर आया और गहरी खामोशी में डूब गया।

सुशीला जी, आपके पत्र को पाने के बाद मैंने आपको तुरन्त ही जवाब दे दिया था। उम्मीद करता हूँ मिला होगा। आपको पत्र लिखने के बाद आपका कोई जवाब नहीं आया, तो मैं यही दुआ करता रहा कि मेरा पत्र आप तक पहुँच जाये। आप घर व बाहर इस कदर व्यस्त रहती होंगी कि पत्र लिखने का वक्त भी आपको न मिल पाता होगा। इस बात को मैं जानता हूँ, इसलिए आपके पत्र के न आने को मैंने सामान्य लिया और सजा के दिनों को कम करता रहा। अब अचानक आपके भेजे मनीऑर्डर ने मुझे हतप्रभ कर दिया। मैंने सोचा भी नहीं था कि अपनी सुशीला जी इस सुशीलता के साथ अपनी खुशबू बिखेरेंगी। कई बार दिल में आता था कि सुशीला जी को अपनी खैरियत का खत लिखूँ। पर हिचक जाता था। क्यूँकि मैं जानता था, बेकार की बातों से भरा खत लिखकर मैं

सुशीला जी का वक्त ही बरबाद करूँगा। आपके पास तो अपनी संस्था व संगठन का ही इतना काम होता होगा कि आपको रात–दिन की सुध भी न रहती होगी।

फिर मैं लिखता भी क्या? खत न लिखने के बाद भी आपका अक्स मेरे दिलो–दिमाग में उभर जाता। हालाँकि मैं इस बात को मानता हूँ कि समय–समय पर एक कृतज्ञ इंसान होने के नाते, आपको खत लिखकर शुभकामनाएँ भेजना मेरा फर्ज है। मैं सुशीला टाकभौरे नाम की शख्सियत को करीब से जानने–समझने में ही जुट जाता। सुशीला जी, आपका किरदार मेरे अन्तस में मौजूद रहकर मुझे मथता रहता है। इस मन्थन से कभी–कभार वह अन्तर्धारा भी बह निकलती, जो इंसान के रूप में मुझे थोड़ा बेहतर और शुद्ध कर जातीं, पर आपको फिर से खत लिखने में मैं हिचक जाता।

सुशीला जी, आपकी इस मदद के बारे में मैं क्या लिखूँ। इसकी कृतज्ञता व आभार लिखने के लिए मेरे पास किसी भी तरह के शब्द नहीं हैं। आखिर मैं यह आभार या कृतज्ञता किस मुँह से लिखूँ? किन शब्दों में लिखूँ? और कैसे लिखूँ? मेरी समझ से बाहर है। आपका यह ऋण मुझ पर ताउम्र उसी तरह रहेगा, जैसे मेरी जननी के दूध का ऋण है। इससे अधिक मैं आपके इस उपकार के विषय में कुछ नहीं कह सकता। लेकिन यकीन मानिये मैं इस बात पर हमेशा विचार करता हूँ कि क्या आपके इस ऋण का अंश किसी तरह चुकाया जा सकता है?

सुशीला जी, पिछले दिनों 9–10 पत्रिकाओं ने मेरे पत्रों को छापा है। इसमें 'समर' ने मेरे तीन पत्रों को एक साथ छापा है। इस सब से मैं बड़ा रोमांचित हूँ। इन पत्रों के छपने से मुझे बहुत से लेखक–लेखिकाओं, पूर्व न्यायाधीश, एम.एल.ए, आई.ए.एस, संसद सदस्य, सामाजिक संस्थानों के निदेशक के पत्र आये हैं। सच कहता हूँ, तब मुझे बड़ी शिद्दत से आपकी याद आयी। आपकी मदद व भावनात्मक सहारे के बिना यह सम्भव न था। आपके नागपुर की लेखिका सरोज व्यास जी ने भी मुझे एक स्नेहिल पत्र लिखा है।

आप इन दिनों क्या लिख रही हैं? व आपकी अन्य गतिविधियाँ क्या रहीं, लिखिएगा। आपने मुझे मनीऑर्डर के साथ फार्म पर शुभकामनाएँ भेजीं। आपकी शुभकामनाओं ने मेरे अन्तस को प्रकाशमान कर दिया। इनके प्रकाश में मुझे अपनी खामियाँ साफ नजर आईं। इसके लिए शुक्रगुजार हूँ।

अद्यतन मेरा वक्त पढ़ने–लिखने में बीत रहा है। आपकी लिखी पंक्तियाँ–'मैं अपना सच लिखता हूँ, लिख लिखकर झूठा करता हूँ।' मुझे हमेशा उद्वेलित करती हैं। और क्या लिखूँ, आपकी खुशी व सेहत की दुआ के साथ।

आपका सुधीर

16–12–2000
नागपुर

प्रिय सुधीर,
नमस्कार,

बहुत दिन हुए, आपके पत्र नहीं आये। कहीं आप मुझसे नाराज तो नहीं हैं? क्या आप मेरी बातों से नाराज हैं? शायद इसीलिए आपने पत्र नहीं लिखे। मुझे आपके पत्र अच्छे लगते हैं, क्योंकि उनमें आपकी अपनी जीवन कथा, व्यथा, भावना, उल्लास–बहुत कुछ रहते हैं। यह जानने के लिए मुझे आपके पत्रों का इन्तजार रहता है। आप जब तक गोवा में हैं, पत्र लिखते रहिए। गोवा से जाने के बाद तो आप न जाने कहाँ–कहाँ व्यस्त रहेंगे। न जाने कब आपसे पत्र व्यवहार टूट जाये, ऐसा लगता है।

गोवा आने की मेरी बड़ी इच्छा है। उधर का कोई कार्यक्रम बना तो मैं गोवा जरूर आना चाहूँगी। यदि ऐसा हो सका तो मैं आपसे जरूर मिलूँगी। इन दिनों आप क्या पढ़ रहे हैं? कृपया अवश्य लिखें, आपका समय कैसे व्यतीत होता है? मुझे जानने की इच्छा है। अच्छे साहित्य से जुड़ना सभी के लिए हितकर होता है। इसके साथ आप अपने भविष्य के विषय में भी विचार करते रहें। समय तेजी से भागता रहता है। यह दिसम्बर के अन्त से नहीं बदलता, प्रतिदिन बदलता रहता है। हमें भी समय के साथ चलना चाहिए।

'समर' पत्रिका में छपा आपका पत्र मैंने पढ़ा है। पत्र पढ़कर बहुत अच्छा लगा। आपका वह पत्र बहुत ही सुन्दर ढंग से लिखा गया है। इसके लिए आप प्रशंसा के पात्र हैं।

शेष कुशल। शुभकामनाओं के साथ।

सुशीला टाकभौरे

(टीप : 16–12–2000 के पत्र की जेरॉक्स कॉपी या डबल कापी नहीं है। बस कुछ मुद्दे ही लिखकर रख पायी थी। उसी रूप में यह संक्षिप्त पत्र यहाँ प्रस्तुत है।)

23–12–2000

केन्द्रीय कारागार, गोवा

आदरणीय सुशीला जी,

हार्दिक अभिवादन,

आज आपके पत्र को देखते ही हमेशा की तरह मन खिल गया। पूरा वजूद खुशी व उल्लास से भर गया। मैंने 4/12 को आपका मनीऑर्डर पाने के बाद तुरन्त ही आपको पत्र लिख दिया था। उसके अगले दिन से डाक विभाग की हड़ताल शुरू हो गयी थी। शायद इस वजह से मेरा पत्र आप तक नहीं पहुँच पाया होगा। वह आपको इन दिनों ही मिलेगा या मिला होगा, यह सोचकर मैंने इतनी जल्दी आपके पत्र की उम्मीद न की थी। लेकिन आपके पत्र ने हाजिर होकर मुझे क्रिसमस, ईद व नववर्ष की सौगात एक साथ दे दी। मुझे यकीन ही नहीं हुआ, अपनी सुशीला साहिबा इतनी जल्दी अपने दर्शन देंगी, सोचा न था। आपके पत्र ने मुझे खुशियों और उमंगों से भर दिया।

मैंने बड़े जोश व उत्कण्ठा के साथ आपके पत्र को पढ़ना शुरू किया। जज्बाती उथल–पुथल के बीच पत्र को पूरा किया। कुछ देर सुशीलामय चक्रवात में गुम रहने के बाद, मैंने फिर से पत्र को पढ़ा। पत्र से उपजे जज्बातो ने मुझे ध्वस्त कर दिया। मैं न जाने कहाँ–कहाँ बिखर गया, अपने को सहेजने में मुझे बड़ा वक्त लगा।

सुशीला जी, मैं आपके हर पत्र का जवाब तो देता ही हूँ, उसके अलावा भी अपनी खब्त के चलते आपको पत्र लिखता रहता हूँ। आप कृपया यह न कहें कि मैं नाराज हूँ। आप जैसी शख्सियत से मैं कैसे नाराज हो सकता हूँ, यह मेरे लिए अकल्पनीय है। आपको पत्र लिखना मेरे लिए एक फर्ज के समान है। इतना है कि मैं पहले जैसी रफ्तार से पत्र नहीं लिख पाता। वजह, मुझे लगता है, मैं तो बेकार निठल्ला हूँ, मेरा क्या है दिल किया और पत्र लिख दिया। लेकिन आप एक अति व्यस्त रचनाधर्मी हैं। एक साथ कई मोर्चों पर जीवन जीती हैं। आपके पास वक्त की तंगी रहती है। बेकार के पत्रों से आपका वक्त क्यों बरबाद किया जाये? सुशीला जी, आप लाख इंकार करें, किन्तु यह हकीकत है। इसे महसूस करके ही मैंने पत्रों की रफ्तार कम की। प्लीज आप यह न समझें कि मैं नाराज हूँ। आप जैसी दिल में रहने वाली दोस्त से मैं नाराज होने की कल्पना भी नहीं कर सकता।

आपको मेरे पत्र अच्छे लगते हैं, यह मेरी किस्मत है। सच में मैं बड़ा ही भाग्यशाली हूँ कि आप जैसी विदुषी मेरे पत्रों को इतनी अहमियत देती हैं। सुशीला जी, आपने पत्र में यह क्यूँ लिखा–'गोवा से जाने के बाद तो आप न जाने कहाँ–कहाँ व्यस्त रहेंगे। न जाने कब आपसे पत्र व्यवहार टूट जाये, ऐसा लगता है।' हे शिव! यह आप क्या कह रही हैं। गोवा से जाने के बाद, मैं दुनिया में कहीं भी रहूँ, कितना ही व्यस्त क्यूँ न रहूँ, इसका यह मतलब तो नहीं कि मैं आपको भूल जाऊँगा। सुशीला जी, आपको भूलना, अपने आप को भूलना होगा। मैं आपकी मदद आपके सहारे को कैसे भूल सकता हूँ। आपने मुझे हर तरह की मदद दी, मेरे भावनात्मक रीतेपने को भरा। इन विषम और विकट हालातों में आपने जिस तरह मेरा साथ दिया है, मैं उम्र भर उसका कर्जदार उसी तरह रहूँगा, जैसे माँ के दूध का। तब आपको भूलना अपनी आत्मा को भूलना होगा।

सुशीला जी, आर्थिक मदद के अलावा आपने मुझे एक सच्चे दोस्त की तरह जो सहारा दिया है, वह अनमोल है। आपके भावनात्मक सहारे ने मुझे बड़ी मजबूती दी है। मैंने आपको एक व्याख्याता और लेखिका से ज्यादा अपना करीबी दोस्त माना है। मैंने कभी विस्तार से आपको यह बात नहीं लिखी। ये बड़ी अनुपम अनुभूतियाँ हैं। ऐसी दोस्त जो इतनी सम्मानित व सार्थक विदुषी इंसान होने के बाद भी, मुझ कैदी के लिए बड़े साहस के साथ डट जाती हैं, उसका ध्यान बड़ी गहराई से रखती हैं। आपकी इस मित्रता ने मुझे कई स्तरों पर ऑक्सीजन देकर मजबूत किया है। यह दर्शन शायद आपको समझ नहीं आयेगा। लेकिन इसे तथ्यपरक और सिलसिलेवार ढंग से लिखा जाये, तो यह मनोवैज्ञानिकों के लिए बड़ा रोचक विषय होगा।

अब आप अपने दिल से पूछिये, क्या मैं आपके स्पर्श को विस्मृत कर सकता हूँ? और आप हैं कि सोचती हैं–'न जाने कब आप से पत्र व्यवहार टूट जाये, ऐसा लगता है।' सुशीला जी, कृपया मुझे जरूर लिखें, आपको ऐसा क्यूँ लगा? आपकी इस बात को पढ़ते हुए मेरा हृदय चीत्कार उठा। मेरा आप से पत्र व्यवहार तभी टूट सकता है, जब आप मुझे पत्र लिखने को मना कर दें। क्या आप करेंगी? नहीं, तो मैं आपको जीवन पर्यन्त पत्र लिखता रहूँगा। क्योंकि मैं आपका एक कृतज्ञ व ऋणी इंसान हूँ। मुझे आप जरूर बतायें, आपको ऐसा क्यूँ लगा? मैं तो बड़ा विचलित हो गया हूँ।

आपने लिखा है, आपकी गोवा आने की बड़ी इच्छा है, लेकिन जब

कोई काम निकलेगा तभी आप आ पायेंगी। सुशीला जी, मेरे कैद मुक्त होने के बाद अगर आप गोवा देखना चाहें, तो मैं हाजिर हो जाऊँगा। मैं गोवा के एक गाँव में डेढ़ बरस रहा हूँ, तब मैंने यहाँ के लोगों का व प्रदेश की खूबसूरती का अध्ययन किया था। गोवा सचमुच बड़ी सुन्दर जगह है, प्रकृति की अनुपम छटा देखने को मिलती है। यहाँ के लोग भी अच्छे व खुले दिमाग के हैं। यहाँ का सामाजिक रूप अभी पाठकों के सामने नहीं आया, बड़ा ही विस्मयकारी व हैरतअंगेज है। आप जैसी भेदक दृष्टि वाली रचयिता यहाँ पर बहुत कुछ खोज लेंगी।

इन दिनों मैं कुछ विशेष नहीं पढ़ रहा। जैसे पत्र–पत्रिकाएँ हमेशा पढ़ता हूँ, उसी पर दिन कट रहे हैं। बहुत से लेखकों, सम्पादकों से संवाद बना है। अपने पहले वाले पत्र में मैंने इस बात का जिक्र किया है। अपने भविष्य के बारे में मैं निरन्तर सोचता रहता हूँ, उसे बयाँ कर पाना बड़ा ही मुश्किल है। विचारों का प्रवाह बहता रहता है। मुम्बई से ही मुझे अपनी जमीन तलाशनी पड़ेगी। बाकी समय का चक्र घूम ही रहा है। मेरी सजा 31 दिसम्बर 2002 को खत्म होगी। आपने मुझे एक बड़ी ही मूल्यवान बात लिखी है–'समय तेजी से भागता है, यह दिसम्बर के अन्त से नहीं बदलता। प्रतिदिन बदलता रहता है। हमें भी समय के साथ चलना चाहिए।' मैं आपकी इस बात से कुछ न कुछ ग्रहण करूँगा। आपने मुझे जो मनीऑर्डर किया, उसका फिर से आभार व्यक्त करना शब्दों का अर्थ खोना होगा।

आपने 'समर' में छपे मेरे पत्र की बहुत तारीफ की है। मैं इतनी तारीफ का हकदार नहीं। आपकी सराहना पाकर अब मैं और गम्भीरता से अच्छा पाठक बनने के लिए रत रहूँगा। आपकी शाबासी मुझे ऊर्जा से भर देती है। आपने बहुत छोटा पत्र लिखा। और अपने बारे में कुछ बताया ही नहीं, कृपया अपने बारे में लिखिएगा। जानने की बड़ी इच्छा रहती है, इन दिनों आप क्या लिख रही हैं। पिछले पत्र में मैंने बताया था कि मैं कुछ दिन अस्पताल में भर्ती रहा। अब तो मैं बिल्कुल ठीक हूँ, फिक्र न करना।

सुशीला जी, मैं तो नववर्ष का कार्ड नहीं भेज सकता। पत्र के जरिये ही अपनी नववर्ष की शुभकामनाएँ भेज रहा हूँ। 'शिव' आपको, आपके परिवार को हर खुशी व सेहत से नवाजे। पत्र का उत्तर वक्त निकालकर दीजिएगा।

आपकी खुशी व सेहत की दुआ के साथ।

आपका सुधीर

5–3–2001
केन्द्रीय कारागार, गोवा

आदरणीय सुशीला जी,
हार्दिक अभिवादन,

आशा है आप खुशमिजाजी व सेहतमंदी के साथ होंगी। बहुत दिनों बाद आपको फिर से पत्र लिख रहा हूँ। आपके पत्र का जवाब मैंने तुरन्त दे दिया था। उम्मीद है नाराज नहीं होगीं।

पिछले दिनों मुझे जीवन के नये अनुभव हुए। हर बार आपकी याद बड़ी शिद्दत से आयी। 4/3 को मुझे यहाँ मिलने 'वर्तमान साहित्य' के सम्पादक विभूति नारायण राय आये। विभूति जी आई.पी.एस. अफसर हैं। विभूति जी एक घंटे तक मेरे पास रहे। उनसे बहुत–सी बातें हुईं। मैंने उन्हें बताया कि किस तरह आपने मेरी मदद की है, सुनकर विभूति जी ने बड़ा आश्चर्य प्रकट किया और आपको बड़े सम्मान से शुभकामना कही। विभूति जी की सरलता व सह्रदयता को देखकर मैं हतप्रभ रह गया। अब इस बात पर कौन यकीन करेगा कि एक अनजान कैदी को मिलने एक आई.पी.एस अफसर गया। इसी तरह 3/3 को मराठी साहित्यकार सतीश कालसेकर अपने 6–7 मित्रों के साथ मुझे मिलने आये। उन्होंने व उनके मित्रों ने 40–45 मिनट तक बड़े अपनत्व व आत्मीयता के साथ मेरे साथ बात की। सतीश जी ज्ञानरंजन दा के करीबी दोस्त हैं। मैंने 'पहल' में उनका एक लेख पढ़कर उन्हें पत्र लिखा था।

सुशीला जी, विभूति जी व सतीश जी के इस तरह आने से मुझे जो मानवीय बोध मिले हैं, मैं उन्हें लिखकर बयाँ नहीं कर सकता। दस बरस की कैद में इस तरह कोई मुझे मिलने आया। सतीश जी के साथ जब बातचीत हुई, तो प्रसंग आने पर उन्हें भी मैंने बताया कि किस तरह सुशीला टाकभौरे ने मुझ कैदी की मदद की। सुनकर सतीश जी व उनके साथियों ने, जिनमें तीन महिला लेखिकाएँ थीं, बड़ा आश्चर्य व्यक्त किया और आपके प्रति अपनी गहरी भावनाएँ प्रकट कीं। सुशीला जी, विभूति जी व सतीश जी के आने के बाद, जेलकर्मी व साथी बन्दी मुझे विशेष नजर से देखने लगे हैं। मुझे इस सब पर सहज ही विश्वास नहीं हो रहा है। अभी–अभी मुझे अमेरिका की एक संस्था का पत्र मिला है। इस संस्था ने अपने किसी सम्मान के लिए नामांकित किया है। मैं आपको उस पत्र की फोटो कॉपी भेज रहा हूँ। मजे की बात यह है सुशीला जी कि इस संस्था

से मेरा कभी कोई संवाद नहीं रहा। मुझे लगता है, किसी साहित्यकार ने ही इस संस्था को मुझ कैदी पाठक के बारे में बताया। सुशीला जी, इस संस्था का पत्र मिलते वक्त, मुझे आपकी बड़ी याद आयी। आपकी मदद के बिना मैं इस सम्मान को पाने का अधिकारी नहीं हो सकता था। यह सब आपकी मदद के बिना हो ही नहीं सकता था। खैर...जाने दीजिए।

आप बताइये कि आजकल आप क्या लिख रही हैं और पिछले दिनों आपने क्या–क्या लिखा। आपने तो मुझे पत्र लिखना ही बन्द कर दिया। लगता है, मेरी बक–बक से आप उकता गयी हैं। मैं भी आपकी सहनशीलता का बेजा फायदा उठाता रहता हूँ। मैंने बीच में भले ही आपको पत्र न लिखा हो, पर शिव के साथ हर दिन आपको याद किया और आपके लिए दुआ माँगी। बहुत दिनों से आपकी कोई रचना पढ़ने को नहीं मिली। क्या बात है? आपने लिखना कम क्यूँ कर दिया। शायद वाल्मीकि संघ की जिम्मेदारियों को पूरा करने में ही आपका पूरा वक्त खर्च हो जाता है। फिर आप बहुत–सा और भी रचनात्मक जीवन जीती हैं। लेखन के लिए वक्त ही न मिलता होगा। उम्मीद करता हूँ, जल्द ही आपकी रचना मुझे मिलेगी। और लिखिएगा कैसे कट रही है।

मेरा वक्त लिखने–पढ़ने में बीत रहा है। अपने परिवार में मेरा यथायोग्य अभिवादन कहें। आपकी खुशी व सेहत की दुआ के साथ।

आपका सुधीर

28–1–2002
केन्द्रीय कारागार, गोवा

आदरणीय सुशीला जी,
हार्दिक अभिवादन,

आपकी कुशलता की प्रार्थना करता हूँ। बहुत दिन हुए, आपकी कुशलता की कोई खबर नहीं मिली। सोचा सुशीला जी को अपनी खैरियत की ही खबर दे दूँ। सुशीला जी, लगता है, आप मेरे पत्रों से उकता गयी हैं और मुझे पत्र लिखकर अपना वक्त जाया नहीं करना चाहती हैं। खैर... मैं आपके उपकारों का कृतज्ञ और ऋणी कैदी हूँ और जीवन भर रहूँगा, इसलिए आपको पत्र लिखना मेरा फर्ज बनता है।

आपकी अज्ञेय वाली बात हमेशा मेरे दिमाग में जिन्दा रहती है और

मुझे चलायमान रखती है। अज्ञेय ने भोपाल के 'भारत भवन' की दीवार पर काले कोयले से जो कथन लिखा है, वह एक प्रकाश पुंज बनकर मेरे भीतर तैरता रहता है और इसके उजाले में मैं अपना कालापन तलाशता रहता हूँ। अज्ञेय को उद्धृत करने के लिए मैं हमेशा आपका आभारी रहूँगा। आप अन्दाज भी नहीं लगा सकतीं कि अज्ञेय की यह बात मुझे कितने कोणों से तराशती रहती है।

सुशीला जी, 22/12 को मेरे साथ एक और अविश्वसनीय घटना घटी। भोपाल लेखक संघ के अध्यक्ष रवीन्द्र प्रकाश कुलश्रेष्ठ जी मुझे मिलने आये। उनका पुत्र यहाँ कोंकण रलवे में अफसर है। रवीन्द्र जी खुद तो आये ही, अपने साथ अपने पुत्र–पुत्रवधू, पोते, पत्नी व मित्र को भी साथ लाए। मजे की बात यह है कि रवीन्द्र जी से मेरा कोई पूर्व परिचय नहीं था। भोपाल की एक लेखिका ने रवीन्द्र जी को मेरे बारे में बताया। रवीन्द्र जी के इस तरह आने से मुझे कई नये बोध मिले। इस तरह के बोध मेरे भीतर कुछ घटा देते हैं।

सुशीला जी, मैं इन दिनों अपने कुछ संस्मरणों को लिखने की कोशिश कर रहा हूँ। लिखे, पर कुछ काम के नहीं। अब कोशिश कर रहा हूँ कि अपने लेखन में सुधार कर सकूँ। एक लेखिका ने ही मुझे लिखकर भेजने को कहा कि बाद में इसे वह सम्पादित करेंगी। मुझे उम्मीद है, कुछ महीने बाद मैं लिखने की थोड़ी तमीज सीख जाऊँगा। लिखते वक्त मुझे आपका अज्ञेय को उद्धृत करता वाक्य चेताता रहता है।

मेरी सजा के ग्यारह महीने बाकी रह गये हैं। साहित्यकारों ने अपने सहयोग से मेरी सजा की यातना को हर लिया था, इसलिए बाद के छह बरसों का पता ही न चला। इसमें आपका सबसे अलग व महत्त्वपूर्ण योगदान है। इसके लिए मेरी आत्मा भी ऋणी रहेगी। आपकी मदद ने मुझे कई स्तरों पर सहारा दिया है। बस! इतना ही कह सकता हूँ।

काफी दिनों से आपकी किसी रचना की प्रतीक्षा कर रहा हूँ। कई पत्रिकाओं में आपको खोजता रहता हूँ, लेकिन आपके दर्शन नसीब नहीं हुए। सुशीला जी, आप इतना कम क्यूँ लिखती हैं? प्लीज, लिखा कीजिए। हम पाठकों ने आपकी रचनाओं से बड़ी उम्मीद लगाई थी। हमें निराशा ही हाथ लगी। उम्मीद है, आप जल्द ही पाठकों के सामने नयी रचना के साथ आयेंगी। इन दिनों आप क्या लिख रही हैं। किन–किन गतिविधियों में व्यस्त रहीं, लिखिएगा। आपने तो अपनी खबर देनी ही बन्द कर दी।

लगता है आप मेरी उद्दंडता और वाचालता से नाराज हैं, इसके लिए मुझे माफ कर देना।

मेरा वक्त कट रहा है। अब ग्यारह महीने ही बाकी हैं। आपकी शुभकामनाओं से कट जायेंगें। घर में सभी को मेरा अभिवादन कहें। आपकी खुशी व सेहत की दुआ के साथ।

आपका सुधीर

4–11–2002
केन्द्रीय कारागार, गोवा

प्रिय सुशीला जी,
हार्दिक अभिवादन,

आपकी कुशलता की कामना करता हूँ। उम्मीद है, आप सेहतमंदी और खुशमिजाजी के साथ अपनी दिनचर्या में व्यस्त होंगी।

यह जानते हुए भी कि मेरा पत्र पाकर आपको कोई खुशी नहीं होगी, मैं यह पत्र लिख रहा हूँ। 31 दिसम्बर 2002 को मेरी सजा का आखिरी दिन होगा। साढ़े दस साल के बाद कैद से मुझे मुक्ति मिलेगी। सोचा, कैद मुक्त होने से पहले सुशीला जी की इंसानियत, स्नेह व मदद का फिर से आभार व्यक्त कर दूँ।

लम्बे अरसे से मुझे आपकी खैरियत का कोई समाचार नहीं मिला। दिल–दिमाग परेशान रहा, पर क्या कर सकता था? बीच–बीच में मैंने चार खत आपको लिखे। लेकिन मुझे किसी भी खत को पाने की सूचना नहीं मिली। खुदा ही जाने, मेरे कितने खत आप तक पहुँचे?

सुशीला जी, लगता है आप मेरी किसी गलती पर बेहद खफा हैं, जिस वजह से आपने मेरे खतों का जवाब देना बन्द कर दिया है। वरना आप बड़ी सहृदय, करुणामयी व साहसी लेखिका हैं। मैंने इस बात पर गहराई से सोच–विचार किया कि आखिर आपने मेरे खतों का जवाब देना क्यूँ बन्द किया होगा? मुझे लगा मेरी अधीरता, व्यग्रता और हद से ज्यादा जज्बाती होने से आप असमंजस में पड़ गयी होंगी। आपकी दुविधा को मैं समझ सकता हूँ। आप ही क्यों? कोई भी लेखिका मेरे बचकानेपन को देखकर संशय में पड़ जायेगी। आपने सोचा होगा, इस कैदी पुरुष पाठक का क्या भरोसा? अपनी नादानी के चलते यह ऐसे खत न लिखने लग

पड़े, जिससे आपको असहजता, असुविधा का सामना करना पड़े। इससे अच्छा है कि इससे संवाद ही बन्द कर दिया जाये। इसमें गैरत होगी तो यह खुद–व–खुद समझ जायेगा कि सुशीला उससे संवाद नहीं चाहती।

सुशीला जी, आपका सोचना सही है। अपनी अनगिनित भावनाओं के चलते कई बार उसके ज्वार में बहकर मैं जाने क्या–क्या लिख देता हूँ। इससे आपका सतर्क होना स्वाभाविक है। पाठक की भी अपनी मर्यादा सीमा होती है। मैं अपनी मर्यादा को लाँघ जाता था। वह मेरी वृत्ति की कुरूपता थी। इसके लिए मैं दिल से माफी चाहता हूँ।

सुशीला जी, आपने भले ही मुझ कैदी को अपनी स्मृति से विस्मृत कर दिया हो, लेकिन मेरे दिलो–दिमाग में आप अपनी रचनाओं, अपनी इंसानियत, सह्रदयता, करुणा के लिए हमेशा मौजूद रहती हैं और रहेंगी। मेरे जेल जीवन में आपका स्थान सर्वथा अलग और महत्त्वपूर्ण है। आप वह लेखिका हैं, जिसने मुझे मजबूत भावनात्मक सहारा तो दिया ही, साथ ही साथ लम्बे समय तक आर्थिक मदद भी दी। आपकी इस मदद ने जहाँ मेरी कागज, पैन, डाक सामग्री की जरूरत को पूरा किया, वहीं कई बार मुझे तेल, साबुन, पेस्ट के आत्मसम्मान के संकट से भी बचाया। मैं आपके इस अपनत्व व मदद का जीवन भर के लिए ऋणी हूँ।

सुशीला जी, अपनी सजा के साढ़े दस साल में से, साढ़े छह साल मैंने पाठक बनकर निकाले। इससे मेरी सजा बहुत आसान हो गयी। अगर साहित्य और साहित्यकारों का मजबूत भावनात्मक मानसिक सहारा मुझे न मिलता, तो मेरी दिमागी सेहत जरूर गड़बड़ा जाती। इस बात का जिक्र खासतौर से करना चाहूँगा कि महिला लेखकों से मुझे विशेष स्नेह और सहारा मिला। इनकी मदद के बिना मैं इस तरह का पाठक और इंसान बन ही नहीं सकता था। माफ कीजिएगा सुशीला जी, मेरे ऐसा कहने से आप यह न समझें कि मैं पुरुष लेखकों के स्नेह व मदद को कम करके आँक रहा हूँ। मैं इतना कृतघ्न पाठक नहीं हूँ। मैं जानता हूँ, बुरे वक्त की हर मदद अनमोल होती है। लेकिन महिला लेखकों से मुझे जो जीवन के नये बोध मिले, वह सिर्फ यही लेखिकाएँ दे सकती थीं। कुछ लेखिकाओं ने मुझे पाठक के साथ–साथ अपना मित्र भी माना। मेरे लिए यह जीवन का सर्वथा नया बोध था। इनकी व्यावहारिक मदद से मुझे नारी की शक्ति, साहस, करुणा का वास्तविक परिचय मिला। इस पर चिन्तन–मनन करने से मुझे वह अन्तर्दृष्टि मिली कि मैं नारी को भोग व देह की दृष्टि से

हटकर भी सोचने–समझने लगा। इसे मैं अपना इंसानी विकास मानता हूँ।

साहित्य के स्पर्श ने मेरी चेतना को कई स्तरों पर जागृत किया। मैं साहित्य के स्पर्श से मिले वैचारिक धरातलों पर निरन्तर सोच–विचार करता। इससे मुझे आत्मदृष्टि भी मिली और मेरी देखने–समझने की दृष्टि भी विकसित हुई। सबसे अहम यह कि जहाँ मैं पहले दूसरों की कमियों को ही देखा करता था, अब अपनी कमियों, अपने दोषों को भी देखने लगा और उन पर ईमानदारी के साथ सोच–विचार करने लगा। अब यह अलग बात है कि मैं उनमें किस हद तक सुधार कर पाया? लेकिन उन पर लगातार तटस्थता के साथ सोच–विचार करके अमल में लाने से कुछ प्रतिशत का सुधार हुआ। मुझ जैसे मामूली कैदी के लिए यह बहुत बड़ी बात थी।

सुशीला जी, आपने तो खफा होकर एकदम से पत्र व्यवहार बन्द कर दिया, जिससे आपके बारे में कोई भी जानकारी नहीं मिली। मैं अपनी गलती के लिए माफी चाहता हूँ। आज दीपावली का दिन है। मेरी ओर से दीपावली की शुभकामनाएँ कबूल कीजिए। शिव आपको सलामत और सकून से रखे, इसी दुआ के साथ।

आपका सुधीर

20–12–2002
नागपुर

प्रिय सुधीर,
सादर नमस्कार,

आपका पत्र मिला। बहुत खुशी हुई। यह आपने कैसे मान लिया कि आपका पत्र पाकर मुझे खुशी नहीं होगी? बहुत अच्छा लगा यह जानकर कि दिसम्बर 2002 में आप बन्धन मुक्त हो जायेंगे। आप सोच रहे होंगे कि मैंने जल्दी उत्तर क्यों नहीं भेजा। इतने वर्षों का आपका अनुभव है। मेरे पत्र हमेशा आपको विलम्ब से मिले हैं। चाहकर भी पत्र जल्दी नहीं भेज सकी। 24 नवम्बर से 29 नवम्बर तक चेन्नई के एक कार्यक्रम में व्यस्त थी। चेन्नई का समुद्र तट देखकर गोवा की और आपकी याद आयी। वहाँ से आने के बाद प्रतिदिन सोचती रही, आपको पत्र भेजना है, बधाई देना है। फिर भी विलम्ब। बहुत खेद है।

25 दिसम्बर को 'महाड़' में 'राष्ट्रीय महिला परिषद' की ओर से 'भारतीय

महिला दिन परिषद' का आयोजन है। मैं इस कार्यक्रम में शामिल होने के लिए नागपुर से 23 दिसम्बर की रात की ट्रेन से जाऊँगी। अगर हो सका तो हम कुछ महिलाएँ 26 दिसम्बर को गोवा आयेंगी। लेकिन अभी मैं निश्चित रूप से नहीं बता सकती कि गोवा में कहाँ रुकेंगी और कहाँ घूमेंगी। आपके शहर तक जायेंगे या नहीं, अभी कुछ निश्चित नहीं है। फिर भी मैं यथासम्भव प्रयत्न करूँगी कि आपके 'केन्द्रीय कारागार आग्वाद, कांदोलिम, बार्देश' अवश्य आऊँ। यदि आपसे भेट हो सकी, तो अच्छा लगेगा। महाड़ जाना तो अभी दो दिन पहले ही तय हुआ है।

आपके पत्र मुझे मिलते रहे हैं, मगर पिछले कई महीनों तक आपका पत्र नहीं आया था। इस पत्र के पहले मैं सोचती थी कि शायद आप अभी गोवा में नहीं होंगे। मैं आपकी किसी गलती से नाराज नहीं हूँ। सच तो यह है कि मैं आपको पूर्ण रूप से जानती नहीं हूँ। जितना आपके पत्रों से जान सकी हूँ, वह तो आपके चिन्तन के क्षणों का सात्विक रूप रहा है। रिहाई के बाद आप क्या सोचेंगे और क्या करेंगे, इसकी प्रामाणिकता मैं नहीं जानती हूँ। मैं सिर्फ इतना जानती हूँ कि यदि कहीं आपकी माताजी हैं, तो वे आपकी राह जरूर देख रही होंगीं।

आपने अपने इस पत्र में मेरी बहुत तारीफ की है, ऐसा कुछ नहीं है। मैं तो बस एक सामान्य महिला हूँ। इंसानियत से इंसान का नाता होता है। मुझे वे सब लोग अच्छे लगते हैं, जो इंसान के रूप में जीते हैं। आपने अपने साढ़े छः वर्ष साहित्य से जुड़कर गुजारे हैं। इतना लम्बा समय आपको लगातार संस्कारित करता रहा है। इसी का परिणाम है कि आप अपनी गलितयाँ और कमियाँ स्वीकार करने लगे हैं। अपनी गलतियों को देखना–समझना अच्छी बात है, मगर केवल इतना काफी नहीं होता। गलितयाँ सुधार कर, सही रास्ते पर चलना भी जरूरी होता है। आप अपने आप में परिवर्तन देख रहे हैं, यह खुशी की बात है।

दीपावली के दिन आपने पत्र लिखा था। इस दिन मैंने भी आपको याद किया था। किसी का भी सुधीर नाम सुनकर, आपके विषय में स्मरण होता है। आपके पहले पत्र से इस पत्र तक, शायद बाद में भी कभी आपके पत्र मिलें, एक लम्बी पत्र–यात्रा रही है। पत्राचार की इस यात्रा में संवेदना भी है और अपनत्व भी। विस्मृति का कोई कारण नहीं है।

असल में मैं लगातार कई वर्षों से, अपने घर–परिवार में ही ज्यादा सीमित और व्यस्त रही हूँ। घर और परिवार। घर तो घर है मिट्टी, दिवारों

का, लेकिन परिवार, जीवन के साथ जिम्मेदारियाँ हैं। पति महोदय हैं, पति जिसका पर्याय स्वामी है। कभी लगता है, ये सब बन्धन हैं। कभी लगता है, यही जीवन है। समय के साथ, उम्र के साथ सोच–विचार बदलते हैं। जरूरतों के अनुसार परिभाषाएँ बदलती हैं। उम्र के बढ़ने के साथ, चौथे दशक के बाद लगता है, जीवन बहुत छोटा है। बहुत कुछ करना है, जो पूरा नहीं हो पाया है, जो कुछ विशेष है। वैसे सबको सब कुछ पूर्णरूप से नहीं मिलता, फिर भी प्रयत्न करना है।

कारागार से मुक्त होकर आप भी अपने जीवन और भविष्य के विषय में सोचें। ऐसा कुछ करें, इतना कुछ पा लें कि बाद में कोई अफसोस न हो। बीता हुआ जीवन हमारी स्मृति है। वर्तमान हमारा जीवन है और भविष्य? नियन्त्रण की डोर कहीं और भी होती है। फिर भी भविष्य की डोर के निर्माण में यथासम्भव प्रयत्न हमारा होता है, खुद पर विश्वास रखें। आपके भविष्य के लिए मेरी हार्दिक शुभकामनाएँ हैं। शेष कुशल।

आपकी शुभचिन्तक

सुशीला टाकभौरे

24–12–2002

केन्द्रीय कारागार, गोवा

प्रिय सुशीला जी,

हार्दिक अभिवादन,

आज आपके पत्र को पाकर मैं खुशी व आश्चर्य से उछल पड़ा। पूरा वजूद जोश व खुशी से भर गया। यकीन ही नहीं हुआ, अपनी सुशीला जी तशरीफ लाई हैं। मन ही मन आपको दुआएँ देते हुए, मैंने तीव्र उत्कण्ठा व उत्साह से भरकर खत को लिफाफे से बाहर निकाला और खत में उतरने लगा। जज्बातों की उथल–पुथल के बीच मैंने रुक रुक कर बड़ी देर में पूरा किया। खत को पढ़ते पढ़ते जेहन में सुशीलामयी चक्रवात जारी रहा, जो खत पूरा होने के बाद और वेग से बढ़ गया। आप मुझे यकायक ही बड़ी विराट और विशाल महसूस हुईं। बड़ी देर तक आपके चक्रवात में गिरन–पड़ने के बाद, मैंने फिर से आपके खत को पढ़ा। आपके खत ने हमेशा की तरह मुझे मानवीय बोधों से भर दिया। जीवन के ये नये बोध सिर्फ आप ही दे सकती थीं।

सुशीला जी, मेरे खत को देखकर आपको खुशी हुई, जानकर अचम्भित

रह गया। मैंने आपको कई खत लिखे थे, आपने किसी भी पत्र को पाने की सूचना नहीं दी। इससे मैंने सोचा, आप मेरी किसी गलती पर इतनी ज्यादा कुपित हो गयी हैं कि आपने मुझे खत लिखने की जरूरत ही नहीं समझी। मैंने इस बात पर बहुत सोच–विचार किया था कि आपने मुझे खत लिखने क्यों बन्द कर दिये। मुझे जरा भी उम्मीद न थी कि आपका पत्र मुझे मिलेगा। आपके खत के न आने से एक अनजाना अपराध–बोध मुझे कोंचता रहता था। एक बेचैनी–सी हमेशा बनी रही। आज आपके खत ने मुझे कितने सकून से भर दिया, बता नहीं सकता। शिव आपको सलामत व महफूज रखे। आप सचमुच एक बड़ी और अच्छे दिल की इंसान हैं।

सुशीला जी, आपको मेरे खत मिलते रहे और आपको उनसे कोई उकताहट नहीं हुई, जानकर तसल्ली से भर गया। मुझे खत न लिख पाने का कारण आपने अत्यधिक व्यस्तता बतायी है। आपकी बात से मैं सहमत हूँ। आप घर, बाहर और संस्था के कार्यों में खटती हैं, इस बात को मैं समझता हूँ। लेकिन न जाने क्यूँ मुझे लगता है, आप मुझसे मेरी किसी न किसी गलती पर खफा थीं। और अब आपने 'नारी : क्षमा की देवी' चरितार्थ करते हुए मुझ बेढंगे प्रशंसक को माफ कर दिया। सुशीला जी, आप भले ही नकारें, लेकिन यह सत्य है कि मेरी उफनती बेकाबू भावनाओं से आप असमंजस में पड़ गयी थीं कि इस प्रशंसक से संवाद जारी रखा जाये या नहीं? इस बात का मुझे शिद्दत से एहसास होता है। अब आपने फिर से अपना बड़प्पन व सहृदयता दिखाते हुए, मुझे माफ करके फिर से खत लिखा है। आपकी इस विराटता व विशालता ने मुझे सुशीला टाकभौरे के किरदार का नया परिचय दिया। आप शायद यकीन नहीं करेंगी, आपका यह पत्र मेरे जीवन के सबसे बोधदायी पत्रों में से एक हो गया है।

आप इस बीच अनेक कार्यक्रमों में व्यस्त रहीं और चेन्नई भी जाकर आयीं, जानकर बहुत अच्छा लगा। इतने मोर्चों पर एक साथ आपकी सक्रियता देखकर मैं दंग रह जाता हूँ कि आपमें कितनी ऊर्जा भरी है। आपने मुझे बड़ी ही झकझोरने वाली बात लिखी है–'सच तो यह है कि मैं आपको पूर्णतः जानती नहीं हूँ। जितना आपके पत्रों से जान सकी हूँ, वह तो आपके पत्रों का सात्विक रूप रहा है। रिहाई के बाद आप क्या सोचेंगे और क्या करेंगे, इसकी प्रामाणिकता मैं नहीं जानती हूँ। मैं सिर्फ इतना जानती हूँ कि यदि कहीं आपकी माताजी हैं, तो वे आपकी राह जरूर देख रही होंगी।' सुशीला जी, आपकी यह बात मुझे निरन्तर मथती रहेगी।

मेरा विश्वास है, यह मुझ में जीवन के प्रति सकारात्मकता भरती रहेगी।

मैंने अपने पत्र में आपकी कोई झूठी तारीफ नहीं की। मैंने आपको वही सच लिखा, जो है और जिसे मैं महसूस करता हूँ। सुशीला जी, लेखिकाएँ तो आपसे बढ़कर भी नामी–दामी हैं, लेकिन आपकी जैसी साहसी, दयामयी, परोपकारी इंसान लेखिकाएँ कितनी हैं? आपकी मदद ने मुझे कई स्तरों पर सहारा देकर खड़ा किया, यह एक हकीकत है, इसका ही आभार मैंने अपने खत में जताया था। आर्थिक मदद के अलावा आपके अपनत्व व आत्मीयता ने मुझे मजबूत भावनात्मक सहारा दिया। आपके पत्रों ने मेरे बुरे वक्त में मुझे जीवन के उत्साह व ऊर्जा से भरा। इसी कारण मैं आपसे गहराई से भावानात्मक रूप से जुड़ गया और जीवन भर जुड़ा रहूँगा। आपकी महक हमेशा मेरे दिलो–दिमाग में महकती है और उम्रभर महकती रहेगी। मैं आपको अपनी सच्ची और मूल्यवान मित्र मानता हूँ।

आपकी इन पंक्तियों से मुझे अपने भीतर के सुधीर का विश्लेषण करने पर मजबूर होना पड़ा–'इतना लम्बा समय आपको लगातार संस्कारित करता रहा है। इसी का परिणाम है कि आप अपनी गलतियाँ और कमियाँ भी स्वीकार करने लगे हैं। मगर केवल इतना ही काफी नहीं होता, अपनी गलतियाँ सुधार कर, सही रास्ते पर चलना भी जरूरी होता है।' सुशीला जी, मुख्य बात यही है। ईमानदारी के साथ जब अपनी गलतियों, कमियों को जान लिया जाता है, तो उसके बाद अपनी गलतियाँ सुधारना ही मुख्य बात है। अगर वह अमल में परिलक्षित ही न हो, तो फिर अपनी कमियों, गलतियों को जानने का कोई मतलब नहीं रह जाता। मैं आपकी इस बात को अमल में लाने के लिए प्रयासरत रहूँगा।

आपने दीपावली के दिन मुझे याद किया और किसी का सुधीर नाम सुनकर आपको मेरे विषय में स्मरण हो आता है, जानकर बड़ा अच्छा लगा। आपकी इस भावना से मैं अपने को बड़ा सौभाग्यशाली समझता हूँ और आपकी इस संवेदना को नमन करता हूँ। सुशीला जी, आपके खतों ने मुझे हमेशा जीवन के नये बोध दिये हैं और इससे इंसान और इंसानियत पर मेरा विश्वास और दृढ़ होता रहा है। आप एक सुलझे विचारक की तरह जो मुझे जीवन और लोक–लोकाचार के बारे में बताती हैं, वह मुझे, मेरी दृष्टि को परिपक्व करता रहता है। इस खत में आपने लिखा है–'समय के साथ, उम्र के साथ सोच–विचार बदलते हैं, जज्बातों के अनुसार परिभाषाएँ बदलती हैं। उम्र के चौथे दशक के बाद लगने लगता

है, जीवन बहुत छोटा है। समय कम है, बहुत कुछ करना है, बहुत कुछ पाना है।' सुशीला जी, अपनी उम्र और अनुभवों को देखकर मुझे आपकी बात बिल्कुल सही महसूस हुई।

आप 25 दिसम्बर को महाड़ में 'राष्ट्रीय महिला दिन परिषद' के आयोजन में जा रही हैं, जानकर खुशी हुई। आपने बताया है कि 'हो सकता है, आप अपने साथियों के साथ गोवा आयें।' आपने जेल में आकर मुझसे मिलने की इच्छा जताई है। सुशीला जी, आप एक अनजान कैदी को मिलने जेल में आने का साहस व इंसानियत रखती हैं, आपकी इस भावना के स्पर्श से मेरा हृदय भीग गया, हृदय फफक–फफक कर रो पड़ा। हे देवी! मैं इतने महत्त्व का पात्र नहीं हूँ। दुनिया में आप जैसी महिला हैं, देखकर भी यकीन नहीं होता। आपकी इस संवेदना को मैं पूरे वजूद के साथ नमन करता हूँ। सुशीला जी, आप यहाँ तक आने की तकलीफ न करें। आपने मेरे लिए इतना सोचा, मैं इसी से अपने को धन्य समझ रहा हूँ। आपने तो मेरे दिलो–दिमाग को झकझोर दिया। सुशीला जी, आप बेकार की तकलीफ न उठाएँ। मैं खुद ही आपके द्वार पर आकर, आपके कदमों को चूमूँगा। यह मेरी हसरत भी है और मेरा फर्ज भी। भले ही इसे पूरा होने में कुछ समय लगे।

बाकी, आपको सेन्ट्रल जेल आने के लिए पहले कांदोलिम आना पड़ेगा। यह जेल समुद्र के किनारे एक कोने में है। अगर आप समुद्र तट पर घूमने के लिए पणजी आयेंगी, तो आपको वहाँ से जेल 22–23 किलोमीटर पड़ेगी। अगर आप कलंणगुट (कोलेन्गुट) बीच आयेंगी, तो वहाँ से जेल चार–पाँच किलोमीटर दूर है। सुशीला जी, जेल एक कोने में है। जेल से आधा किलोमीटर दूर तक बसें आती हैं। वहाँ से पैदल आना पड़ता है या फिर व्यक्तिगत टैक्सी, गाड़ी से जेल तक आना पड़ता है। आपको यह सब परेशानी उठानी पड़ेगी, इसलिए आप रहने दें।

आप जेल में जिस दिन भी आयें, गेट पर एक प्रार्थना–पत्र जेल अधीक्षक को लिखें कि आप मुझसे मिलना चाहती हैं। जेल प्रशासन मंगलवार और शुक्रवार को मुंलाकात देता है। पर मेरे लिए यह पेरशानी नहीं होगी। आप चन्द शब्दों का प्रार्थना–पत्र जेल अधीक्षक के नाम लिखें। वह आपको परमीशन दे देगा। यहाँ का फोन नं 276033 है। अब नये रूप में इस फोन नम्बर के आगे 2 लगाना पड़ेगा। सुशीला जी, आपने मुझे मनीऑर्डर भेजने की बात कही है। मैं आपके इस उपकार, इस भावना पर

क्या कहूँ? आपकी मदद, उपकारों का तो मैं पहले से इस तरह कर्जदार हूँ, जैसे अपनी जननी के दूध के कर्ज का। अब आप मुझ पर कितने उपकार करती रहेंगी?

आपने मेरे कैदमुक्त होने पर बड़ी खुशी जताई है और मेरे भविष्य के लिए ढ़ेरों शुभकामनाएँ, दुआएँ दी हैं। साथ ही आपने मुझे जीवन के संघर्ष में बड़े धैर्य रखने को भी कहा है। सुशीला जी, यद्यपि मेरे हालात बड़े विकट होंगे, तब भी मुझे विश्वास है कि आपकी शुभकामनाएँ दुआएँ मुझे शक्ति व ऊर्जा से भरती रहेंगी। मैं जीवन में कहीं भी रहा, किसी भी हाल में रहा, आपको खत लिखकर अपने समाचार देता रहूँगा।

आपकी खुशी व सेहत की दुआ के साथ।

आपका सुधीर

4–3–2003
नागपुर

प्रिय सुधीर,
नमस्कार

कितने दिन बीत गये, आपका कोई पत्र नहीं मिला। क्या आप मुझे भूल गये हैं? क्या मेरी सभी बातों को भूल गये हैं? या अभी आप जिस जगह पर हैं, वहाँ आपको कोई बड़े हितौषी शुभचिन्तक मिल गये हैं? जिनके रहते अब आपको मेरे पत्रों की आवश्यकता नहीं रही। आपके पत्रों में किये गये, आपके वायदों को पढ़कर मैं याद करती हूँ कि वह सुधीर, जो मेरे पत्र पाकर भाव विभोर हो जाते थे, अब इस तरह कैसे बदल गये?

समय बीतता है, जीवन बीतता है। जीवन में सभी घटनाएँ उतनी महत्त्वपूर्ण नहीं होतीं कि सबका लेखा–जोखा रखा जाये। जिन्दगी उनकी यादों के बिना भी आराम से आगे बढ़ती रहती है। जैसे एक जगह से सफर शुरू किया, गन्तव्य पर पहुँचने के पहले अनेक घटनाएँ, मुलाकातें, अनुभव, संवेदनाएँ आदि अनेक बातों से परिचय होता है। गन्तव्य पर पहुँचने के बाद ये सब बातें कुछ दिन अच्छे से याद रहती हैं, फिर कुछ खास बातें ही याद रहती है। और फिर वे सब हमारे मस्तिष्क में कहीं खो जाती हैं, जिनकी आवश्यकता नहीं होती। जिन्दगी में ऐसे सफर अनेक बार होते रहते हैं, उनकी अनेक स्मृतियाँ होती हैं, जो धीरे–धीरे धुँधली होकर मिट जाती हैं, मगर यहाँ तो अलग बात थी सुधीर जी! खैर...।

मैं आपको प्रिय सुधीर ही कहूँगी, क्योंकि मैंने आपको पत्र में लिखा था, किसी का नाम सुधीर सुनकर मुझे आपका ही ख़याल आता है। आप सुधीर हैं, सुधीर शर्मा, कैदी नम्बर 307। हाँ, यह नम्बर बदला जा सकता है। क्योंकि यह कैदी का नम्बर है। कैदी के नम्बर बदल सकते हैं। जेल बदलती है; स्थान, वातावरण, सम्पर्क, विचार–विनिमय के साधन बदलते रहते हैं, मगर नाम, अपनी साईन अपनी एक पहचान रखते हैं। भले ही कोई व्यक्ति कुछ दिनों या बरसों के लिए अपनी यह पहचान छिपा ले, या बदल ले, लेकिन वह खुद से इसे छिपा नहीं सकता। सुधीर जी, जिस रूप में मैंने आपको पहचाना है, मेरी नजर में आप वही हो। कैद मुक्त होने के बाद अब आप कहाँ हो? पता नहीं। लेकिन मुझे पूरा विश्वास है, आप सही जगह पर और सही रूप में ही होंगे।

सुधीर जी, कबसे जानती हूँ, मैं आपको? आप सोचते होंगे कि उस दिन से जब 'हंस' पत्रिका में मेरी कहानी पढ़कर आपने पहली बार मुझे पत्र लिखा था। मगर नहीं। मुझे लगता है कि मैं आपको इन चार बरसों से, या आपकी कैद के साढ़े दस वर्षों से नहीं, बल्कि कई–कई बरसों से जानती हूँ। आप एक नहीं, कई हो, आप अनेकों में मिल सकते हो।

जब पहली बार आपका पत्र मेरे घर आया था, घर में बड़ी हलचल मच गयी थी। मैं तो उस समय सेठ केसरीमल पोरवाल कॉलेज, कामठी में थी। सुबह 10 बजे तक घर के काम के बाद, जाने की तैयारी करके मैं बस से कामठी के लिए निकल जाती हूँ। लौटने में मुझे 6 बज जाते हैं। 4 बजे तक क्लास लेने के बाद, बस से कामठी से नागपुर लौटने में ही डेढ़–दो घंटे का समय लग जाता है। उस दिन घर लौटने के बाद मैंने अजीब–सा माहौल देखा। पति व्यंग्य के साथ तीखी नजर से मुझे देख रहे थे। मैंने उनसे पूछा–'क्या हुआ? ऐसे क्यों देख रहे हो?' मैंने बच्चों से पूछा क्या हुआ? तभी छोटी बेटी ने बड़े उल्लास के साथ बताया–'मम्मी, आपको जेलर का पत्र आया है?'

जेलर का पत्र? मैं आश्चर्यचकित रह गयी थी। कौन–सी जेल? कौन– सा जेलर? मुझे क्यों पत्र लिखेगा? तभी पति ने आपका लिखा खुला पत्र और लिफाफा मेरी ओर बढ़ा दिया था। साथ ही व्यंग्य के साथ विद्रूप हँसी हँसते हुए यह भी कहा था–'लो, पढ़ो इसे, अब तुम्हें ऐसे पत्र भी आने लगे हैं। यह एक कैदी का पत्र तुम्हारे नाम आया है। आगे और क्या–क्या होगा, पता नहीं?'

बहुत अचम्भे के साथ मैंने पत्र लिया था। हँसी, रोमांच, विस्मय, भय और न जाने किन–किन भावों से मैं अभिभूत थी। बहुत डरते–डरते मैंने आपका पत्र पढ़ा था। और फिर फूली नहीं समाई थी। आपका पत्र पढ़कर मुझे बहुत खुशी हुई थी। केवल इसलिए नहीं कि एक पाठक के रूप में आपने मुझे पत्र लिखा था। यद्यपि यह सत्य है कि आपने मेरी कहानी की बहुत प्रशंसा की थी। अच्छे शब्दों में, अच्छी भाषा में और बहुत अच्छी तरह से मुक्त मीमांसा की थी।

नहीं, इसके अलावा भी कोई बात थी, एक अजीब अनुभूति कि कहीं दूर, किसी जेल की अँधेरी कोठरी में बैठा कोई हताश–उदास कैदी भी अपनी शिक्षा, अपने अध्ययन और अपनी आलोचनात्मक दृष्टि से, बड़ी पैनी नजर से किस तरह खुलकर मीमांसा करता है। सुधीर जी, मैं आपकी इस साहित्यिक परख से बहुत प्रभावित हुई थी। एम.ए., पीएच.डी., शिक्षक, प्राध्यापक, लेखक और आलोचकों का कुछ कहना या लिखना एक सहज बात होती है। मगर आपसे मिली समीक्षा ने मेरे सम्पूर्ण लेखन और पूर्ण व्यक्तित्व को कसौटी की धार से जोड़ दिया था।

आपने लिखा था, जेल जीवन में समय काटना कठिन होता है, जिसे आपने बाद में साहित्य के साथ जुड़कर सहजता के साथ काटा। आपने अपने कई पत्रों में जेल के वर्तमान जीवन और अतीत की बातें लिखीं, जिन्हें पढ़कर कभी मुझे भय लगा था, तो कभी आपकी शुभचिन्ता हुई। आपके प्रति मेरे मन में हमेशा चिन्ता और संवेदना के भाव रहे हैं, इन्हें आपने हमेशा मेरे पत्रों को पढ़कर महसूस किया। इसीलिए आपको मेरे पत्रों का इन्तजार भी रहता था और अपने लम्बे पत्रों में मनोविश्लेषण के आधार पर आप मेरी लिखी बातों का उल्लेख करते थे। मुझे बहुत खुशी होती थी कि आपने मेरी बातों को प्रेरणा स्वरूप स्वीकार किया है। और आप लगातार एक अच्छे व्यक्ति के रूप में स्वयं को रूपान्तरित करने का वायदा भी करते रहे। मैं भी आपके पत्रों की प्रतीक्षक बन गयी थी।

फिर क्या हुआ सुधीर जी, आप किस बात से नाराज हुए? या कहाँ इतने व्यस्त हो गये कि पत्र भेजना ही भूल गये? मुझे आपके पत्रों की प्रतीक्षा है। आपके भविष्य के प्रति शुभकामनाओं के साथ।

सुशीला टाकभौरे

(यह पत्र भेजा नहीं गया।)

24–3–2003
नागपुर

प्रिय सुधीर,
नमस्कार,

दिसम्बर 2002 में आपके तीन पत्र मिले थे। पहले पत्र में यह जानकारी थी कि 31 दिसम्बर 2002 को आप जेल से मुक्त हो जायेंगे। दूसरे पत्र में आपकी ऐसी ही अनुभूतियों की पुनरावृत्ति थी, साथ ही मेरे पत्र का उत्तर था।

मैंने आपको पत्र में लिखा था कि 25 दिसम्बर को मैं महाड़ के कार्यक्रम में जाऊँगी। रायगढ जिले से गोवा नजदीक है। मैं अपनी कुछ साथी महिलाओं के साथ गोवा आऊँगी, तब आपसे जरूर मिलना चाहूँगी। पता नहीं आपको मेरी इस बात से खुशी हुई या नहीं? आपने अपने अगले पत्र में लिखा था कि 'गोवा में आप तक पहुँचने का रास्ता बहुत कठिन है। मैं गोवा जरूर जाऊँ, मगर जेल तक आने की तकलीफ न उठाऊँ।' आपकी इस बात ने मेरे उत्साह को कम कर दिया था। हम लोग 26 दिसम्बर को सुबह के 11 बजे गोवा के मड़गाँव पहुँचे थे। सभी गोवा की सुन्दरता को देखकर खुश हो रहे थे। मैं भी सब कुछ देख रही थी, मगर मुझे हर क्षण याद था कि कांदोलिम बार्देश में आप हो और 31 दिसम्बर को आप यहाँ से चले जाओगे।

27 दिसम्बर को भी मैं गोवा में थी। 28 दिसम्बर को भी मैं गोवा में रुकना चाहती थी। मगर मुम्बई (खार घर, पूना रोड) में 'महिला मण्डल' की मीटिंग होने के कारण, गोवा से मुम्बई के लिए निकलना पड़ा। चलते समय मडगाँव स्टेशन से काजू के पैकेट खरीदे थे। गोवा की बहुत–सी यादें साथ थीं। मुम्बई में 29–30 दिसम्बर के कार्यक्रम में सहभागी होने के बाद मैं नागपुर आ गयी थी। 31 दिसम्बर को मैं नागपुर में थी, मुझे दिन भर बार–बार यह एहसास होता रहा कि 'आज आप जेल से मुक्त हो जायेंगे। आज के बाद आपकी दुनिया अलग होगी, स्वतन्त्र मुक्त जीवन होगा।'

1 जनवरी 2003, नया वर्ष। नये वर्ष की शुभकामनाओं के अनेक पत्र मिले, अनेक ग्रीटिंग कार्ड मिले। हर पत्र और ग्रीटिंग के साथ यह एहसास रहा कि मैंने आपको 2003 का, नये वर्ष का ग्रीटिंग नहीं भेजा। इसके पहले 2000, 2001 और 2002 की जनवरी के पहले सप्ताह में, नये वर्ष की शुभकामनाओं के ग्रीटिंग और पत्र आपको भेजे थे। उसके बदले आपने कितनी खुशी जाहिर की थी और कितना आभार माना था।

2003–नये वर्ष के जनवरी–फरवरी में मुझे एक खालीपन का एहसास होता रहा। 2003 की जनवरी का पत्र और ग्रीटिंग मैं आपको 25 दिसम्बर 2002 के पहले ही भेज सकती थी, मगर नहीं भेजा। कुछ आदत भी थी, आपको पत्रोत्तर देर से भेजने की। तब तक आपका स्थान निश्चित था और देर सबेर मेरे पत्र आपको मिल ही जाते थे। मगर अब?

अब तो आप न जाने कहाँ हो? आपने कहा था कि–'मैं कहीं भी रहूँगा, पत्र अवश्य भेजता रहूँगा। 2003 की जनवरी–फरवरी तक मुझे उम्मीद थी कि आपका पत्र जरूर आयेगा, मगर नहीं आया। मैंने आपके पत्रों की राह देखी। मगर अब और नहीं।

सुशीला टाकभौरे

(यह पत्र भेजा नहीं गया।)

1–4–2003

सुधीर शर्मा, C/O इल्वा डी' कास्टा,
रायरो टेवल्स, 117 बहराम नगर,
बान्द्रा, ईस्ट मुम्बई–51

आदरणीय सुशीला जी,
हार्दिक अभिवादन,

मैं आपकी दुआओं के साथ खैरियत से हूँ और आपकी सलामती की दुआ करता हूँ। सबसे पहले इस बात के लिए माफी चाहता हूँ कि आपको देरी से खत लिख रहा हूँ। उम्मीद है, आप नाराज नहीं होंगी।

जनवरी में कैदमुक्ती होने के बाद, मैं कुछ दिन गोवा में रहा। फिर फरवरी में मुम्बई आया। मैं ग्यारह बरस बाद मुम्बई आ रहा था। ग्यारह बरसों में मुम्बई बहुत बदल गयी थी। मैं पुरानी जगह परिचितों के पास गया। कुछ इस दुनिया से ही विदा हो गये, कुछ ने काम व जगह बदल दी। इससे मुझे बड़ी परेशानी हुई। मैं आर्थिक रूप से शून्य था।

यह देखकर मैं दंग रह गया कि कुख्यात 'बहरामपाड़ा' के लोगों ने मुझे ग्यारह बरस बाद भी अपने जेहन में जिन्दा रखा। कुछ अपनी पुरानी साख और कुछ उन लोगों की मदद से मुझे एक झोंपड़े में सिर छुपाने की जगह मिल गयी। मुम्बई में मेरी सबसे बड़ी परेशानी हल हो गयी। अब मैं अपनी रोजी–रोटी की तलाश में जुटा हूँ। एक पूर्व कैदी की सच्चाई के साथ लोगों से मिलने में, उनकी टेढ़ी नजरों का सामना

करना पड़ रहा है। इस बीच में दो–तीन सामाजिक संस्थाओं से काम के सिलसिले में मिला। उनके पास के अनुभव अच्छे नहीं रहे। उनकी कार्यशैली से मन खिन्न हो गया। वह 'बाद में देखेंगे' का ही जवाब देते रहे।

सुशीला जी, आपने मेरे जेल जीवन के बुरे वक्त में मजबूत भावनात्मक, मानसिक व आर्थिक सहारा देकर, मुझे फिर से जीवन में खड़ा किया है। आपकी इंसानियत हमेशा मेरे लिए दिमाग में महका करती है। आपने कितने स्तरों पर मुझे सहारा दिया, इसका एहसास मुझे अब कैदमुक्त होने के बाद बड़ी शिद्दत से होता है। आपकी मदद व सहारे के बिना मैं ऐसा इंसान, ऐसा पाठक बन ही नहीं सकता था।

मैं अपने जीवन संघर्ष में जुटा हूँ। आप अपने समाचार लिखिएगा। आपकी खुशी व सेहत की दुआ के साथ।

आपका सुधीर

7–4–2003
नागपुर

सुधीर जी,
नमस्कार,

आपका पत्र मुम्बई के 'बहरामपाड़ा' से आया। 'बहरामपाड़ा' जो मुम्बई में अपराध और अपराधियों की कुख्यात जगह है। आप वहाँ लौट गये हैं, यह जानकर मेरी भावनाओं को गहरा झटका लगा और मैंने यह महसूस किया कि मेरे पत्र में लिखी वे अनमोल बातें सब व्यर्थ ही रहीं, जिन्हें आप पत्रोत्तर में अनमोल बताते हुए, उनके अनुसार अच्छी राह पर चलने का विश्वास दिलाते थे। आप 'बहरामपाड़ा' ही लौट गये हैं, यह जानकर आपकी कही सभी बातों पर से मेरा विश्वास उठ गया है। मुझे शून्य होने का भाव महसूस हुआ कि शायद मैं ही गलत थी।

अब मैं आपके पत्रों को फिर से पढ़कर, निरीक्षण–विश्लेषण करना चाहने लगी हूँ, यह जानने के लिए कि आप कौन हो और क्या हो? ऐसी क्या बात थी कि मैं आपके साथ पत्र व्यवहार करती रही?

आपने अपने पिछले कई पत्रों में लिखा था कि आप अनेक लेखिकाओं, लेखकों व पत्र–पत्रिकाओं के सम्पादकों से पत्र व्यवहार करते थे। उनके पत्र भी आपको मिलते रहे थे। उनकी साहित्य कृतियाँ और पत्रिकाएँ भी

आपको निःशुल्क मिलती रही थीं। कुछ लोग आपसे मिलने गोवा केन्द्रीय कारागार में भी आये थे। पत्रिका के सम्पादकों को लिखे आपके पत्र, उन सम्पादकों ने अपनी पत्रिका में विशेष स्थान देकर ज्यों–के–त्यों छापे भी थे, जिससे आपको ख्याति भी मिली और पहचान भी।

आपके छपे उन पत्रों को मैंने भी पढ़ा था। पढ़कर अच्छा लगा कि आप कितने अच्छे पत्र लिखते हैं, अपनी अनुभूतियों को अच्छी तरह व्यक्त करते हैं। विशेष यह कि एक सामान्य कैदी का जीवन जीते हुए आप, किस तरह साहित्य संसार से जुड़े हुए हैं?

सब कुछ अच्छा लगा था सुधीर जी, मगर आपकी 'बहरामपाड़ा' जाने की बात बिल्कुल अच्छी नहीं लगी। इतना सब होने के बाद भी, आपने सिर्फ अपराध की दुनिया से ही जुड़ने की बात कैसे सोची? आपकी यह बात मुझे बहुत गलत लगी। और अब भी, इस तरह की बातें...? आपके वे वायदे? खैर।

आपके प्रति शुभकामनाओं के साथ।

सुशीला टाकभौरे

(यह पत्र भेजा नहीं गया।)

28–8–2003
श्री रामानन्द सरस्वती पुस्तकालय
जोकहरा, आजमगढ़ (उ.प्र.)

आदरणीय सुशीला जी,
हार्दिक अभिवादन,

आपकी कुशलता की कामना करता हूँ। कैदमुक्त होने के बाद मैंने आपको दो खत लिखे थे। उम्मीद करता हूँ, आपको मिले होंगे।

सुशीला जी, कैदमुक्त होने के बाद मैं यहाँ–वहाँ भटका, मुम्बई में मन माफिक उल्टे कामों को भी खोजा। इस बीच विभूति नारायण राय, जो यू.पी. के आई.जी. व 'वर्तमान साहित्य' पत्रिका के सम्पादक हैं, ने मुझे बहुत मथा और मुझे नयी अन्तर्चेतना दी। मुझे लगा कि जब विभूति जी मुझ जैसे दो टके के पूर्व कैदी के लिए इतना चिन्तित हो सकते हैं, तो फिर मैं नये धरातल पर जीवन संघर्ष करने से क्यों घबराता हूँ? क्या मैं नया जीवन शुरू करने से डरता हूँ? इस आन्तरिक द्वन्द्व ने मुझे विभूति जी के पास पहुँचा दिया।

विभूति जी ने बड़ी खुशी और जोश के साथ मेरा स्वागत किया, मेरी बातों और हालातों पर गौर किया। मैं तीन दिन मेरठ में उनके यहाँ रहा। इन तीन दिनों में मुझे इंसान के रूप में पढ़ने का मौका मिला। विभूति जी इंसान के रूप में इतने विराट व विशाल होंगे, यह मेरी कल्पना में न था। सुशीला जी, क्या कोई इस बात पर यकीन करेगा कि एक अनजान पूर्व कैदी, एक प्रदेश के आई.जी. के घर ठहरा। विभूति जी ने मुझे अपने गाँव के इस पुस्तकालय से जुड़ जाने को कहा, जो उन्होंने गाँव वासियों के लिए बनवाया। मुझे लगा, क्यूँ न जीवन को इस नये धरातल के साथ शुरू किया जाये।

विभूति जी 1–6–03 को मुझे अपने साथ लेकर इस पुस्तकालय में आये। मेरे रहने–खाने का पुख्ता इन्तजाम किया और बोले–'सुधीर, इस समृद्ध पुस्तकालय में विश्व का श्रेष्ठ साहित्य मौजूद है। तुम इसे पढ़ो और अपने संस्मरणों को लिखो। इस पुस्तकालय को लोगों से जोड़ो। यह एक वैचारिक केन्द्र बने।' विभूति जी के इस उपकार ने मुझे जीवन का नया धरातल दिया।

अब मैं अपने संस्मरणों को लिखने में जुटूँगा। पुस्तकालय के भवन के एक कमरे में मैं रहता हूँ। गाँव के लोगों से मेरा अच्छा संवाद बन गया है। बच्चे व किशोर मेरी रोचक बातों से पत्रिकाओं और किताबों से जुड़ने लगे हैं। मुझे विश्वास है, मैं बच्चों को किताबों से जोड़ सकूँगा। इसमें मेरा जेल अनुभव काम आयेगा, इससे मैं समझूँगा इस पुस्तकालय में मेरा आना सार्थक हुआ।

सुशीला जी, आप वह शख्स हैं, जिसने मेरे जेल जीवन के बुरे वक्त में भावनात्मक, मानसिक सहारा तो दिया ही, नियमित रूप से आर्थिक मदद भी करती रहीं। आपकी इस मदद ने मुझे जो सहारा व राहत दी, उसका मैं जन्म–जन्म तक ऋणी रहूँगा। आप शायद यकीन न करें, आपकी यह मदद आज मेरे भीतर कहीं ज्यादा शिद्दत से एहसास कराती है। आपने मुझे कई बार जीवन के संघर्ष के रूपों को समझाया, इसकी परिपक्वता मैं अब महसूस कर रहा हूँ। सुशीला जी, आप यह न समझें कि मैं आपकी मदद व भावनात्मक सहारे को बिसर गया हूँ। आपने मुझे अज्ञेय की, भोपाल के 'भारत भवन' में लिखी पंक्ति लिखी थी, वह आज भी मुझे मथती रहती है। आपकी महक हमेशा दिलो–दिमाग में बसी रहती है, क्योंकि आपने मुझे जीवन के कुछ अनमोल बोध दिये हैं।

अपने घर में सभी को मेरा यथा अभिवादन कहें। आपकी खुशी व सेहत की दुआ के साथ।

आपका सुधीर

9–9–2003
नागपुर

प्रिय सुधीर,
नमस्कार,

आपका पत्र मिला, पढ़कर बहुत खुशी हुई। आपका पता बदल गया है, देखकर अच्छा लगा। इसके पहले मुम्बई से भेजा गया आपका एक पत्र मिला था। मैं पत्र का जवाब देना चाहती थी, मैंने पत्र लिखा था, फिर ऐसा लगा कि जहाँ आप रह रहे हो, वहाँ शायद अधिक दिन नहीं रहोगे और मेरा उत्तर जब पहुँचेगा, तब शायद आप तक न पहुँचे। इसलिए मैंने पत्रोत्तर भेजना टाल दिया था। आपने मुम्बई का जो पता लिखा था, मुम्बई निवासी एक सम्मानित व्यक्ति ने उस 'बहरामपाड़ा' के बारे में अच्छी राय नहीं व्यक्त की थी।

अभी आप जहाँ हैं, यह जानकर बहुत गौरव महसूस हुआ कि आपने हमारी भावनाओं, संवेदनाओं को समझा है और उनका प्रतिफल हमें लौटाया है। यह बात मैं सिर्फ अपने लिए नहीं कह रही हूँ, उन सबकी ओर से भी कह रही हूँ, जिनके पत्र और साहित्य गोवा में आप तक पहुँचते रहे हैं। धन्यवाद सुधीर, और बहुत–बहुत बधाई, अभिनंदन आपके नये जीवन के शुभारम्भ के लिए, आपकी समझदारी और आपके सही निर्णय के लिए।

सुधीर जी, मुझे पता था, आप मुझे जरूर पत्र भेजेंगे। इसलिए नहीं कि मैंने कभी कुछ कागज के छोटे टुकड़े भेजे थे, बल्कि इसलिए कि उनसे बड़े कागज पर मैंने अपनी भावनाएँ, अपने विचार तुम तक पहुँचाए थे। बस, एक इंसानियत के रिश्ते से, तटस्थ रहकर भी एक उम्मीद की थी कि आप दूसरों से अलग हैं, आप अच्छे हैं। सुधीर जी मुझे बहुत खुशी हुई, आपका पत्र पढ़कर, साथ ही उन जानकारियों को फिर से पढ़कर लगा कि वे अब आपका पिछला जीवन हैं। सचमुच आपके जीवन का अध्याय बदल गया है। और मुझे बहुत सन्तोष भी हुआ कि इसमें मेरा भी आंशिक योगदान है। विभूति नारायण राय साहब इसके लिए प्रशंसा के अधिकारी

हैं, जिन्होंने एक भटके हुए राही को सही राह पर लाकर खड़ा कर दिया है। अब राह आपके सामने है और मर्जी भी आपकी है। हम सब आपसे बहुत उम्मीद रखते हैं।

आशा है आपके पत्र हमेशा आते रहेंगे। आपके पत्र सिर्फ पत्र नहीं हैं, उनमें आपकी भावना, कसक, पीड़ा, विचार और अरमान होते हैं। यह सब हमेशा जानते रहने की अभिलाषा रहेगी। 26 दिसम्बर 02 को मैं गोवा में मडगाँव पहुँची थी। 26, 27, 28 गोवा में रही। 29, 30 दिसम्बर को मुम्बई में महिला संस्था की मीटिंग में थी। 31 दिसम्बर को नागपुर लौटी, इस बीच मैं लगातार आपके विषय में सोचती रही।

दो दिन हम गोवा में घूमे थे, ओल्ड गोवा, न्यू गोवा। पुराना किला जेल देखते समय मैं सोचती रही कि किस तरह कैदियों को रखा जाता है। मैंने अपनी बस के ड्राइवर और वहाँ के कुछ लोगों से पूछा था, 'कांदोलिम बार्देश केन्द्रीय कारागार' कहाँ है? वहाँ कैसे जा सकते हैं?' सबने यही बताया कि 'मैडम आप वहाँ तक नहीं जा सकते। रास्ता कठिन है, अनुमति चाहिए, वगैरह। सुधीर जी, आप अब ऐसी कठिन जगह कभी नहीं जाना।

समुद्र के कितने तट मैंने देखे, वहाँ समुद्र की अठखेलियों को देखा। मिरामर और 'देना पावला' (दोना पौला) तट पर बहुत अच्छा लगा। 'देना पावला' में सूर्यास्त देखा था। वह तट भी याद है, रेत पर पड़ा लाल कमल का फूल मैं जोर से दूर पानी में फेंकती थी और उस फूल का ठहराव संघर्ष और फिर लहरों द्वारा किनारे पर फेंका जाना देखती थी। मैं उसे रेत तक आने से पहले ही उठा लेती थी। ऐसा कई बार किया, फिर बोध विचार मन में जागा–'कितना कोमल कितना छोटा एक फूल, इतनी बड़ी–बड़ी लहरों से संघर्ष करते हुए कुछ देर वहाँ ठहरता तो है, कुछ आगे भी बढ़ता है, फिर भले ही किनारों पर फेंक दिया जाये। जितना किया जितना जिया, यही क्या कम है।'

पत्र व्यवहार चलता रहेगा। बाकी बातें फिर कभी होगीं। आपकी सेहत और सुखद भविष्य की शुभकामनाएँ।

सुशीला टाकभौरे

28–9–2003

श्री रामानन्द सरस्वती पुस्तकालय

जोकहरा, आजमगढ़ (उ.प्र.)

आदरणीय सुशीला जी,

हार्दिक अभिवादन,

आपके खत को देखते ही मैं हैरत व खुशी से भर गया। यकीन ही नहीं हुआ, सुशीला जी का खत आया है। बड़े उत्साह व उमंग से भरकर मैंने खत को खोला और अतीत के झरोखों में डूबते–उतरते उसे पूरा किया। कुछ देर सुशीलामयी चक्रवात में घूमने के बाद, मैंने अपने को संयत किया। आपको मेरा एक ही खत मिला, दूसरा खत नहीं, यह जानकर बड़ा दुख हुआ । खैर...मेरा कोई भी खत आप तक पहुँचा, मुझे इस बात की खुशी है।

मैं मुम्बई में तीन महीने तक 'बहरामपाड़ा' में रहा। आपके परिचित ने 'बहरामपाड़ा' के बारे में सही बताया। यह जगह सघन मुस्लिम झोंपड़पट्टी है, जहाँ मुस्लिम कट्टरपंथी रहते हैं व इसका हर चौथा घर अपराध या गैरकानूनी कामों से जुड़ा है। अतीत में मैं इसी बस्ती में पाँच बरस रहा हूँ। बाकी आपका यह सोचना सही है कि मैं बहरामपाड़ा के पते पर ज्यादा दिन नहीं रहता।

आपने विभूति जी व पुस्तकालय से मेरे जुड़ने पर बड़ी खुशी व्यक्त की है व सन्तोष जताया है। जिन मार्मिक लफ्जों में आपने अपने वे जज्बात बया किये हैं, उनकी छुअन से मैं बड़ा उद्वेलित हो गया। सुशीला जी, आप शायद यकीन न करें, आपके जज्बातों की छुअन से मेरी आँखें भर आयीं। एक सम्मानित विदुषी मुझ जैसे दो टके के इंसान के लिए इतना गहरा विश्वास व संवेदना रखती हैं। सुशीला जी, आप जैसी इंसानों की इंसानियत, प्रेम व विश्वास ने मुझे जोकहरा तक पहुँचाया है। आपने तो मुझ अनजान कैदी को बड़ा आर्थिक सहारा व भावनात्मक अपनापन देकर जीवन में फिर से खड़ा किया था, मैं इस बात को कैसे भूल सकता हूँ। इस बात का एहसास मुझे आज ज्यादा गहराई से होता है। सुशीला जी, आपको पता था कि मैं आपको खत लिखूँगा, आपके इस विश्वास को देखकर मैं दंग रह गया। लेकिन सुशीला जी, आज ही नहीं, मैं जब तक जीवित हूँ, तब तक आपके उपकारों का कर्जदार रहूँगा। इस नाते आपकी सलामती जानना मेरा फर्ज है।

सुशीला जी, विभूति नारायण राय इस समय आई.जी. के पद पर हैं, साथ ही वे सुपरिचित लेखक व 'वर्तमान साहित्य' के सम्पादक हैं। मेरी आपसे प्रार्थना है कि आप उन्हें एक शुभकामना–पत्र जरूर लिखें। आप यह कह सकती हैं कि सुधीर शर्मा ने आपका पता दिया। आप उन्हें यह बात भी कह सकती हैं कि गोवा जेल में आपने शर्मा व दूसरे कैदियों के अधिकारों के लिए जो किया, आप उससे परिचित हैं। विभूति जी बहुत अच्छे व सुलझे हुए रहमदिल इंसान हैं। आपकी शुभकामना पाकर उन्हें बड़ी खुशी होगी।

आप तो हमेशा से ही मुझ अदने–से व्यक्ति की बेकार की तारीफ़ करती हैं। मेरी दिली ख्वाहिश है कि मैं नागपुर आकर आपका आभार व्यक्त करूँ। यह आपका बड़प्पन है कि आप मुझे इतनी अहमियत देती हैं।

आप गोवा गयी थीं और वहाँ घूमीं, जानकर बड़ा अच्छा लगा। आपने पुराना किला भी देखा, वहीं पर समुद्र के किनारे ही आग्वाद जेल है। आप मुझसे मिलने न आ सकीं, तो इसमें परेशान होने की क्या बात है। भई, वह रास्ता बड़ा ऊबड़–खाबड़ है। वहाँ आने–जाने में बड़ा वक्त जाया होता है। अब आप खत के जरिये आ गयीं, यही मेरे लिए बहुत है।

सुशीला जी, अभी मुझे जो खर्चा मिलता है, उसमें से एक रुपये का बचना भी मुश्किल हो जाता है। आपने मेरी जो मदद की है, उसका ऋण तो मैं कई जन्मों में भी न चुका पाऊँगा। लेकिन काम पर लगने के बाद, मेरा फर्ज बनता है कि मैं उसे इसलिए अदा करूँ कि उससे फिर किसी सुधीर को आप मदद कर सकें। आप शायद यकीन न करेंगी कि जेल में रहते हुए, मैंने कभी भी विभूति जी से आर्थिक मदद नहीं ली। सुशीला जी, प्लीज मेरी बातों को अन्यथा न लीजिएगा, मैं आपके उपकारों का अपमान करने की सोच भी नहीं सकता। भविष्य में जब मैं व्यवस्थित हो जाऊँगा, तब आपको कुछ अंश चुका पाऊँगा।

सुशीला जी, वहाँ गोवा में उसके मूल्यों, सोच में रहते हुए जीवन जीना मुश्किल हो जाता है। लेकिन मैं इस सब से ग्रहण कर रहा हूँ। मुझे अब अपने जेल जीवन को लिखना है। उसके बाद भविष्य क्या रुख लेगा, उसे देखा जायेगा। आपने जिस शिद्दत के साथ जीवन जीने की मेरी हौसला अफजाई की है, उसने मुझे बड़ी मजबूती दी। लगा, मेरी परेशानियों में भी कोई मेरे साथ है। आपकी ये शुभकामनाएँ मुझे शक्ति और ऊर्जा से भरती रहेंगीं। मैं आपको खत लिख़कर अपने हालात बताता रहूँगा।

अपने परिवार में सभी को मेरा यथायोग्य अभिवादन कहें। आपकी खुशी व सेहत की दुआ के साथ।

आपका सुधीर

7–1–2004
नागपुर

प्रिय सुधीर,

नमस्कार,

नये वर्ष की हार्दिक शुभकामनाएँ हैं। आप कैसे हैं, यह जानने की उत्सुकता रहती है। आपके पत्र में लिखे अनुसार मैंने विभूति नारायण राय जी को शुभकामना–पत्र लिखा है, साथ ही उनका अभिनन्दन भी किया है। वे 'वर्तमान साहित्य' के सम्पादक भी हैं, यह जानकर बहुत खुशी हुई। अगर हो सके तो 'वर्तमान साहित्य' पत्रिका का एक अंक मुझे भेजने की कृपा करें। मुझे इस पत्रिका के प्रति बड़ी उत्सुकता है।

आपने गोवा के जीवन मूल्यों के प्रति अपने विचार लिखे हैं। वहाँ रहकर आपने बहुत कुछ सीखा भी है। यह भी बहुत अच्छी बात है कि आप अपने जेल जीवन के अनुभवों को लिखना चाहते हैं। सुधीर जी, आप अपने अनुभवों को संस्मरण रूप में जरूर लिखिए और उन्हें विभिन्न पत्र–पत्रिकाओं में छपने के लिए भेजते रहिए।

अभी आप जहाँ हैं, वहाँ आपको लिखने–पढ़ने की सभी सुविधाएँ उपलब्ध हैं। आप अधिक लोगों को पाठक बनाइए, इसके साथ साहित्य लेखन से भी जुड़ें। आप मुझे भी अपने अनुभव और विचार लिखें। मुझे आपके विचार जानने की प्रतीक्षा रहती है।

शेष कुशल है।

आपके प्रति शुभकामनाओं के साथ।

सुशीला टाकभौरे

(7–1–2004 के पत्र की जेरॉक्स या डबल कॉपी अपने पास नहीं रख पायी थी। केवल कुछ मुद्दे ही लिखे थे। उन्हीं को पत्र रूप में यहाँ प्रस्तुत कर दिया है।)

15–1–2004

श्री रामानन्द सरस्वती पुस्तकालय

जोकहरा, आजमगढ़ (उ.प्र.)

प्रिय सुशीला जी,

हार्दिक अभिवादन,

आज जब मुझे आपका खत और नये साल का कार्ड मिला, तो मैं खुशी व हैरत से भर गया। आपके कार्ड में छपी शुभकामनाओं ने मेरी रूह को महका दिया। अनायास ही मेरे जेहन में वह डॉ. सुशीला जिन्दा हो गयी, जिसने जेल में मुझ अनजान इंसान को भावनात्मक व आर्थिक सहारा देकर खड़ा किया। आपकी वह विराटता आज भी मेरे वजूद में मौजूद रहती है। सुशीला जी, आपने मुझ पाठक को अपनी स्मृति से विस्मृत नहीं किया, यह देखकर मुझे बड़ा सकून मिला। आप अज्ञेय की कोयले से लिखी पंक्ति को उद्धृत करने की वजह से हमेशा मेरे जेहन में रहती हैं।

आपने विभूति जी को शुभकामना–पत्र लिखकर बड़ा अच्छा किया। विभूति जी बड़े सहृदय व सुलझे हुए इंसान हैं। मेरा ध्यान वह अपने पारिवारिक सदस्य की तरह रखते हैं। आपने विभूति जी को शुभकामना खत लिखकर, मुझ पूर्व कैदी को सार्थकता दे दी। मैं आपका हृदय से आभारी हूँ। 'वर्तमान साहित्य' किन्ही वजहों से इन दिनों बन्द है। मुझे लगता है, जल्द ही यह फिर से शुरू होगा। आप 'वर्तमान साहित्य' की बाबत विभूति जी को पत्र लिख सकती हैं। उन्हें बड़ी खुशी होगी। विभूति जी रचनाकारों का बड़ा सम्मान करते हैं। आपने 'वर्तमान साहित्य' का एक अंक माँगा है। मैं आपको भेज रहा हूँ, पढ़कर विभूति जी को अपनी प्रतिक्रिया लिखिएगा। मैं विभूति जी का पता, फोन नम्बर लिख रहा हूँ।

सुशीला जी, मैं यहाँ पर 'श्री रामानन्द सरस्वती पुस्तकालय' में लाइब्रेरियन का काम कर रहा हूँ। चूँकि जेल में साथियों को पाठक बनाते हुए, मुझे पाठक बनाने का अनुभव हो गया था। इसलिए गाँव में अलग वातावरण होते हुए भी, मैं कुछ पाठक बना पाया। देखा जाये तो चेतनाशील इंसान की खोज करके, उसे किताबों से जोड़ना भी अपने आप में रचनात्मक काम है। विभूति जी ने मेरे रहने–खाने का उत्तम इन्तजाम किया है, तब भी मेरे दिलो–दिमाग में अपने भविष्य को लेकर एक बेचैनी रहती है। इन दिनों मैं अपने संस्मरणों को भी लिख रहा हूँ।

सुशीला जी, 'हंस' के राजेन्द्र यादव जी ने जनवरी के अंक में मेरा संस्मरण छाप दिया है। यह राजेन्द्र यादव जी की दयाशीलता है कि उन्होंने 'हंस' में मुझे जगह दी। बाकी हकीकत में मेरा वह संस्मरण इतनी ऊँची पात्रता नहीं रखता कि उसे 'हंस' में इतनी जगह दी जाये। सुशीला जी, आपने जब जेल में मुझ अनजान कैदी की आर्थिक मदद की थी, तो आपने सोचा भी नहीं होगा कि यह पाठक इतने लम्बे वक्त तक पत्र-पत्रिकाओं से जुड़ा रहेगा। आज आप सन्तोष कर सकती हैं कि आपकी मदद मुझे इस तरह सार्थक कर गयी।

घर में सभी को नववर्ष की मेरी शुभकामनाएँ कहें। आपकी खुशी व सेहत की दुआ के साथ।

आपका सुधीर

10–10–2006
नागपुर

प्रिय सुधीर,
नमस्कार,

कैसे हो? कई दिनों से, महीनों से आपको लगातार याद कर रही हूँ। खासकर इस समय, जबकि मैं आपके सभी पत्रों को फिर से पढ़ रही हूँ, तब पुनः पुनः आप याद आ रहे हो। आपने अपने पत्रों में कितनी बार लिखा था, आप दुनिया में कहीं भी रहेंगे, किसी भी हालत में रहेंगे, मगर मुझे पत्र जरूर लिखते रहेगें। अब, कितने वर्ष बीत गये, आपने पत्र नहीं भेजा। क्या सचमुच आप भूल गये हैं? मेरे सहयोग को आप अपनी जननी के दूध के ऋण की तरह मानते हैं, यह बात आपने अपने पत्रों में कितनी बार कबूल की है? फिर भी...

आपके पत्र समय-समय पर मिलते रहे। वे पत्र मेरे पास संचित रहे। हो सकता है, दो-चार पत्र इनमें कम हों, जो मुझ तक पहुँच नहीं सके। पत्र जो हैं, वे कम नहीं हैं। जिस समय आपके पत्र आते थे, मैंने सोचा नहीं था कि बाद में कभी ये पत्र इस तरह से चिरजीवी बन जायेंगे। उस समय तो सचमुच मेरी व्यस्तताएँ भी बहुत थीं। फिर भी आपके पत्र आने के बाद, मैं उन्हें पढ़ती जरूर थी, पूरा पढ़ती थी, कई बार पढ़ती थी। कॉलेज में अपनी प्राध्यापिका सहेलियों को भी पढ़वाती थी, फिर उन्हें सहेजकर रख देती थी। आपके पत्रों के साथ, उनके लिफाफे भी मैंने हर

बार सहेज कर रखे थे, जैसे वे भी अमूल्य निधि हों, जैसे अमूल्य धन या संचित प्रॉपर्टी। आज मैं उनकी कीमत समझ रही हूँ।

सुधीर जी, आपने अपने कई पत्रों में मेरी उस समय की व्यस्तता का जिक्र किया है। मैं लगातार व्यस्त रही, मगर इतनी भी नहीं कि आपके पत्रों को पढ़ने या समझने के लिए समय न दे सकूँ। यह तो मेरे लिए सामाजिक पारिवारिक बात होने के साथ, सहज सामान्य बात भी थी, जैसे हम स्वयं के लिए भोजन करते हैं, या नींद ले लेते हैं या साँस लेते हैं। ये अपने जीवन से जुड़ी बातें हैं या जिन्दा रहने के लिए जरूरी है। आपके पत्र भी मेरे भावनात्मक जीवन से जुड़े रहे।

हमारी बातें या पत्र–व्यवहार उस समय शुरू हुआ था, जब 'वह नजर' कहानी 'हंस' में छपी थी, 1999 में। आपका पत्र आने पर कुछ लोगों ने कहा था कि–'आपको बस बहाना मिल गया है, मेरे साथ बात करने या पत्र व्यवहार करने का।' लेकिन मैं तो उस समय फूली नहीं समाई थी कि एक कैदी भी मेरी रचना की इतनी प्रशंसा कर रहा है, तब क्या मेरी रचनाएँ सचमुच इतनी अच्छी हैं? मेरी इस कहानी 'वह नजर' के विषय में माननीय ओमप्रकाश वाल्मीकि जी ने भी लिखा है अपने पत्र में, मगर इस तरह कि वह पढ़कर मैं उदास–हताश हुई थी। साथ ही उद्वेलित और अपमानित भी, कि कहानी में व्यक्त मेरी भावनाओं को इस तरह गलत रूप में क्यों समझा गया? मेरे पात्रों की भावनाओं को इतने तुच्छ और अपमानित रूप में क्यों आँका गया?

इसी तरह मेरे पीएच.डी. की गाइड डॉ. योगेश्वरी शास्त्री मैडम ने भी इस कहानी पर अपनी नाराजी बताते हुए कहा था–'यह कहानी शिक्षिका और छात्र के पवित्र रिश्ते को लांछित करती है, इसे फाड़ दो।' मेरे कॉलेज की सहकर्मी प्राध्यापिकाओं ने भी तब मेरी भावनाओं का मजाक उड़ाते हुए उन्हें लांछित किया था। मगर आप पहले पाठक समीक्षक थे, जिसने उस कहानी का मूल्यांकन मेरी भावना और उद्देश्य को समझकर किया। धन्यवाद सुधीर जी।

आपके आग्रह पर मैंने आपको अपने काव्य संग्रह और कहानी संग्रह भेजे थे, जिन्हें पढ़कर आपने इतनी विस्तृत, समग्र और सारगर्भित समीक्षाएँ अपने पत्रों में लिखी हैं कि मैं उन्हें पाकर, उन्हें पढ़कर धन्य होती रही। सच कहूँ, सुधीर जी, मैं अपनी किताबें परिचितों और स्नेही सम्मानित जनों को सप्रेम भेंटस्वरूप भेजती रहती थी। मेरा उस समय का यह भी

रिकॉर्ड है कि मैंने कितने लोगों को, कितनी पुस्तकें सप्रेम भेंट और सादर भेंटस्वरूप भेजी हैं। मगर आपने उनका जो मूल्य चुकाया है, वह किसी और से नहीं मिला। कई लोगों ने तो यह भी नहीं बताया कि उन्हें मेरी यह पुस्तकीय भेंट मिली है। कइयों ने तो उन्हें अनावश्यक मानकर, स्टोररूम में डाल दिया, यह मैंने स्वयं देखा है। कई ने रद्दी में भी डाला हो, खैर। आपने मेरी पुस्तकों, रचनाओं का आकलन कर, उन्हें बहुमूल्य बताया और बना दिया है, इसके लिए मैं आपकी आभारी हूँ। केवल प्रशंसात्मक ही नहीं, आपने सही और सटीक बातें लिखी हैं, मेरे लेखन के प्रति अपनी अपेक्षाओं के साथ।

आपसे मेरा भावनात्मक रिश्ता सिर्फ इसलिए नहीं बना था कि मैं आपसे समीक्षाएँ लिखवाती रहूँ या उन रचनाओं और पुस्तकों की प्रशंसा करवाती रहूँ। ऐसा नहीं था सुधीर जी। और यह बात आप स्वयं भी जानते हैं, क्योंकि आप भी अपनी सूक्ष्म नजर और स्वाभिमानी व्यक्तित्व रखते हैं।

एक बात की याद दिलाना चाहूँगी, आपने 'टूटता वहम' कहानी संग्रह में संकलित 'झरोखे' और 'मेरा बचपन' पढ़कर अपनी अपेक्षा के अनुसार लिखा था कि–'मैंने इन्हें जल्दी ही सीमित रूप में समेट दिया है। यदि मैं इन्हें विस्तार के साथ लिखती, तो ये मेरे और मेरे जाति–समाज के दलित जीवन के विस्तृत आत्मकथ्य बनते, जिसे समाज के सामने लाना महत्त्वपूर्ण होता।' इसके साथ आपने मेरे लिए यह शुभकामना भी व्यक्त की थी कि 'वह समय भी आयेगा, जब मैं सही वक्त पर अपनी आत्मकथा लिखूँगी।'

सुधीर जी, पता नहीं, जब आपका यह पत्र मिला था, तब मैंने आपकी इस बात को पढ़कर इस पर ध्यान दिया था या नहीं। मगर अब इसे दुबारा पढ़कर समझ रही हूँ, तो आश्चर्यचकित हूँ कि आपने मेरे लिए कितनी सटीक और आवश्यक अपेक्षा की कामना की थी। मैं आपको यह बताना चाहती थी कि 2006 से ही मैंने अपनी आत्मकथा का लेखन शुरू कर दिया है। मैं अपने आत्मकथांश आपको भेजना भी चाहती थी, मगर आपने तो पत्र लिखना ही बन्द कर दिया। शायद अब आप अधिक व्यस्त रहते हैं। खैर...

आपके प्रति शुभकामनाओं के साथ।

सुशीला टाकभौरे

(यह पत्र भेजा नहीं गया।)

10–2–2007

श्री रामानन्द सरस्वती पुस्तकालय

जोकहरा, आजमगढ़ (उ.प्र.)

प्रिय सुशीला जी,

हार्दिक अभिवादन,

मैं आपकी दुआओं के साथ खैरियत से हूँ और आपकी सलामती की दुआ करता हूँ। मेरे खत को अचानक इस तरह पाकर आपको जरूर हैरानी होगी। तसल्ली भी हो कि यह पूर्व कैदी पाठक आपको, आपके लेखन को भूला नहीं।

अरसे पहले आपने मुझे खत में 'वर्तमान साहित्य' पत्रिका भेजने की बात कही थी। मैंने आपको खत व 'वर्तमान साहित्य' का एक अंक रवाना कर दिया था। उसके बाद मुझे 'वर्तमान साहित्य' प्राप्ति की कोई सूचना नहीं मिली। खुदा जाने आप तक 'वर्तमान साहित्य' पहुँचा भी या नहीं?

मैं इस बात का गुनाहगार हूँ कि मैंने फिर से खत लिखकर यह जानने की कोशिश नहीं की कि 'वर्तमान साहित्य' आप तक पहुँचा या नहीं। इस बात के गुनाह के लिए मेरे पास, आपसे माफी माँगने का भी मुँह नहीं है। तब भी उम्मीद है, आप मेरी इस गलती को माफ कर देंगी। भले ही मैं गलती में हूँ, लेकिन यकीन मानिये कि आप, आपका लेखन, जेल जीवन के बुरे वक्त में आपकी मदद व दिमागी सहारा हमेशा मेरे भीतर बहता रहा और उसी तरह बहता रहेगा।

आप सोचती होंगी, कैसा अहमक पाठक रहा, जो आपकी इंसानियत, आपके सहारे को बिसरा बैठा? ऐसा नहीं है सुशीला जी, आपकी मनुष्यता और उपकारों का तो मैं उम्र भर का ऋणी हूँ। इससे अलग मेरे जीवन को ऊर्जा व शक्ति से सींचने वाली इंसान आप रही हैं। आपके इस स्पर्श को मैं हरदम अपने भीतर महसूस करता रहा हूँ। मेरे भीतर के इंसान का विकास करने में इस स्पर्श का अहम योगदान रहा है।

मैं आपको 'वर्तमान साहित्य' के दो अंक भेज रहा हूँ। साथ में मेरे संस्मरण भी हैं, पढ़कर देखिएगा। यह सब आपके सहारे का नतीजा है। मैं विभूति नारायण राय का पता भी लिख रहा हूँ। हो सके तो 'वर्तमान साहित्य' को पढ़कर, अपनी प्रतिक्रिया विभूति जी को भेजिएगा। उन्हें बड़ी खुशी होगी।

मैं पुस्तकालय में काम करते हुए जीवन के नये सबक सीख रहा हूँ। यहाँ मुझे रहने–खाने की कोई कमी नहीं। विभूति जी मुझे पारिवारिक सदस्य का मान महत्त्व देते हैं। पर इसके बाद भी मैं अपने अनिश्चित भविष्य को लेकर चिन्तित रहता हूँ। मेरा संघर्ष जारी है।

बाकी आप अपने बारे में लिखिएगा, आपका लेखन कैसा चल रहा है। पत्र व पत्रिकाएँ पाने की सूचना जरूर दीजिएगा। विभूति जी इन दिनों 'सतर्कता विभाग' के पुलिस महानिदेशक हैं। घर में सभी को यथायोग्य अभिवादन कहिएगा। आपकी खुशी व सेहत की दुआ के साथ।

आपका सुधीर

16–2–2007
नागपुर

प्रिय सुधीर,
नमस्कार,

जनवरी 2004 के बाद, आज कितने महीने, कितने वर्ष के बाद आपका पत्र मिला, वह भी मात्र औपचारिकता से भरा। आपके इस पत्र में आपकी पहले जैसी न ललक है, न बेचैनी, न उत्सुकता, न ही मेरे पत्र न देने का उलाहना–कुछ भी नहीं। मैंने आपको इसलिए पत्र नहीं लिखे, क्योंकि मैं चाहती थी, पहले आपके ही पत्र आने चाहिए, उसी तरह जिस तरह आप गोवा के 'शिक्षाघर' में रहने के समय लिखते थे। खैर, गोवा के 'शिक्षा घर' की अब बात भी नहीं करना चाहिए, न ही उस दुखद स्थिति की याद दिलानी चाहिए। वैसी स्थिति, वैसे दिन कभी किसी को न मिलें। फिर भी मैं कहूँगी, मुझे आपकी उन दिनों की पत्र लिखने की तत्परता और मेरे पत्रों के मनोवैज्ञानिक विश्लेषण की विलक्षणता अच्छी लगती थी।

सुधीर जी, आपने 'वर्तमान साहित्य' पत्रिका का अंक भेजा या नहीं, पता नहीं। लेकिन आपने पुनः पत्र लिखकर यह नहीं पूछा कि मुझे पत्रिका का अंक मिला भी है या नहीं? इस बात के लिए मैं आपको सचमुच गुनहगार मानती हूँ। क्योंकि यदि पत्रिका मुझे मिली होती, तो मैं तुरन्त ही आपको पत्र द्वारा सूचित करती और आपको धन्यवाद भी प्रेषित करती।

मैंने अपने एक पत्र में आपको लिखा था कि 'गोवा में रहते हुए आप मुझे पत्र लिखते रहिए, क्योंकि जेल से आजादी के बाद, फिर आप

न जाने कहाँ होंगे? आपकी अपनी व्यस्तताएँ होंगी, तब शायद न जाने कब आपसे पत्र व्यवहार टूट जाये, ऐसा लगता है।' मेरी इस बात पर आपने अपनी भावनाओं को किस तरह व्यक्त किया था? यह आपको जरूर याद होगा।

यदि आप किसी अच्छे काम में व्यस्त हैं, तो कोई बात नहीं। फिर भी मैं आपके ही शब्दों में लिख रही हूँ, कम से कम एक पत्र तो लिखकर भेजने का समय निकाल ही सकते हैं। पहले की तरह तत्परता से पत्र न लिखने पर भी, मैं आपसे नाराज नहीं हूँ। मैं आपको अपने कहानी संग्रह 'संघर्ष' की प्रतियाँ सादर भेंटस्वरूप भेज रही हूँ। कृपया इन्हें अपने पुस्तकालय में अवश्य रखें। साथ ही इस कहानी संग्रह को पाठकों तक पहुँचाएँ। धन्यवाद। शेष सब कुशल है।

अभी–अभी ही आपका पत्र–संस्मरण और 'वर्तमान साहित्य' पत्रिका के अंक मिले हैं। आपके संस्मरण अच्छे हैं। धन्यवाद। शुभेच्छाओं के साथ।

सुशीला टाकभौरे

(यह पत्र लगभग इसी तारीख में, लगभग इसी रूप में थोड़े विस्तार के साथ लिखकर भेजा गया था। यहाँ पत्र का संक्षिप्त रूप ही प्रस्तुत किया है।)

19–3–2007

श्री रामानन्द सरस्वती पुस्तकालय

जोकहरा, आजमगढ़ (उ.प्र.)

प्रिय सुशीला जी,

हार्दिक अभिवादन,

आपका खत व 'संघर्ष' की प्रतियाँ मुझे वक्त पर मिल गयीं थीं। पर इधर अत्यधिक व्यस्तता के चलते मुझे जवाब देने में थोड़ी देरी हो गयी, माफी चाहता हूँ। 15–3–2007 को विभूति जी पुस्तकालय आये थे। मैंने 'संघर्ष' की प्रति उन्हें भेंट की व आपका खत भी पढ़ाया। 'संघर्ष' की भूमिका व खत पढ़कर वह बड़े अभिभूत हुए। आपको सलाम व शुक्रिया कहा, साथ ही अनुरोध किया कि 'डॉ. सुशीला को यहाँ पुस्तकालय की किसी गोष्ठी में आमन्त्रित करो।'

सुशीला जी, विभूति जी दलित तबके के प्रति संवेदनशील हैं। जब उन्हें पता चला कि आपने डॉ. अम्बेडकर के विचारों का गहरा अध्ययन किया है, तो आपके प्रति वह ज्यादा संजीदा हो गये। आपके बारे में

मुझसे जानकारी लेकर उन्होंने फिर से आपको सलाम कहा और 'संघर्ष' की प्रति अपने साथ रखी।

मुझे इस बात का दुख है कि मैंने पहले जो खत व 'वर्तमान साहित्य' की प्रति भेजी थी, वह आप तक नहीं पहुँची। इस बार आप तक पहुँच गयी, जानकर सकून मिला। आपको मेरे संस्मरण पसन्द आये, सच में बहुत अच्छा लगा। और बेहतर लिखने की प्रेरणा मिली। इस बीच हंस, वागर्थ, नया ज्ञानोदय ने भी मेरे पत्रों, संस्मरणों का छापा। दो प्रकाशन मुझे आत्मकथा लिखने के लिए जोर डाल रहे हैं। सुशीला जी, आपने भी मुझे अपनी आत्मकथा लिखने को कहा है। अभी मेरा लेखन चलताऊ जैसा है, मेरी दृष्टि व समझ उतनी परिपक्व नहीं हुई कि मैं आत्मकथा लिख सकूँ। लेकिन मैं इसके लिए प्रयत्नशील हूँ और अपनी आत्मकथा लिखने के लिए संजीदगी से सोचता हूँ। आपकी प्रेरणा मुझे गहरी दृष्टि व समझ देगी।

जी हाँ, सुशीला जी, मैंने जेल में पाखाना साफ करने का काम अपनी खुशी व दिल दिमाग से किया। यह काम कुछ घंटे का था व दिहाड़ी भी औरों से ठीक थी। मुझे पखाना साफ करने में कोई शर्म या झिझक नहीं हुई। वह मुझे अन्य कामों की तरह एक काम लगा, जिसे मैंने मेहनत व ईमानदारी से किया। साहित्यकारों के स्पर्श ने इस बारे में, मेरे दिमाग में छाई धुन्ध को साफ कर दिया था।

आपने मेरे जेल जीवन के बुरे वक्त में जो सहारा दिया, इस मदद का मूल्य सिर्फ मैं ही जान सकता हूँ। शब्दों के कृतज्ञतापन से इसका मूल्य नहीं कहा जा सकता। आपकी मदद से मैं इंसान, दयाशीलता, इंसानियत को नये धरातल पर जान सका था। मेरे भीतर नये मानवीय मूल्यों के बीज आपकी इसी मदद ने बोए थे और बड़ी भावनात्मक मजबूती भी दी। मैं कई मौकों पर आत्महीनता से बचा, इस एहसास को मैं ही समझ सकता हूँ।

जब मैं अपनी सजा काट रहा था, उस वक्त आपके पत्र व्यवहार को आपके लोगों ने गलत माना था, इस बात को मैं समझ सकता हूँ। एक अनजान कैदी से किसी सम्भ्रान्त विदुषी के पत्र–व्यवहार को लोग अजूबे से देखते हैं, यह आम राय में असहज, अस्वाभाविक है। अगर मैं इस पुस्तकालय में न होकर कहीं और भी होता, तब भी मैं आपके सहारे को जाया नहीं करता। आपके पत्र व्यवहार, सहारे ने मेरा जो इंसानी विकास

किया, उससे अगर मैं एक चोर भी बनता, तो भी उस इंसानी विकास की छाप, उस पर स्पष्ट नजर आती। मेरा यह इंसानी विकास आपको सही साबित करता है, इस बात का मुझे भी सन्तोष है।

आपने मुझ अदने की इतनी तारीफ कर दी है कि मैं खुद में सिकुड़ गया। ईमानदारी से कहूँ तो मैं इतने मान व महत्त्व की पात्रता जरा भी नहीं रखता। जीवन जीने के लिए मुझे एक धरातल चाहिए था, विभूति जी ने मुझे वह धरातल दिया। मैं अपने काम को ढंग से करने की कोशिश करता हूँ। आपकी हौसला अफजाई से मुझे बड़ी शक्ति मिली।

आपकी सौगात को पाकर पुस्तकालय व विभूति जी आपके आभारी हैं। आपकी लिखी भूमिका की तारीफ विभूति जी ने भी की है, मुझे तो विचारोत्तेजक लगी ही। आपके ये विचार आपकी दृष्टि की व्यापकता व गहराई, बयाँ कर देते हैं–'पूरे देश में हर शहर, हर गाँव में सफाई कामगार समुदाय के लोग रहते हैं, उन सभी की स्थिति लगभग एक जैसी है। नाममात्र के बहुत कम लोग शिक्षित होकर, अच्छे पदों पर पहुँचे हैं। शेष सम्पूर्ण समाज आज भी अपनी सदियों पुरानी स्थिति के दलदल में फँसा है और दिन–प्रतिदिन अधोगति की ओर जा रहा है। ये जातियाँ आज भी पीढ़ी दर पीढ़ी सफाई के पेशे से जुड़ी हैं। ये अपने आत्मसम्मान से अनभिज्ञ हैं और सम्मान व उन्नति का मार्ग समझ नहीं रही हैं।' मैंने गाँव में रहते हुए इसे महसूस किया है कि शहरी व ग्रामीण जीवन में भारी भिन्नता है।

आपके इस 'संघर्ष' (कहानी संग्रह) से मैं डॉ. अम्बेडकर के विचारों को गहरे जान सका। यह मेरे लिए बड़ी शर्म की बात है कि इतने समृद्ध पुस्तकालय में रहते हुए, मैं बाबासाहेब के क्रान्तिकारी विचारों से अपरिचित हूँ। 'संघर्ष' की भूमिका व आपकी रचनाओं पर विचार करने के बाद मुझे लगा, इस क्रान्तिकारी जननायक के विचारों से, मैं इंसान व समाज को बेहतर ढंग से जान समझ सकूँगा। यद्यपि 'संघर्ष' की सभी रचनाओं को अभी मैं पढ़ नहीं पाया, लेकिन संघर्ष, नयी राह की खोज, दमदार ने ही विश्वास दिला दिया, 'संघर्ष' दलित चेतना के पक्ष में है। आपके कथा नायक–नायिका अन्याय और शोषण के खिलाफ आत्मचेतना पाते ही शोषण अन्याय के खिलाफ तनकर खड़े हो जाते हैं। इस क्रम में वे परोक्ष तौर पर दूसरों को भी लड़ने का आत्मबल प्रदान करते हैं।

मैं पिछले कुछ बरस से गाँव का निवासी न होता, तो आपकी रचनाओं

को इतनी शिद्दत से महसूस न कर पाता। सच में गाँवों, कस्बों में जातिगत ढाँचा बड़े शहरों से भीतर तक धसा है। भारत के सभी गाँवों की यही हालत है। भाषाएँ, खान–पान, भूभाग का ही फरक है। आपने बारीकी के साथ समाज के तबकों को पढ़ा है और गहनता के साथ विश्लेषित किया। दलित लोगों का जो जीवन आपने चित्रित किया है, वह पाठक को झिंझोड़ता है, जेहन में सवाल पैदा करता है। सरल–सहज भाषा शैली, जो जियी और बोली जाती है, आपके कथा पात्र बोलते हैं। उसमें कुण्ठा, निराशा, संकोच, हीनता सभी कुछ होते हुए भी, लड़ने–जूझने और हार न मानने का जज्बा है। वे अपनी उम्मीदें रोशन रखते हैं।

दलित लोगों के लिए 'संघर्ष' मूल्यवान रहेगी। इस गाँव में व आसपास के गाँवों में दलितों की बड़ी संख्या रहती है। तीन अलग–अलग दलित लड़कियाँ 'संघर्ष' की प्रतियाँ ले गयीं हैं। जब उन्होंने जाना कि इस कहानी संग्रह की रचियता ने मुझे जेल में मदद की, तो वे अभिभूत हो उठीं, आपको सलाम कहा।

बाकी ठीक ही है। मैं खत लिखकर आपको परेशान किया करूँगा। आपकी खुशी व सेहत की दुआ के साथ।

आपका सुधीर

25–3–2007
नागपुर

प्रिय सुधीर जी,
नमस्कार,

आपको मेरा पत्र और 'संघर्ष' कहानी संग्रह की प्रतियाँ मिलीं, यह जानकर खुशी हुई। मगर अफसोस है कि अपनी अत्यधिक व्यस्तता के कारण आप मेरे पत्र का उत्तर और पुस्तकें मिलने की सूचना समय पर नहीं दे सके। कोई बात नहीं। आपने अपने पत्रों में विभूति नारायण राय जी की बहुत प्रशंसा की है मगर आपके पत्र में यह पढ़कर मुझे बहुत आश्चर्य हुआ कि उनकी विशाल और विश्व ज्ञान का, विश्व प्रसिद्ध साहित्य की भंडार लाइब्रेरी में डॉ. अम्बेडकर सम्बन्धी कोई पुस्तक नहीं है। मेरे कहानी संग्रह 'संघर्ष' की भूमिका और कहानियों को पढ़ने के बाद आप डॉ. अम्बेडकर और उनके विचारों को समझ सके। यह बात आपने स्वयं

लिखी है–'यह मेरे लिए बड़ी शर्म की बात है कि इतने समृद्ध पुस्तकालय में रहते हुए भी मैं डॉ. अम्बेडकर के क्रान्तिकारी विचारों से अपरिचित हूँ।' यह जानकर ऐसा लगा कि विभूति जी दलित जाति, दलित साहित्य के समर्थक हैं या नहीं? यदि ऐसा होता, तो वे अपनी लाइब्रेरी में दलित आन्दोलन से जुड़े, दलित जाति के उद्धारक महामानवों का जीवन चरित्र और उनका साहित्य भी अवश्य रखते। और अपने जातिवादी, वर्णवादी ग्रामवासियों को उन्हें पढ़ने, जानने की प्रेरणा अवश्य देते।

आपने विभूति नारायण राय साहब को मेरे कहानी संग्रह 'संघर्ष' की प्रति दी और उन्होंने उसे पसन्द किया, यह जानकर खुशी हुई। लेकिन यह संशय भी लगा, क्या सचमुच उन्होंने मेरी पुस्तक की विचारधारा को पसन्द किया होगा? क्या वे अम्बेडकरवादी विचारधारा के पक्षधर हैं?

आपने मुझे पत्र के साथ अपने संस्मरण भेजे और साथ ही 'वर्तमान साहित्य' पत्रिका के दो अंक भी भेजे, इसके लिए मैं आपके प्रति आभारी हूँ। आपके संस्मरण पढ़कर बहुत अच्छा लगा। आपने बहुत ही मार्मिक रूप में अपने अनुभवों को व्यक्त किया है। 'हंस', 'वागर्थ', 'नया ज्ञानोदय' पत्रिकाओं में छपे आपके पत्र और संस्मरण भी मैंने पढ़े हैं। आपकी लेखन शैली सराहनीय है।

मैंने आपको आत्मकथा लिखने के लिए कहा था। अब प्रकाशक भी आपसे यही अनुरोध कर रहे हैं। सुधीर जी, आपकी आत्मकथा अपने आप में अनूठी और महत्त्वपूर्ण होगी। इसलिए आप आत्मकथा अवश्य लिखें। वह समाज के लिए प्रेरणादायक होगी। आप अपने लेखन के शिल्प और सौन्दर्य के विषय में अधिक न सोचें। कुछ बातें ऐसी होती हैं कि उनका कथ्य या कथानक ही महत्त्वपूर्ण होता है। दलित साहित्य अनगढ़ रूप में लिखा होने पर भी, आज ललित साहित्य से अधिक महत्त्वपूर्ण हो गया है।

सुधीर जी, आपकी यह बात अभी भी अविश्वसनीय लगती है कि आपने जेल में रहते हुए, वहाँ पाखाना साफ करने का काम स्वेच्छा से किया था। इसके साथ आपने मानवीय समानता के प्रति अपनी जो भावना व्यक्त की है, वह बहुत प्रशंसनीय है। सुधीर जी, आपके विचारों को और आपकी भावनाओं को समझने के बाद ही, मेरा आपके साथ पत्र व्यवहार चलता रहा। आप 'श्री रामानन्द सरस्वती पुस्तकालय' में रहते हुए, अब अपने विचारों और भावनाओं को सही दिशा देते रहेंगे, यह मुझे विश्वास है।

आपने 'संघर्ष' कहानी संग्रह की भूमिका और रचनाओं को पढ़ा और

समझा, यह जानकर मुझे बहुत खुशी हुई। साथ ही दलित लड़कियों को यह किताब आपने पढ़वाई, यह अति उत्तम कार्य आपने किया है। धन्यवाद सुधीर जी। आप अपने कार्य इसी तरह सही दिशा में करते रहेंगे, इन्हीं शुभकामनाओं के साथ।

सुशीला टाकभौरे

(यह पत्र भेजा नहीं गया।)

7—10—2012
नागपुर

प्रिय सुधीर,
नमस्कार,

कैसे हो? क्या बहुत व्यस्त हो? कितने वर्ष हो गये, आपका कोई पत्र नहीं मिला। सुधीर जी, जिस तरह आपने मेरी भावनाओं की कद्र करते हुए, उन्हें अमूल्य समझा, उसी तरह मैं भी आपकी भावनाओं का सम्मान करती हूँ। आप उम्र में मुझसे छोटे है, फिर भी आप मेरे लिए सम्माननीय हैं, जब से आप जोकहरा की लाइब्रेरी के साहित्य संसार के बीच रहकर, अपना सादा जीवन व्यतीत कर रहे हैं।

जेल से रिहा होने के बाद आप मुम्बई में बहरामपाड़ा गये। वहाँ से लौटने के बाद, जोकहरा पहुँचे। एक बार आपने जोकहरा से हमारे लैण्डलाइन नम्बर पर फोन किया था। उस समय मैं किसी कार्यक्रम के सिलसिले में बाहर गयी थी। तब आपने अपना फोन नम्बर मेरी बेटी को लिखवा दिया था। कार्यक्रम से लौटने के बाद, मैंने आपके उस नम्बर से आपसे बात की थी। अब मैं याद कर रही हूँ कि आपका वह नम्बर मैंने कहाँ लिखा था? नम्बर न मिलने के कारण मैं फिर से आपसे बात नहीं कर सकी। आपको 'श्री रामानन्द सरस्वती पुस्तकालय' के फोन नम्बर पर फोन लगाया मगर आपसे बात नहीं हो सकी। बाद में पता चला, वह नम्बर भी बदल गया है।

एक बार महाराष्ट्र के वर्धा में स्थित 'महात्मा गाँधी अन्तर्राष्ट्रीय हिन्दी विश्वविद्यालय' में 'हिन्दी समय' के कार्यक्रम में आप आये थे। वहाँ आपने ही कई लोगों से यह पूछा था—'क्या सुशीला टाकभौरे यहाँ आयी हैं?' स्वराज प्रकाशन के अजय मिश्रा जी से पूछने पर उन्होंने आपको बताया था कि हाँ, मैं आयी हूँ। तब आप मुझसे मिलने के लिए कितने अधीर,

कितने बेचैन हो गये थे। यह बात अजय मिश्रा जी ने मुझे बतायी थी। वे मुझसे सम्पर्क करने की कोशिश करते रहे ताकि वे मुझे यह सूचना दें कि सुधीर शर्मा जी मुझसे मिलना चाहते हैं।

प्रकाशकों द्वारा पुस्तक प्रदर्शनी और बेचने के लिए रखी गयी पुस्तकों को देखती हुई जब मैं स्वराज प्रकाशन के स्टाल पर गयी, तब मुझे यह सूचना मिली। मैं थोड़ी देर के लिए अवाक रह गयी–'क्या सुधीर शर्मा यहाँ आये हैं? क्या वे मुझसे मिलना चाहते हैं?' अजय मिश्रा जी आपकी प्रतीक्षा करने लगे। थोड़ी ही देर में आप पुनः आये। आपको पहली बार सामने देखकर मैं आश्चर्य में थी। सच कहूँ तो मैं उस समय तटस्थ हो गयी थी।

मैं जानती थी, उस समय आप विभूति नारायण राय जी द्वारा स्थापित 'श्री रामानन्द सरस्वती पुस्तकालय' (जोकहरा, उ.प्र.) में कार्यरत थे। कई समाचार पत्रों में आपके विषय में विस्तार के साथ जानकारी भी छपी थी। आपने मुझे भी पत्र के साथ उनकी कटिंग भेजकर सूचना दी थी। मगर अचानक आपको सामने देखकर मैं तटस्थ ही रही। हो सकता है, तब मेरा यह विचार हो कि जब आप जेल में थे, तब आपको मेरी प्रेरणा और सहानुभूति की जरूरत थी। अब आप स्वतन्त्र और सक्षम हैं।

इसके साथ जुड़ी एक विशेष बात भी है। सुधीर जी, जब आपके पत्र लगातार आ रहे थे और मैं भी आपके पत्रों का जवाब दे रही थी, उन्हीं दिनों टाकभौरे जी नागपुर के ए.सी.पी. चौहान जी से मुझे मिलाने ले गये थे। वैसे तो चौहान जी हमारे रिश्तेदार भी थे। हम उनसे अक्सर मिलते रहते थे। वे भी अपनी सरकारी गाड़ी में हमारे घर कई बार आये थे। उनसे मिलना कोई विशेष बात नहीं थी। मगर उस समय 'टाकभौरे जी मुझे विशेष रूप से उनसे मिलाने ले जा रहे हैं', यह मैं नहीं जानती थी। उनके सरकारी निवास पर पहुँचने पर, कुछ इधर–उधर की बातों के बाद, तुरन्त आपकी यानी सुधीर शर्मा, कैदी नं 307, केन्द्रीय कारागार, गोवा की चर्चा शुरू कर दी।

उन दिनों आपका एक पत्र मुझे मिला था, जो मेरे पर्स में ही था। टाकभौरे जी ने कहा कि मैं वह पत्र चौहान जी को पढ़वाऊँ। ए.सी.पी. चौहान जी ने बहुत गम्भीरता के साथ उस पत्र को देखा, पढ़ा और इसके बाद जो बातें कहीं, वे पुलिस विभाग की कठोर व्यावहारिक भावना के ही अनुरूप थीं। उन्हें बताना मैं उचित नहीं मानती। तब भी मैंने उनकी उन

बातों पर विश्वास नहीं किया था। फिर भी वे बातें एक जिम्मेदार पुलिस अधिकारी कह रहे हैं, वह भी जो हमारे शुभचिन्तक हैं, तब मैं चुप ही रही थी। मैं जानती थी मेरे मन का विश्वास मेरे साथ है, जो किसी के तोड़ने से नहीं टूट सकता।

आपने बार–बार कहा था–'जोकहरा में स्थापित इस लाइब्रेरी में कई साहित्यिक कार्यक्रम होते हैं, आप हमारी लाइब्रेरी में कभी जरूर आइयेगा।' तब मैंने 'हाँ' कहा था। मैं वहाँ जाना भी चाहती थी, मगर कभी ऐसा निमन्त्रण भी नहीं मिला। सुधीर जी, आप पहले से ही जानते थे, मैं एक साधारण महिला हूँ, साामजिक–पारिवारिक अनेक बन्धनों में बँधी हुई। आपने अपने हर पत्र में मेरे परिवार के सभी लोगों को, यानी पतिदेव को अभिवादन और बच्चों को स्नेह–आशीष देने की बात लिखी है। आपके पत्र आने के बाद मैं बच्चों को बताती थी। बच्चे उस समय छोटे थे, मगर पति पूर्ण परिपक्व, दुनियादारी और राजनीति में मँजे हुए। आपके पत्र आने के बाद या आपको पत्र लिखने और भेजने के बाद, मैंने उनकी किन–किन बातों का हर बार सामना किया या करती रही, यह अब मैं नहीं बताऊँगी। क्योंकि इस विषय में और कुछ बताना उचित नहीं लगता।

बच्चों की भावना की बात जरूर कहूँगी। मेरी छोटी बेटी मोहिनी उन दिनों तीसरी कक्षा में पढ़ती थी। आपका पत्र आने पर वह खुशी से भागती हुई आकर बताती थी–'मम्मी, जेलर का पत्र आया है।' पता नहीं उसने आपके लिए जेलर शब्द कैसे याद रख लिया था। शायद इसलिए कि टाकभौरे जी उपेक्षा और नाराजी से हर बार कहते थे–'अब हमारे घर में जेल से भी पत्र आते हैं। कैदी गुनहगारो से भी हमारे रिश्ते हैं। कोई सुनेगा, देखेगा तो क्या कहेगा? हम गुनहगारों से पत्र–व्यवहार करते हैं, शर्म की बात है, शर्म से डूब मरना चाहिए। आखिर अपनी भी कोई इज्जत है।'

इसके बाद भी, हर बार ऐसी बातें सुनने और व्यंग्य बाण सहने के बाद भी मैं आपको पत्र लिखती थी और आपके आये पत्र टाकभौरे जी को बताती थी। अधिकतर होता यह था कि आपके पत्र पहले टाकभौरे जी ही पढ़ते थे, इसके बाद वे मुझे खुला पत्र व लिफाफा देते थे। हर बार बेटी यही कहती थी–'मम्मी जेलर आपको पत्र क्यों लिखता है?' मैं उसके कहे 'जेलर' शब्द को सुनकर हँसती थी और वहाँ 'केन्द्रीय कारागार' में आपकी उपस्थिति को महसूस करती थी। समाज के लोग कैदी को बुरा मानते हैं, जेलर को नहीं। और क्या कैदी, क्या जेलर?

जब हम एक इंसान से वार्तालाप करते हैं या पत्र द्वारा बातचीत करते हैं तब बातों का महत्त्व होता है, व्यक्ति का महत्त्व होता है, उसके पद या स्थान का नहीं।

मैं आपके सभी पत्र सँभाल कर रखती रही, फाईल में पैकेट में। मुझे लगता था, कोई इन्हें फाड़कर फेंक न दे। मैं आपको जो पत्र लिखती थी, उनकी जेरॉक्स कापी भी अपने पास रख लेती थी ताकि याद रहे कि मैंने आपको कब क्या लिखा है। मैं पत्र लिखते समय पहले उन्हें एक कॉपी में रफ रूप में लिखती थी, फिर उन्हें पुनः लिखकर उसकी एक जेरॉक्स कॉपी बना लेती थी। कभी जेरॉक्स न निकाल पायी, तब भी आपको भेजे पत्र की रफ रूप में लिखी कुछ बातें मेरे पास रहती थीं। तब तो मेरे मन में यह विचार ही नहीं था कि कभी आपको भेजे पत्रों और आपसे प्राप्त पत्रों को इस तरह एक रूप दिया जा सकता है। उस समय बस यह मेरी आदत ही थी। अब मैं देख रही हूँ कि मेरे हाथ के लिखे पत्रों के जेरॉक्स कुछ पत्र नदारद हैं। शायद वे कभी रद्दी छाँटने की दृष्टि से, घर के वरिष्ठ व्यक्ति के हाथों फाड़े जा चुके हैं। वे कब फाड़े गये, यह भी मुझे पता नहीं चल पाया है। अब इसके लिए मैं क्या कर सकती हूँ? जो मेरी फाईल या पैकेट में सुरक्षित रह गये, उन्हें ही अपने विचार और सन्देश के रूप में पुनः पढ़ रही हूँ।

सुधीर जी, मैं अपने किसी कार्य से आपको किसी प्रकार की ठेस पहुँचाना नहीं चाहती। मैं आपके पत्रों को एक कैदी जीवन के दस्तावेज के रूप में समाज के सामने प्रस्तुत करना चाहती हूँ, ताकि पाठक समाज एक कैदी की मनोव्यथा को ठीक तरह से समझे। जेल जीवन, वहाँ की कठिन स्थिति, असुविधाएँ, कैदी साथी, वहाँ का वातावरण, वहाँ का मनोविज्ञान–मैं सब कुछ जानना–समझना और बताना चाहती हूँ। आपने मुझे इन सब बातों की जानकारी समय–समय पर विस्तार के साथ दी है।

साथ ही यह भी बताया था कि कुछ लोग आपके पत्रों का संकलन कर, उन्हें सम्पादित करके छपवाना चाहते हैं। आपके उन पत्रों की पुस्तक छपी या नहीं? मुझे पता नहीं है। मगर इससे यह स्पष्ट है कि आपको इस तरह की बात से या आपके कैदी जीवन पर किताब प्रकाशित करने पर कोई एतराज नहीं है। बल्कि आप स्वयं यह चाहते हैं कि आपके अनुभवों को समाज के साथ साँझा किया जाये। आपकी यह बात और आपकी भावना प्रशंसनीय है।

आपके पत्रों के आधार पर, मेरे मन में आपकी जो इमेज बनी है, उसके अनुसार मुझे नहीं लगता कि आप इस बात से खफा होगें कि मैंने आपके लिखे पत्रों को या उन बातों को, जो आपने कभी अपनी भावना के प्रवाह में आकर लिखी थीं, मैंने क्यों सार्वजनिक किया। मुझे इन बातों का थोड़ा संशय था, मगर जब मैंने देखा कि 'भारतीय लेखक' (अप्रैल–जून 2004), 'भारतीय लेखक' (अक्टूबर–दिसम्बर 2005) में आपके संस्मरण, आपके अनुभव कथन जिन्हें आपने ही मुझे भेजा था, छपकर समाज के सामने आ चुके हैं, तब मेरा संशय जाता रहा। नवभारत, परिवर्तन, जनसत्ता, लोकायत में आपके समाचार, परिचय और आपकी प्रशंसा पढ़ी, तब लगा कि आप कभी किसी से कोई बात छिपाना नहीं चाहेंगे, बल्कि सबको सब कुछ बताना चाहेंगे। तब आपकी मौन स्वीकृति मानकर मैं आपके और मेरे पत्रों को सबके सामने लाने का विचार कर सकी हूँ। सुधीर जी, मैं चाहती हूँ कि आपसे भेट हो, या पुनः पत्र व्यवहार शुरू हो, ताकि इस विषय पर और बातें हो सकें। शेष कुशल है।

आपकी शुभेच्छु

सुशीला टाकभौरे

(यह पत्र भेजा नहीं गया।)

और अन्त में कुछ प्रश्न–

31–12–2015
नागपुर

प्रिय सुधीर,
नमस्कार,

आज 31 दिसम्बर 2015 को आप मुझे बार–बार याद आ रहे हैं। आपको भेजे गये नये वर्ष की शुभकामनाओं के ग्रीटिंग कार्ड और अभी तक भेजे सभी पत्रों की बातों को मैं याद कर रही हूँ, साथ ही आपके पत्रों में बहता आपकी भावनाओं का सैलाब याद आ रहा है। सुधीर जी क्या कारण है, अब आपने मुझे पत्र लिखना बन्द ही कर दिया है। शायद अब आप इसकी कोई आवश्यकता नहीं समझते। अथवा अब आपकी नजर में मेरा वह मूल्यांकन नहीं रहा होगा, जो पहले कभी था। जब आप गोवा

के केन्द्रीय कारावास में कै 307 के नाम से एक कैदी का जीवन जी रहे थे, तब आपको मेरे इन्तजार रहता था। मेरे पत्र मिलने पर आपको असीमित खुशी थी। उन पत्रों की एक–एक पंक्तियों से आप अपने दिल–दिमाग ने की बात बार–बार दोहराते थे और कितनी भावुकता के साथ मेरे त्व और कृतित्व के गुणगान करते थे।

सुधीर जी, आज मैं सोचत क्या वे बातें सचमुच आपकी भावनाओं और भावुकता का सच्चा रूप थीं? अथवा केवल अपनी मजबूरी की स्थिति में, किसी अनजान का सहयोग पाने का मात्र एक प्रयास? कभी–कभी मुझे स्वयं पर ग्लानि भी होती है कि कहीं मैं आपकी बातों के बहकावे में, अपनी भावनाओं के आदर्श के साथ छली तो नहीं गयी? कि किसी ने केवल अपने लाभ के लिए, एक सामान्य आदर्श प्राध्यापिका के मनोभावों को उत्साहित किया और समय निकल जाने के बाद, अपनी कही गयी उन सब बातों को भुला दिया। एक महिला और पुरुष की भावनाओं में यही अन्तर होता है कि पुरुष अपनी भावनाओं को जल्दी ही व्यावहारिक रूप दे देते हैं, जिसमें लाभ–हानि के साथ दूरदर्शिता की व्यावहारिकता होती है। जबकि एक महिला अपनी भावनाओं को उसी रूप में सहेजकर, बरसों तक उसकी सच्चाई पर विश्वास करती है। इस बात के अपवाद जरूर हो सकते हैं, मगर सुधीर जी, आपके व्यवहार को देखते हुए, मेरे विचार से तो अब मुझे यही सच्चाई नजर आ रही है।

आपके पहले पत्र को पाने के बाद की खुशी की अनुभूति अभी भी मेरे दिलो–दिमाग में सजीव रूप में है। और इसके बाद भी आपके प्रत्येक पत्र को पाकर मैंने जो खुशी, उमंग और गौरव का अनुभव किया था, वह भी मैं नहीं भूल पाऊँगी। यथार्थ में आपने अपने प्रत्येक पत्र में मेरे लेखन की और मेरे कार्यों की जितनी प्रशंसा की है, वह किसी अन्य पाठक ने कभी नहीं की। केवल पाठक ही नहीं, बल्कि एक व्यक्ति के रूप में आपने मेरे व्यक्तित्व और कृतित्व का मूल्यांकन हमेशा इतने ऊँचे स्तर पर किया कि मैं उन बातों से ही हर्ष–उल्लास के साथ, विनम्र होकर उन्हें सच मानती रही। अब मैं कटु सत्य के साथ यह विचार करती हूँ कि क्या सचमुच आपने मेरे लेखन और सामाजिक कार्यों की प्रशंसा सच्चे हृदय से की थी या मात्र झूठी प्रशंसा करके, केवल मुझे धोखे में रखा या कटु शब्दों में कहूँ तो आप मुझे सिर्फ भरमाते, बनाते रहे?

यदि आपने पत्र भेजना बन्द न किया होता, या आपके पत्र आते रहते

तो शायद अभी भी मैं उसी भुलावे में ... सुधीर शर्मा की नजरों में मैं कितनी बड़ी लेखिका और बड़े ... कार्यों की कर्ता हूँ। आपके पत्र नहीं आने से, इस खाली समय ... बातों पर बहुत चिन्तन–मनन किया है, साथ ही तर्क विवेक ... जीवन के अनुभवों से पुनः पुनः इन बातों को समझने का प्रयास ... । मेरा इस तरह के विचार करने का कारण, कुछ तो आपके ... और आपके सम्बन्ध में छपी बातों से ही जाहिर होते हैं, जिन्हें बा... पढ़कर अब मैं उन बातों के साथ आपकी सच्चाई को महसूस क... हूँ।

सच कहूँ सुधीर जी, 31 अक्टू... के 'लोकायत 3' में छपा आपका यह वक्तव्य जब मैंने पढ़ा ... म्बर 307 को पसन्द है शिवानी का कैंजा', तब मुझे यह मह... था कि इसी तरह आपने मेरी भी किसी रचना के साथ मेरा ना... लिया? यहाँ मेरे बड़प्पन की भावना नहीं है, मगर न जाने क्यों ... त्रों को पढ़ते हुए मैं यह मानने लगी थी कि आप मुझे महत्त्वपूर्ण ... नते हैं, मेरी रचनाओं को महत्त्वपूर्ण मानते हैं और आप मुझे भी ... । तब यह मेरे दुस्साहस की भावना भी हो सकती है कि मैंने ऐ... आपने कभी कहीं मेरे नाम का उल्लेख क्यों नहीं किया?

आपने अनेक स्थापित बड़े साहित्यकारों का साहित्य पढ़ने और उनसे पत्र–व्यवहार की बात बतायी है, जिनके नामों का उल्लेख अनेक पत्र–पत्रिकओं में हुआ है। मगर क्या आपने 'लोकायत' पत्रिका के सम्पादक को और अन्य पत्र–पत्रिका के सम्पादकों को मेरे नाम का उल्लेख नहीं किया था? नहीं बताया होगा, तभी तो कहीं भी, एक बार भी मेरा नाम नहीं आया। वैसे यह भी सत्य है, कहाँ शिवानी जी, अमृता प्रीतम, विष्णु प्रभाकर, रविन्द्र कालिया जी आदि–आदि और कहाँ मैं? तब आप क्यों अपने पत्रों में मेरी झूठी प्रशंसा करते रहे? अपनी नजर में मुझे नामी–दामी लेखिकाओं से अधिक महत्त्वपूर्ण क्यों बताते रहे? क्या वह मात्र स्वार्थ था? जो आपने सिर्फ मुझे पत्रों में लिखा और अपने छल–छद्म से मुझे छलते रहे। मुझे इसका बड़ा अफसोस है।

30 अगस्त 2003 को आयोजित 'लोकायत' पाक्षिक पत्रिका 'लोकार्पण कार्यक्रम एवं सांस्कृतिक संध्या' के कार्यक्रम में, विभूतिनारायण राय जी आपको अपने साथ लेकर गये, क्योंकि आपको भी वहाँ आमन्त्रित किया गया था। सिर्फ दर्शक के रूप में आमन्त्रित नहीं, बल्कि 'लोकायत' के लोकार्पण

कार्यक्रम में सम्मान पूर्वक सक्रिय भाग लेने के लिए। परितोष दा के पास तो आपका याने 'पूर्व कैदी पाठक सुधीर शर्मा' का पता ही नहीं था, तब किसकी पहल पर आपको वहाँ इतना सम्मान दिया गया?–'पत्रिका के सम्पादक और कार्यक्रम के संयोजक स्वयं आपका हाथ पकड़कर, आपको देश के वरिष्ठ नामी लेखकों और बुद्धिजीवियों के बीच ले जाते हैं और उनसे आपका परिचय कराते हैं, इतना मान सम्मान कि जिसे पाकर आपके भीतर कई जेहनी और रूहानी धमाके हुए।'

सुधीर शर्माजी, सचमुच इतना सम्मान तो कभी मुझे भी नहीं मिला। 'फिक्की' के खचाखच भरे प्रसिद्ध सभागार में अनेक साहित्यिक, राजनीतिज्ञ कलाधर्मी हस्तियों के बीच आपको खड़ा कर दिया गया। साथ ही प्रसिद्ध सांसद सीताराम येचुरी के हाथों आपसे 'लोकायत' पत्रिका का लोकार्पण करवाया गया–क्या यह मामूली बात है? सचमुच इतने सम्मान की हकदार अभी तक मुझे भी नहीं समझा गया।

तब मैं यह क्यों न सोचने लगूँ कि आप किस बात में मुझसे ज्यादा हैं? और मैं किस बात में आपसे कम हूँ? आप स्वयं को दो टके का पूर्व कैदी पाठक ही कहते हैं, फिर भी आपको इतना महत्त्व और मान–सम्मान दिया गया? सुधीर शर्मा जी, क्या यह आश्चर्य की बात नहीं है? यह बात सामान्य नहीं है, विशेष बात है। यह सब ऐसे ही सम्भव नहीं है। यह सम्मान, यह स्थान और ये सुविधाएँ आपको उच्च वर्ण, उच्च जाति, आपके 'शर्मा' होने के कारण ही सुलभ हुए हैं, क्योंकि हम जैसे दलितों को ये ऐसे कभी नहीं मिलते।

किसी बदनाम कैदी को समाज में, बराबरी के सम्मान के साथ स्थापित करना अच्छी बात है, मगर अच्छे आचरण वाले ईमानदार हमारे दलित लोगों को सम्मान से और समाज से बेदखल करना या ऐसा अन्याय करवाते रहना क्या अच्छी बात है? कभी बात के इस पहलू पर भी तो विचार किया जाना चाहिए। ऐसे समय मुझे अपने शंकर भैया, मोहन और अपने जाति समुदाय के उन सभी परिश्रमी, सज्जन, ईमानदार होनहारों की याद आती है, जिन्हें भेदभाव, शोषण, अन्याय के कारण अपनी राह पर आगे नहीं बढ़ने दिया गया, उन्हें कभी सामाजिक बराबरी और सम्मान का हकदार नहीं बनने दिया गया, तब हृदय में हूक के साथ आक्रोश भी पनपता है।

मैं फिर से वही बात कहूँगी सुधीर जी, 'अपराध की अँधेरी गलियों से गुजरते युवक सुधीर शर्मा ने क्या कुछ झेला सहा, उन तल्ख यादों के

मीठे संस्करण'—'भारतीय लेखक' 2004 और 2005 के अंक में छपे, मगर उन संस्मरण में भी आपने मेरी किसी बात को कोई स्थान नहीं दिया। जबकि हमारे पत्र व्यवहार का इतना लम्बा समय बीता है, कितनी बातें होती रहीं हमारे पत्रों के बीच? मगर कहीं कोई जिक्र नहीं, जैसे वे कभी कही ही नहीं। जबकि आप लिखते हैं—'मेरी साढ़े दस वर्ष की सजा खत्म होने में लगभग **दो बरस** बाकी रह गये थे। साहित्य व साहित्यकारों से मिले प्यार व **सहारे ने** मेरी सजा को आसान कर दिया था।'

यद्यपि गोवा की सेन्ट्रल जेल में आपके साथ अन्याय हुआ, आपके साहित्य शौक पर रोक लगाई गयी, तब असगर वजाहत भीष्म साहनी राजेन्द्र यादव, मैनेजर पाण्डेय आदि लगभग तीस साहित्यकारों के हस्ताक्षर के साथ की गयी अपील से आपको न्याय मिला। यह बात आपने अपने पत्रों में लिखी थी। आपकी उस पीड़ा को जानकर मुझे भी दुख हुआ था। आपको पढ़ने—लिखने और पत्र पाने के अधिकार दिलाने में श्री विभूतिनारायण जी और सुमन्त भट्टाचार्य जी का योगदान बहुत बड़ा है। ऐसे सहयोगी यदि सभी कैदी को मिलें, शोषण और अन्याय—अत्याचार से पीड़ित दलितों को मिलें तो उनके जीवन में भी परिवर्तन हो सकता है।

आपने पत्र में अपनी तबियत खराब होने और इलाज की असुविधाओं के विषय में भी लिखा था। आपने 2004 में छपे अपने संस्मरण में इस बात का विस्तार के साथ वर्णन किया है, जिसे पढ़कर मेरे मन में पुनः अनेक प्रश्न उठे हैं। उन दिनों लगातार बुखार और कफ—खाँसी की जाँच से पता चला था कि आपको टीवी की बीमारी हो गयी है। कैदी की ड्रेस में हथकड़ी लगाकर, आपको सिविल पुलिस के पहरे में इलाज के लिए सरकारी अस्पताल ले जाते थे। तब लोगों की हिकारत भरी नजर और नफरत के व्यवहार का सामना आपको करना पड़ता था। ऐसे समय आपको दुख भी होता था और गुस्सा भी आता था। डॉक्टर और कर्मचारी पूछते थे—'यह किस जुर्म का कैदी है?' जेल में रहने से यह सब होना स्वाभाविक ही है।

आप इलाज के लिए सरकारी अस्पताल भेजे गये, तब भी आपके थैले में आवश्यक सामान के साथ दो किताबों के साथ ढ़ेर सारे लिखे पत्र और कोरे कागज थे। यह आपकी अपनी विशेषता थी कि तबियत अधिक खराब होने पर तुरन्त अस्पताल में भर्ती किये जाने की स्थिति में भी, आपने पढ़ने और पत्र लिखने की सामग्री नहीं छोड़ी थी, जिसे देखकर डॉक्टर भी हैरान हुए थे। आपने अस्पताल की हेड नर्स के कटु व्यवहार, वहाँ अपने कमरे

के पलंग–बिस्तर की दुर्दशा और उसे बदलवाने की अपनी जिद के विषय में और अपनी सफलता के विषय में भी विस्तार के साथ बताया है। आपने यहाँ यह भी बताया है कि–'डॉ. कुसुम अंसल जी द्वारा की गयी आर्थिक मदद का एक बड़ा हिस्सा मेरे जेल जमा खाते में मौजूद था।' सुधीर जी, उन दिनों मैंने भी आपको मनीऑर्डर भेजा था, जिसकी जानकारी आपको अस्पताल में मिल गयी थी और अस्पताल से वापस आने के बाद पोस्टमैन ने आपको वह मनीऑर्डर की राशि दी थी। यह बात आपने मुझे पत्र में लिखी है, मगर इसका जिक्र आपने कहीं नहीं किया। क्या इसके पीछे भी आपकी कोई दूरदर्शिता थी? मैंने अपनी भेजी मनीऑर्डर की राशि संख्या में नहीं बतायी, न ही कभी किसी को यह बताना उचित लगा कि मैं एक कैदी सुधीर शर्मा की आर्थिक मदद करती रही हूँ। मगर जब किसी और का नाम सामने आता है, तो मन में प्रश्न उठने लगते हैं।

लेकिन यह बात तो मानना पड़ेगा कि आपके व्यवहार और बातों में ही वह जादू है कि आप लोगों को विरोधी स्थिति में और विरोधी होने पर भी अपने अनुकूल बना लेते हैं। भले ही वह पुलिस वाला, जो आप पर विश्वास करके आपकी दवा लाकर देता है, चाहे खाना बाँटने वाली महिलाएँ या सफाई वाली महिला आपके भरपेट भोजन और नाश्ते की व्यवस्था कर देती हैं या वह बूढ़ी माई, जो आपको बेटे की तरह वात्सल्य देते हुए क्रिसमस का केक लाकर देती है। उससे भी आपने वायदा किया था कि जेल से रिहा होने के बाद, आप उसके पैर छूने उसके घर जरूर जायेंगे। क्या आपने वह वायदा पूरा किया? नहीं किया होगा न? आप उन्नीस दिन टीवी अस्पताल में रहकर, स्वस्थ होकर जेल लौटे। इन उन्नीस दिनों में आपने अपनी बीमारी के समय, अपने सानिध्य में आये लोगों को इतना प्रभावित किया कि आपके जाने पर वे दुखी होकर रोते रहे।

बीमारी और कमजोरी के कारण जिन दिनों आप बैठ भी नहीं सकते थे, उस समय अस्पताल में पहले ही दिन पलंग का गद्दा बदलवाने के लिए इतनी तकरार करते रहे और पहले ही दिन झाड़ू मँगाकर स्वयं कमरे की सफाई और संडास बाथरूम की घिसाई–सफाई करते रहे–यह सब आप ही कर सकते थे। और उस सफाईकर्मी महिला का आपकी बांह पकड़कर, यह कहना कि–'शर्मा, तुम कैदी होने के बाद भी अच्छे आदमी हो। मैं तुम्हारी बहुत इज्जत करती हूँ।' क्या सचमुच उसने आँखों में आँसू भरकर यह कहा होगा? विश्वास नहीं होता, क्योंकि अब आप पर मेरा

विश्वास डगमगा गया है। आप लोगों के मन की अच्छाई या सहृदयता को तो जाग्रत कर देते हो, लेकिन क्या आप सचमुच में अच्छे इंसान हो? आपके पत्रों की बातों से प्रभावित होकर, मैं भी आपको आर्थिक सहयोग करती रही और अपनी शुभकामनाओं, संवेदनाओं को पत्रों द्वारा आपको भेजती रही, तब आज उसका क्या हासिल हुआ? आपने पत्र भेजना भी बन्द कर दिया। आप नहीं जानते इससे मेरी भावनाएँ कितनी आहत हुई हैं। सभी का ऋणी होने की बात आप तुरन्त स्वीकार कर लेते हो, मगर क्या कभी किसी की भावनाओं का ऋण पूरी तरह चुका पाये? नहीं न।

पहली बार तो मुझे उसी समय आप पर संशय हो गया था, जब आप जेल से रिहा होकर, कोई अच्छी राह न अपनाकर, मुम्बई के 'बहरामपाड़ा' गये। सुधीर शर्मा जी, मुझे अच्छी तरह याद है, आपकी रिहाई के समय मैंने आपको एक बड़ी राशि का मनीऑर्डर किया था। अपने परिवार की जरूरतों को छोड़कर, पति के विरोध के बाद भी, बेटे के मना करने के बाद भी 2002 के दिसम्बर में मैंने आपको बड़ा मनीऑर्डर भेजा था, ताकि आप आर्थिक कठिनाई महसूस न करें और सुविधा के साथ अपने माताजी–पिताजी के पास दिल्ली लौट जायें। जब आप दिल्ली से मुम्बई के लिए पहली बार चले थे, तब आपके पास सिर्फ 100 रु. थे। गोवा से दिल्ली लौटने के लिए क्या 2500 रु. कम थे? मैं चाहती थी, आप दिल्ली लौटें। मगर आपने ऐसा न करके, एक माह गोवा में रहकर मौज–मजा किया। इसके बाद आपने मुम्बई के अपराधों की दुनिया में, अपराधियों के बीच जाना पसन्द किया। उस समय अपने अनुभवों से मैंने समझ लिया था कि आप सही राह पर चलने की खोखली बातों से सिर्फ दिलासा ही देते रहे थे। मुम्बई के 'बहरामपाड़ा' से आपका पत्र आने के बाद, इसलिए मैंने आपको पत्रोत्तर नहीं भेजा था कि ऐसे व्यक्ति से मेरा क्या वास्ता? क्या रिश्ता?

बाद में आपके पत्र से पता चला कि 'बहरामपाड़ा' में जब आपका रहना कठिन हो गया, तब आपने विभूतिनारायण राय जी से सम्पर्क किया और उनसे मिलने उनके घर गये। उनके घर आपको मान–सम्मान, अपनापन और संरक्षण सभी कुछ मिला। उनके कहने पर आपने उनके पुश्तैनी गाँव में नव–स्थापित लाइब्रेरी का कार्यभार सँभाला और सादा सामान्य जीवन बिताते हुए, वहीं रहे। यह अच्छा हुआ कि आपने एक बड़े पुलिस अधिकारी के सहयोग से अच्छा जीवन अपनाया। इसके बाद भी यह मालूम नहीं

हो सका है कि आप अभी तक अपने माता–पिता से मिलने दिल्ली गये हैं या नहीं? 2002 में आप 40 वर्ष के थे, अभी 53 वर्ष के हो चुके होंगे। तब आपके माता पिता की आयु कितनी होगी? यह समझकर उनकी सेवा करना या उन्हें अपने पास रखकर उनकी देखभाल करना क्या अपका कर्तव्य नहीं है? माँ के चरण छूने के लिए दिल्ली जाने की बात, आपने अपने कई पत्रों में लिखी है, मगर तब आप गोवा के केन्द्रीय कारागार में थे। जोकहरा लाइब्रेरी में रहते हुए, आपने कभी इस बात का जिक्र क्यों नहीं किया?

सुधीर जी, वैसे तो मैं भी आपकी प्रशंसा करती रही हूँ और अब भी करती हूँ। इसी तरह अनेक लेखकों–सम्पादकों और पाठकों ने भी आपकी प्रशंसा की है। इतनी प्रशंसा पाने के बाद, यह स्वाभाविक ही है कि कोई भी व्यक्ति अपने जीवन की छोटी–छोटी बातों या छोटे सहयोगियों को भूल जाते हैं। क्या आपकी नजरों में मैं इतनी नगण्य थी?

31 दिसम्बर 2002 को केन्द्रीय कारागार, आग्वाद कान्दोलिम बार्देश, गोवा से आपके रिहा होने के पहले, 'दि सण्डे पोस्ट' 22 दिसम्बर 2002 में भवानी प्रसाद और अनुराग ने आपके विषय में अखबार के पूरे दो पृष्ठों में आपकी तस्वीर के साथ विस्तृत लेख छपा था, जिसमें अधिकांश वही बातें थीं, जिन्हें पत्रों के माध्यम से आपने मुझे भी बताया था। मुझे यह बात आश्चर्यपूर्ण लगी कि जो बातें अपने विषय में आपने मुझे लिखीं थीं, वे ही विस्तार के साथ अनेक पत्र–पत्रिकाओं में छपती रही हैं। 'त्रिवेणी' पत्रिका में 'डायल 100' कालम में सुनील मेहरोत्रा ने भी इन्हीं बातों को लिखा है। लेख का शीर्षक है–'...और फिर अँधेरों ने ही दिखाई रोशनी।' यहाँ विशेष बात यह है कि कुछ बड़े लेखकों ने आपके लिए बड़ी अपेक्षाएँ व्यक्त की हैं। जैसे से. रा. यात्री ने अपने वक्तव्य में लिखा है–'उम्मीद की जानी चाहिए कि सुधीर अच्छा लेखक बनेगा।' मध्यप्रदेश लेखक संघ के अध्यक्ष रविन्द्र प्रकाश कुलश्रेष्ठ अपने कथन में कहते हैं कि–'अच्छे नागरिक के रूप में जेल से बाहर आयेगा सुधीर।' लेखक कालीचरण प्रेमी ने भी अनेक वरिष्ठ साहित्यकारों और सम्पादकों से आपके पत्र–व्यवहार होने की बात लिखी है।

आपके सम्बन्ध में 2003 के जुलाई में छपे एक समाचार में यह बताया गया है कि आपने जेल जीवन पर शोधकार्य भी शुरू कर दिया है और आपकी एक पुस्तक जल्दी ही प्रकाशित होने वाली है। सुधीर

जी, आपने मुझे इस विषय में कभी कुछ क्यों नहीं बताया? जबकि 2007 में भी आपके दो पत्र मुझे मिले हैं। क्या यह सच है? या गलत। मेरी जानकारी में शायद आपकी ऐसी कोई पुस्तक अभी तक नहीं छपी है। हाँ, आपके विषय में पत्र–पत्रिकाओं में यह सच छपा है–'कभी जेल में था, अब पुस्तकालय में।' 'जेल ने बदल दी सुधीर शर्मा की जिन्दगी।' क्या आपके विषय में यह सच नहीं है कि यदि आप गोवा की जेल में न आते तो जिन्दगी भर मुम्बई की अपराधों की दुनिया में, बड़े–बड़े अपराधियों के नौकर बनकर नौकरी करके, उनकी सेवा करते और स्वयं अपराधी का जीवन जीते रहते।

नयी दिल्ली, 21 जून 2003 की 'परिवर्तन' पत्रिका में छपे समाचार में बताया गया है कि गोवा जेल में लेखकों और सम्पादकों के, लगभग साढ़े चार हजार पत्र आपको मिले हैं। इतनी बड़ी संख्या में आपके अनेक लोगों से सम्पर्क रहे और आपका उनके साथ पत्र व्यवहार चलता रहा। सुधीर जी, यह तो बड़ी गौरव की बात है। कुछ तो आपकी खासियत जरूर थी, तभी तो बड़ी–बड़ी हस्तियाँ जेल में आपसे मिलने आयीं, और बड़े–बड़े लेखकों, नामवन्त लेखिकाओं ने आपको पत्र लिखे। उन प्रसिद्ध दामी और नामी लेखिकाओं में मेरा नाम आपने नहीं बताया है। क्योंकि आपसे सम्बन्धित अनेक समाचार मैंने पढ़े हैं, जिनमें आपके बताये अनुसार अनेक लेखकों और लेखिकाओं के नामों का उल्लेख है, वहाँ मेरा नाम कहीं भी नहीं मिला।

असल में आपसे पत्राचार करने वाले लेखकों–लेखिकाओं की सूची पढ़ते समय, मैं उनमें अपना भी नाम ढूँढ़ने लगती थी, मगर हर बार मुझे निराशा ही मिली। क्या आपने कभी किसी को मेरा नाम नहीं बताया कि आपका मेरे साथ भी पत्र व्यवहार हुआ है? जब बार–बार हर जगह मैंने यही बात देखी, तब मुझे यह महसूस होने लगा कि नामी दामी लेखक–लेखिकाओं का नाम लेते समय आपको गर्व और गौरव महसूस हुआ होगा, सुशीला टाकभौरे का नाम लेना तब आपको अनावश्यक लगा होगा। मैं हर जगह यही पढ़ती रही–'सुधीर शर्मा गोवा जेल में कैदी नम्बर 307 के नाम से मशहूर था। उसका अनेक मशहूर हस्तियों जैसे मेधा पाटकर, किरण बेदी, कुसुम अंसल, निर्मला जैन, गोपाल गोडसे, विष्णु प्रभाकर, भीष्म साहनी, जवरीमल पारिख, राजेन्द्र यादव, कमलेश्वर, से. रा. यात्री, विभूतिनारायण राय, ज्ञानरंजन, प्रभाकर श्रोत्रिय, असगर वजाहत, मैनेजर

पाण्डेय, गिरधर राठी, इब्बार रब्बी, अब्दुल बिस्मिल्लाह, पंकज बिष्ट से पत्र–व्यवहार और करीब का रिश्ता था।'

आपकी खास विशेषता यह भी बतायी गयी है कि–'मुम्बई की जुर्म की दुनिया को आपने बेहद करीब से देखा है।' और मैं यह भी जानती हूँ कि इतनी बड़ी–बड़ी हस्तियों से पत्र–व्यवहार और भावनात्मक, करीबी रिश्ता होने पर भी, आप जेल से रिहा होने के बाद अपनी किस्मत चमकाने के लिए, मुम्बई की उसी जुर्म की दुनिया में लौट गये थे। मुम्बई के बड़े अपराधियों के इलाके 'डोंगरी' में आपका रहना सम्भव न हो सका, तो आप 'बहरामपाड़ा' के अपराधियों के बीच तीन महीने तक रहे। वहाँ भी रहना कठिन होने पर आपने वहाँ से लौटने का विचार किया और विभूति जी के घर पहुँच गये। मेरठ, उत्तरप्रदेश के पुलिस उपमहानिरिक्षक, (सतर्कता विभाग) श्री विभूतिनारायण राय साहब ने बहुत सम्मान के साथ आपको अपने घर में, अपने परिवार के साथ, परिवार के सदस्य की तरह रखा। उन्होंने आपको बहुत मान–सम्मान और अपनापन दिया। साथ ही जोकहरा जैसे बहुत छोटे गाँव में, सद्यः स्थापित 'श्री रामानन्द सरस्वती पुस्तकालय' का प्रभारी भी बना दिया। पुस्तकालय के भवन में आपके रहने की, भोजन की व्यवस्था भी कर दी।

सचमुच यह बहुत ही अचम्भे की बात है। पहली बात यह कि गोवा जेल में आने के पहले भी आप मुम्बई के 'डोंगरी' और 'बहरामपाड़ा' जैसे क्षेत्रों में अपराधियों के साथ, लगभग 10 वर्ष तक सक्रिय रहे। वहाँ के सभी जुर्म आपने बहुत नजदीक से देखे और वैसे काम भी किये। जैसे आपने 'बहरामपाड़ा' में एक 'जुआघर' भी चलाया था। जेल आपके लिए नयी जगह नहीं थी। साढ़े दस साल गोवा जेल में रहकर, वहाँ से छूटने पर भी, आप मुम्बई के 'डोंगरी' और 'बहरामपाड़ा' जैसे स्थान पर अपराध का धन्धा करने गये। और दूसरी आश्चर्य की बात यह है कि वहाँ से लौटते ही आप एक बड़े पुलिस अधिकारी के परिवार के सम्माननीय सदस्य जैसे बनकर रहे और उनके पुस्तकालय के प्रभारी बना दिये गये। मुझे तो यहाँ गोस्वामी तुलसीदास जी का कथन वर्तमान में भी चरितार्थ लग रहा है कि विप्र गुणहीन होने पर भी पूजनीय होता है, जबकि शूद्र गुणवान होने पर भी दण्डनीय माना जाता है।

सुधीर शर्मा जी सचमुच यह मेरे लिए बहुत ही आश्चर्य की बात है, इतने बड़े–बड़े सम्माननीय सवर्ण लोगों ने शायद आपका पूरा नाम

जानकर ही आपको इतना अपनापन और सहयोग दिया होगा। क्योंकि मैं अपने आसपास और पूरे देश की समाज व्यवस्था में यही देखती हूँ कि दलित और पिछड़े वर्ग के लोगों को जन्म के साथ ही अछूत, घृणित और अपराधी मान लिया जाता है। उनकी अच्छी बातों और अच्छे कार्यों को भी हमेशा शक–शंका, अविश्वास और विरोध की नजर से देखा जाता है। उन्हें शिक्षा पाने से रोका जाता है, उन्हें अच्छी नौकरी पाने से रोका जाता है। मेहनत से अर्जित की गयी उनके सुख और सम्पत्ति में खुलेआम आग लगाई जाती है। 31 अगस्त 2005 में घटी 'गोहाना अग्नि काण्ड' की बात तो आपने जरूर सुनी होगी। यह बात क्या उस समय के 'सतर्कता विभाग' के पुलिस उपमहानिरीक्षक नहीं जानते होंगे? क्योंकि हरियाणा का 'गोहाना' गाँव दिल्ली और मेरठ से दूर नहीं है। केवल यही नहीं, पूरे देश में इस तरह की दलितों के साथ घटी अग्निकाण्ड, हत्याकाण्ड, बलात्कार जैसी हजारों घटनाओं को वे जरूर जानते हैं, मगर उन्होंने क्या किसी दलित जाति के अन्याय ग्रस्त व्यक्ति को उसकी जमीन से ऊपर उठाने का भी प्रयत्न किया है? मैं श्रीमान विभूतिनारायण राय जी से क्षमा चाहती हूँ। सुधीर शर्मा जी मैं तो ये बातें आपसे कह रही हूँ कि सिर्फ आपके साथ इतने वरिष्ठ लोगों की इतनी मेहरबानी हुई, हमारे दलित लोगों को कभी किसी ने ऐसा अपनापन क्यों नहीं दिया? कभी उन्हें अपने घर बुलाकर, अपने परिवार का सदस्य क्यों नहीं माना? उनको सहयोग देने के लिए उन्होंने अपने हाथ आगे क्यों नहीं बढ़ाए?

मुझे याद आती है, मेरे भाई शंकर घांवरी के साथ घटी घटनाएँ। होनहार होशियार शंकर सिवनी मालवा के हाईस्कूल से अच्छे नम्बर से मैट्रिक पास करके होशंगाबाद के 'साइंस कॉलेज' में पढ़ने गया था। मगर वहाँ के सवर्ण दबंग लड़कों ने उसे वहाँ पढ़ने नहीं दिया। रैगिंग के नाम पर प्लानिंग के साथ उसे इतना मारा, इतना सताया कि उसका कॉलेज में पढ़ना मुश्किल हो गया। जो होनहार नवयुवक भविष्य में डॉक्टर इंजीनियर बन सकता था, वह हताश होकर होशंगाबाद के 'पेपर मिल' के क्वार्टर्स की पुताई करने का काम करने लगा। वह मैट्रिक पढ़ा था। मगर उसे कोई अच्छी नौकरी नहीं मिल सकी। बाद में वही साइंस का होशियार छात्र, होशंगाबाद की 'पेपर मिल' में डेली वेज पर मजदूर वर्कर की नौकरी करने लगा था। तब क्यों नहीं उसे कोई महान सवर्ण सज्जन मिला? क्या इसलिए कि वह एक हरिजन, अछूत, निम्न वर्ण, निम्न जाति

का था। 'इन्हें आगे न बढ़ने दिया जाये, इन्हें इनके पुस्तैनी रोजगार से ही जोड़कर रखा जाये'–यह मानसिकता आज भी उच्च वर्ण में मौजूद है। यह आप भी जानते हैं और सभी जानते हैं।

सुधीर जी, एक सच्ची घटना यह भी है, मेरे छोटे भाई मोहन को भी बानापुरा गाँव में रहकर पढ़ते समय अनेक कठिनाइयों, अन्याय और साजिशों का सामना करना पड़ा था। होशियार रहने पर भी 11वीं कक्षा में उसे सप्लीमेन्ट्री मिली थी। गरीब माँ–बाप अभावों के बीच अपने बच्चों को कैसे पालते हैं और कैसे पढ़ाते हैं, यह हम लोग ही जानते हैं। बेटा मैट्रिक में फेल हो गया, यह सुनकर मेरे पिताजी ने उसे बहुत मारा, उसे भूखा रखा, उसे घर से चले जाने की बात बार–बार कही। फेल होने के कारण मोहन स्वयं भी दुखी था। पिताजी की नाराजी और गुस्सा देखकर उसने सचमुच में घर से चले जाने की ठान ली। वह घर में बिना बताये, चुपचाप बानापुरा रेलवे स्टेशन से, बिना टिकिट मुम्बई की ट्रेन के जनरल डब्बे में बैठ गया। 11वीं कक्षा का 16–17 साल का बच्चा, वह नहीं जानता था कि मुम्बई शहर कैसा है? वह तो वहाँ नौकरी ढूँढ़ने गया था। ट्रेन में टी.सी. से छिपकर, वह किसी तरह मुम्बई के बी.टी. स्टेशन पर पहुँचा। तब वहाँ की भीड़ के सैलाब को देखकर घबरा गया।

उसकी जेब में एक पैसा भी नहीं था, सिर्फ पहने हुए एक जोड़ी कपड़े में गया था। भूख से व्याकुल वह कहाँ जाये, क्या करे? कुछ समझ नहीं पा रहा था। तब स्टेशन पर ही कुछ जेबकतरों की नजर उस पर पड़ी। वे मोहन की स्थिति को समझ गये। उन्होंने मोहन से प्यार और अपनेपन के साथ बातचीत की और काम दिलाने का आश्वासन देकर उसे अपने अड्डे पर ले गये। मोहन वहाँ जाकर घबरा गया, क्योंकि बचपन से उसके ऐसे संस्कार ही नहीं थे कि वह जेब काटने या चोरी करने जैसा काम करे। उसने इतनी होशियारी की कि किसी को यह नहीं समझने दिया कि वह यह काम नहीं करेगा। वह उनकी हाँ में हाँ करता रहा। उन जेबकतरों के प्रमुख (दादा) ने मोहन को प्यार के साथ खाना खिलाया। फिर उसे जेब काटने की ट्रेनिंग दी जाने लगी। उसे अलग–अलग अड्डों पर भी ले जाया गया। मोहन उनके बीच से भागने के अवसर की तलाश में रहा। मौका देखते ही, वहाँ से भागकर किसी तरह रेलवे स्टेशन पहुँचा और ट्रेन से बिना टिकिट वापस बानापुरा आ गया।

यह घटना हमारे परिवार के लिए बहुत ही दुखदाई घटना थी। मोहन

पाँचवे दिन वापस लौटा था। इस बीच मेरी माँ का रो–रोकर बुरा हाल था। नानी माँ रात दिन भगवान के सामने रो–रोकर मनौतियाँ मान रही थीं। पिताजी चुप–चुप रहकर आँसू बहा रहे थे कि हमारा इतना प्यारा बेटा, न जाने कहाँ भटक रहा होगा। मैं भी रोती थी अपने छोटे भाई के लिए, फिर भी विश्वास था कि वह जरूर वापस आयेगा। 1971 में उस समय मैं बी.ए. प्रथम वर्ष में थी। हमारा मोहन वापस आ गया था। उसने ही हमें अपनी आपबीती बतायी थी। वह अपराधियों के बीच अपराध की दुनिया में नहीं रहा, क्योंकि माँ–पिताजी और नानी ने बचपन से उसे अच्छे संस्कार सिखाए थे। आप वहाँ बम्बई में इस तरह कैसे रहे सुधीर जी? क्या आपके संस्कार ऐसे ही थे?

मैं सच कहती हूँ सुधीर जी, जब पहली बार गोवा जेल से आपका पत्र मेरे नाम पर आया था, तब आपके बारे में जानकर मुझे मेरे छोटे भाई मोहन के जीवन की वह घटना ही याद आयी थी। यदि मोहन उन अपराधियों के चंगुल से नहीं निकल पाता तो? तब क्या होता? मुझे आप में अपना छोटा भाई मोहन ही दिखाई दिया था। मैंने तब आपको अपने मन की यह बात नहीं बतायी, मगर मैं एक बड़ी बहन की तरह ही आपको वे बातें लिखती थी कि आप भी अच्छी राह पर चलें, अच्छे नागरिक के रूप में, सम्मान के साथ, परिवार के साथ अपना जीवन जिएँ।

मेरा भाई मोहन भी इन्टर तक पढ़ा था। बहुत प्रयत्न करने के बाद भी उसे अच्छी नौकरी नहीं मिल सकी। तब मध्यप्रदेश के बैतूल जिले के, घोड़ाडोंगरी स्टेशन से सारणी जाकर, 'पाथाखेड़ा' की कोयला खदान में एक मजदूर की नौकरी करने के लिए उसे विवश होना पड़ा। वह भी एक होनहार नवयुवक था, मुझसे छोटा मेरा प्यारा भाई एक अच्छा इंसान है। मेहनत की अपनी कमाई पर जीने वाला, जीवन भर कोल माइन्स के मजदूर कामगार की नौकरी करता रहा।

31 दिसम्बर 2015 के दिन ही वह सेवा निवृत्त हुआ है। भले ही मजदूर रहा, मगर सही राह पर चला, ईमानदारी की नौकरी की। सेवानिवृत्त होने के दिन उसने अपने सब बहनों–भाइयों और रिश्तेदारों को बुलाकर खुशी के साथ दावत दी। इसी दिन सुधीर जी, आप मुझे बहुत याद आते रहे, अपने छोटे भाई की तरह। मैं बड़ी बहन की तरह आपसे बहुत कुछ कहना चाहती थी, मगर अब तो आप पत्र ही नहीं लिखते हैं। आपने ऐसा क्यों किया?

सुधीर जी, आप यह नहीं कहना कि मेरी नाराजी निरर्थक है। इसकी सच्चाई को समझकर आप मुझे मेरे प्रश्नों के जवाब दीजिए।

आपकी खुशियों एवं सेहत की दुआ के साथ।

सुशीला टाकभौरे

□□